BIBLIOTHÈQUE
LATINE-FRANÇAISE

PUBLIÉE

PAR

C. L. F. PANCKOUCKE.

PARIS. — IMPRIMERIE DE C. L. F. PANCKOUCKE,
Rue des Poitevins, n° 14.

OEUVRES

COMPLÈTES

D'OVIDE

TRADUCTION NOUVELLE

Par MM. Th. Burette, Chappuyzi,
J. P. Charpentier, Gros, Héguin de Guerle,
Mangeart, Vernade.

TOME QUATRIÈME.

PARIS
C. L. F. PANCKOUCKE
MEMBRE DE L'ORDRE ROYAL DE LA LÉGION D'HONNEUR
ÉDITEUR, RUE DES POITEVINS, N° 14.

M DCCC XXXV.

MÉTAMORPHOSES

TRADUCTION NOUVELLE

PAR E. GROS

PROFESSEUR AU COLLÈGE ROYAL DE LOUIS-LE-GRAND,
TRADUCTEUR DE LA RHÉTORIQUE D'ARISTOTE,
ET DE L'EXAMEN CRITIQUE DES PLUS CÉLÈBRES ÉCRIVAINS DE LA GRÈCE
PAR DENYS D'HALICARNASSE.

COUP D'OEIL
SUR LES MÉTAMORPHOSES.

Renfermé dans des limites déterminées par l'objet même de mon travail sur Ovide, je ne puis avoir pour but d'examiner dans tous ses ouvrages un des plus grands poètes de Rome. J'arriverais d'ailleurs trop tard, après tant de critiques anciens et modernes, pour raconter la vie du chantre des *Amours* et des *Métamorphoses*; pour le peindre comblé long-temps de toutes les faveurs de la fortune et honoré de l'amitié d'Auguste; puis, tout à coup relégué sur les bords du Pont-Euxin, où sa lyre plaintive fit entendre encore des sons mélodieux, jusqu'au moment où sa vie s'éteignit au milieu d'un peuple barbare et des regrets amers qu'excitait dans son âme abattue la triste certitude de ne plus revoir sa patrie.

A propos des *Métamorphoses*, analyser le génie d'Ovide, souvent inégal dans ses productions si variées, mais toujours admirable jusque dans ses défauts, ne serait-ce pas courir le risque de redire ce que divers littérateurs[1] ont déjà trop bien dit, pour que j'ose marcher sur leurs traces, en m'exposant à une redoutable comparaison? Là, tous les mérites de ce beau génie sont appréciés avec une justesse de vues et une finesse de goût

---

[1] On peut voir dans le *Répertoire de la littérature ancienne et moderne*, Paris, 1825, tome XXI, p. 1-61, divers articles sur Ovide. La notice curieuse de l'éloquent traducteur de Lucrèce, M. de Pongerville, ne laisse rien à désirer sur tous les détails qui concernent l'auteur des *Métamorphoses*. Ses jugemens littéraires complètent ceux de La Harpe : ils m'ont paru présenter des aperçus nouveaux et plusieurs utiles développemens sur divers points à peine effleurés par l'auteur du *Lycée*.

également pures de l'enthousiasme d'une admiration passionnée et des préventions aveugles des détracteurs injustes ; là, les *Métamorphoses*, ce vaste et majestueux monument, sont placées par les juges les plus compétens à ce rang élevé d'où rien désormais ne saurait les faire descendre. Ovide n'y apparait plus comme un génie céleste, mais bien comme un poète qui, venu après Lucrèce, Virgile et Horace, jette encore un vif éclat sur les lettres latines, et laisse une impérissable empreinte dans la carrière nouvelle qu'il s'est frayée.

Si je ne crains pas de tracer quelques lignes sur les *Métamorphoses*, après tant de maîtres habiles, ce n'est donc point pour entrer en lice avec eux : ils ont vu tout ce qu'ils pouvaient découvrir du point où ils s'étaient placés ; et chez eux le talent de l'écrivain est à la hauteur des lumières de la critique. Je n'ai d'autre ambition que de hasarder quelques aperçus sur lesquels leur regard ne s'est pas arrêté : je veux parler du caractère philosophique de cet ouvrage.

Il importe peu de décider à quel genre les *Métamorphoses* appartiennent : sont-elles un poëme didactique, ou bien faut-il les ranger parmi les poëmes cycliques ? La solution me paraît assez indifférente, à cause de son inévitable stérilité. Ce qui importe dans l'examen d'un poëme philosophique, c'est, avant tout, de saisir dans quel esprit il a été conçu ; c'est de découvrir, sous la forme qui enveloppe la pensée première du poète, comment, à diverses époques et par des procédés qui ont pu se révéler ailleurs et dans d'autres temps, le génie met au jour, comme par un fatal retour, l'état moral et religieux des peuples, séparés souvent par l'intervalle des lieux et des siècles.

Quand on compare la marche de l'esprit philosophique chez les Grecs et les Latins, peut-on ne pas être frappé d'un phénomène qui, au premier coup d'œil, doit paraître étrange ?

Au milieu des systèmes divers et des dissentimens prononcés qui partagent le monde savant sur les origines des populations primitives de la Grèce et sur les progrès de la civilisation dans cette contrée célèbre[1], un fait me paraît incontestable : ce sont les si-

---

[1]. Cf. Lévesque, *Études de l'histoire ancienne*, tome II, p. 77 et suiv.; Niebuhr, *roemische Gesch.*, tome I, p. 32; Herbert Marsh, *Horæ Pe-*

tuations sociales par lesquelles les Grecs passèrent successivement.

D'abord ils sont barbares: puis ils arrivent à l'état de civilisation; et ces deux situations peuvent, si l'on veut, être désignées par les dénominations de *Pélasges* et d'*Hellènes*.

Les noms ont pu fournir matière à discussion, mais il n'en est pas de même des choses.

L'état primitif de barbarie est attesté par les historiens nationaux[1]. Quant à l'état de civilisation, il se révèle par les révolutions politiques: sa marche progressive ne saurait être révoquée en doute, alors même que les uns considèrent la religion et la civilisation de la Grèce comme indigènes[2], tandis que les autres n'y voient que des importations orientales[3].

La poésie chez les Grecs unit long-temps ses chants aux accords de la musique, pour célébrer les dieux et dévoiler les mystères de l'avenir. Chantres, ministres des autels et prophètes, les premiers poètes parurent, lorsque d'abord les colonies sorties de l'Égypte, de la Phénicie et de la Phrygie, et ensuite les Crétois, les Thraces et les Hellènes avaient tour-à-tour répandu sur le sol de la Grèce divers élémens de civilisation.

Des fables entourent les noms mythiques de Linus, Amphion, Musée, Orphée, Thamyris, etc.; mais l'histoire philosophique mentionne les travaux attribués à plusieurs d'entre eux[4]. Ce fait

---

lasgicæ, pars prior; LARCHER, *Chronol. d'Hérodote*, ch. VIII, p. 215; RAOUL-ROCHETTE, *Hist. des colonies grecques*, tome I, p. 146 et suiv.; MANNERT, *Geogr. der Griechen und Rœm.*, vol. VIII; FRÉRET, *Mémoires de l'Académie des Inscriptions*, tome XLVII, passim.

[1] THUCYDIDE, liv. I, ch. 1-18.

[2] OTFR. MULLER, *Gesch. Hell. Stemme und Stæd.*

[3] FRID. CREUZER, *Symbolik und Mythologie der Alten Voelker*; ouvrage si habilement refondu et si heureusement importé dans notre littérature par les doctes travaux de M. Guigniaut, directeur de l'école Normale, sous le titre de: *Religions de l'antiquité, considérées principalement dans leurs formes mythologiques et symboliques*. Le savant auteur français, liv. V, ch. 4, renvoie à la note 1re sur ce livre, § 1, où tous les faits primitifs de l'histoire grecque seront éclaircis, discutés et classés.

[4] Suivant Diogène de Laërte, liv. I, ch. 42, Linus de Chalcis avait écrit sur la cosmogonie. Le même historien parle d'une *Théogonie* de Musée; et

SUR LES MÉTAMORPHOSES.

ne prouve-t-il pas qu'à cette époque mystérieuse la poésie couvrait de ses chants naissans les spéculations des sages sur la nature et son auteur suprême?

Plus tard, la poésie ionienne remplaça la poésie sacrée. Alors apparaissent les poëmes homériques [1], où les fictions sont si riches et si variées. Bientôt après nous trouvons les poëmes hésiodiques [2]; et, dans les uns comme dans les autres, mais surtout dans les derniers, les dogmes de la philosophie naturelle sont cachés sous les traditions mythologiques.

Enfin, avec Thalès et l'école ionienne, elle se dégage de tous les voiles pour aborder sans détour les phénomènes de la nature et les plus profonds mystères de notre être. A la même époque, le sage de Samos, Pythagore, fonde dans la Grande-Grèce un institut où la philosophie s'élance vers les questions les plus élevées [3].

Suidas (*in* Θάμυρις) attribue à Tamyris une *Théogonie*, qui n'était probablement qu'un fragment de son poëme sur *la Guerre des Titans contre les dieux*, cité par Plutarque dans son traité *de la Musique*, et dont Henri Étienne nous a conservé des fragmens (*in Poesi philosophica*).

Quant à Orphée, quelqu'opinion que l'on adopte sur les *Orphiques* (Cf. SCHOELL, *Hist. de la littér. grecque*, tome 1, p. 38-46), si des faussaires forgèrent des ouvrages sous son nom, le témoignage de Pausanias (liv. II, ch. 26, et liv. IX, ch. 27 et 30) atteste l'existence de ses écrits authentiques.

[1] Deux grandes questions ont été agitées au sujet des poëmes d'Homère. A-t-il mis par écrit l'*Iliade* et l'*Odyssée*? Ces deux poëmes sont-ils entièrement de lui, ou se composent-ils d'ouvrages de plusieurs mains, réunis par les soins d'un habile critique? Ce n'est pas le moment d'entrer dans une discussion à ce sujet. Pour prévenir toutes les objections, et laisser à chacun son libre arbitre, je me sers de la dénomination de *poëmes homériques*, quel qu'en puisse être l'auteur.

[2] On a prétendu aussi que les poésies d'Hésiode ont été arrangées et falsifiées par des mains étrangères. Je me sers de la dénomination de *poëmes hésiodiques*, par les mêmes considérations qui m'ont fait employer tout-à-l'heure celle de *poëmes homériques*.

[3] L'année de la naissance de Pythagore est fort incertaine, et il y a entre les diverses fixations une différence de soixante-trois ans d'un extrême à l'autre. La Nauze et Fréret (*Mém. de l'Acad. des Inscript. et Belles-Lettres*, vol. XIV, p. 575 et 472) la placent à olympiade XXXV, 1, c'est-à-dire l'an 640 avant J.-C.; Larcher, à ol. XLIII, 1, c'est-à-dire l'an 608 av. J.-C.; Rich. Bentley, à

Dans la Grèce, la philosophie naturelle emprunta donc, dès le principe, le langage de la poésie et s'enveloppa du voile des traditions religieuses : elle eut recours aux fictions, afin de ne pas éblouir le vulgaire, et ne se dépouilla que lentement de son caractère théologique.

Chez les Latins, au contraire, elle n'emprunte d'abord le sublime langage des Muses que pour répandre des dogmes opposés au culte des dieux ; et c'est lorsqu'ils ont reçu les plus violentes atteintes, qu'Ovide vient ressusciter l'histoire mythologique avec ses antiques symboles, et les revêtir de tout l'éclat du génie poétique.

Dans deux littératures, dont l'une est la fille de l'autre, cette marche inverse serait-elle un accident fortuit ? Ne doit-elle pas être plutôt attribuée à de puissantes causes morales et politiques ?

On sait sous quelles inspirations fut composé le poëme *sur la Nature des choses*. « Le temps où nous vivons, les évènemens dont nous sommes témoins, exercent une influence absolue sur notre esprit : Lucrèce, profondément sensible, juste et modéré, en observant les crimes odieux dont ses contemporains se souillaient impunément, fut sans doute persuadé que les dieux ne daignaient pas régir les hommes. Simple, noble et bon comme la nature dont il est le peintre, ce sage chercha dans le sein de cette mère commune le refuge qu'il ne trouvait point sous l'empire de ces dieux, emblème de toutes les passions. Implacable ennemi du crime et de l'imposture, Lucrèce n'élève sa voix consolante et mélodieuse que pour inviter les hommes à suivre la vertu. Ses guides fidèles sont la sagesse, l'ordre et la modération ; et s'il condamne à un

---

ol. XLIII, 4, c'est-à-dire 605 av. J.-C. ; Ch. Meiners, *Gesch. der Künste und Wissenchaften in Griechenland und Rom*, à ol. XLIX, 2, c'est-à-dire l'an 683 av. J.-C. ; et Dodwel, *de Veter. Græc. Romanorumque cyclis*, p. 137, à ol. LII, 2, c'est-à-dire l'an 572 av. J.-C. Eusèbe fixe la mort de Pythagore à ol. LXXI, 1, c'est-à-dire l'an 496 av. J.-C.

Or, de l'an 640 av. J.-C. jusqu'à l'an 496 av. J.-C., l'école ionienne produisit Thalès, né ol. XXXV, 2, l'an 639 av. J.-C. ; Anaximandre, né ol. XLIII, 3, l'an 610 av. J.-C. ; Anaxagoras et Anaximène de Milet, nés ol. LXX, 1, l'an 500 av. J.-C. Ainsi, la naissance et le développement de l'*école ionienne*, la création et les progrès de l'*école italique*, furent contemporains.

noble repos ces dieux chimériques, il respecte en eux l'idée de la divinité : c'est, pour ainsi dire, en se prosternant à leurs pieds qu'il les dépouille de leur empire ; il fait plus, il reconnaît, dans la régularité et dans l'énergie de la nature, une puissance secrète, une âme universelle qui répond à l'idée que nous nous formons de l'Être-Suprême, etc. » (DE PONGERVILLE, *Réflexions sur le poëme et le système de Lucrèce*, en tête de sa traduction, p. 12 et 13.)

Ces spéculations profondes du célèbre interprète de Lucrèce mettent dans tout son jour la pensée du chantre immortel de *la Nature des choses*.

Ainsi, chez les Latins, la philosophie se montre hardie dès ses premiers pas : elle veut subjuguer la nature, et lui demande son secret sur la formation de l'univers et sur le souverain Être. Lucrèce, son noble représentant, est un esprit cultivé par les enseignemens puisés à Athènes dans l'école de Zénon : emporté vers les plus hautes pensées par tout l'élan de son énergie morale, il cherche la solution d'un problème incessamment offert à ses habitudes méditatives par une contradiction révoltante entre le désordre politique où gémit sa patrie, et l'harmonie qu'il voit régner dans la nature, reflet invariable de la divine sagesse.

Son poëme porte un coup terrible aux traditions populaires, ou plutôt il reproduit l'incurable discrédit qui, de jour en jour, les poussait vers une ruine certaine. Lorsque Octave, devenu Auguste, s'efforça, pour mieux assurer sa domination, de conserver en apparence toutes les formes de la constitution républicaine, il dut vouloir aussi soutenir d'une main tutélaire les autels chancelans des anciens dieux. Je ne dis point qu'il ait suggéré à Ovide l'idée des *Métamorphoses* : je ne pourrais appuyer une telle assertion d'aucun document historique. Mais n'est-il pas vraisemblable qu'entouré des hommes supérieurs de son temps, il dut songer au moyen d'asseoir son empire sur les antiques bases de toutes les traditions nationales? Ne trouvons-nous pas dans l'*Énéide* des traces fréquentes et visibles d'une intention politique? Le désir de flatter l'amour-propre national ne s'y révèle-t-il pas dans divers passages qu'il me paraît inutile de citer, parce qu'ils sont connus de mes lecteurs? Cependant, l'*Énéide* fut-elle composée par l'ordre d'Auguste? Non, sans doute; mais, à la cour du nouvel empereur, on sentait le besoin de ressusciter l'esprit public, après tant de convulsions, et de l'attacher à des croyances et à des souvenirs qui faisaient partie de la constitution de l'état. Pourquoi, à cette même époque où, dans toutes les classes de la société, l'incrédulité, toujours en progrès, sapait depuis long-temps le culte des dieux, fortement ébranlé même avant les chants de Lucrèce[1], les favoris de Mécène et d'Auguste n'auraient-ils pas compris la nécessité de le raffermir? Dans cette hypothèse, Ovide, sans avoir composé les *Métamorphoses* par l'ordre d'Auguste, n'aura-t-il pas voulu, pour répondre à ce besoin, recueillir et coordonner dans un seul ouvrage toutes les traditions mythologiques où les dieux tiennent une si grande place[2]? n'aura-t-il pas voulu les ranimer et les rendre de nouveau populaires, en les embellissant de toutes les richesses de l'idiome national et de tous les trésors de l'imagination?

Quant au fonds philosophique, c'est, comme dans Lucrèce, la création de l'univers, l'idée que les anciens se formaient de l'Être-Suprême; mais, dans Ovide, ces grands objets se cachent sous le voile des symboles et des mythes, comme à l'époque de la philo-

---

[1] M. de Pongerville, qui a saisi avec tant de sagacité et exposé avec tant de noblesse tout ce qui concerne Lucrèce et son poëme, prouve que les Romains n'avaient pas attendu l'explication poétique du système d'Épicure pour se convaincre de l'impuissance de leurs ridicules divinités : « Au sénat, dit-il, dans les tribunaux, dans le Forum, au théâtre, l'athéisme était hautement proclamé. Les philosophes discutaient sur les moyens employés par la nature, mais convenaient tous de la nullité des dieux. Lucrèce, au contraire, en faisant à ses contemporains une espèce de concession sur l'incurie des fausses divinités, présente comme le seul frein aux déréglemens de son siècle, les lois de la nature, et cet ordre universel dont la marche invisible contribue tôt ou tard à punir les excès condamnables. » (*Réflex. sur le poëme et le système de Lucrèce*, p. xxj.) Il n'est pas possible de parler de Lucrèce sans rappeler l'article si remarquable de M. Villemain sur ce poète, dans la *Biographie universelle*.

[2] Cette intention est positive dans les *Fastes* : « Tout s'y rapporte à la religion : c'est la peinture des cérémonies religieuses, rapprochées de leurs origines historiques et fabuleuses, et exposées dans l'ordre où les ramènent le cours des astres et la marche des constellations. » (*Répertoire de la littérature ancienne et moderne*, tome XXI, p. 45.)

sophie primitive chez les Grecs et dans les anciennes religions de l'Italie [1].

En présentant sous cet aspect nouveau le but des *Métamorphoses*, je n'obéis à aucun esprit de système, mais à une conviction, née de sérieuses études assez longues sur l'histoire de la philosophie ancienne. J'abandonne ces réflexions à la critique, sinon avec la confiance de les voir couronnées d'un suffrage qui serait, à mes yeux, le prix le plus flatteur de mes travaux; du moins avec la conscience de n'en avancer aucune que je ne puisse, au besoin, appuyer de faits incontestables.

Tous les bons esprits l'ont senti, le temps est venu de scruter d'un œil philosophique les productions du génie: la poésie, l'histoire, l'éloquence et la philosophie sont dans chaque siècle l'expression variée du travail de l'intelligence humaine; et l'intelligence est le lien qui rattache la terre au ciel, en rapprochant l'homme de la Divinité.

---

[1] Sur ces religions, considérées principalement dans leurs rapports avec les religions primitives de la Grèce, on trouve d'excellens renseignemens dans MM. Creuzer et Guigniaut, *Religions de l'antiquité, etc.*, liv. v, sect. 2, ch. 1-5.

LIVRE Ier.

ARGUMENTUM.

I. Chaos in elementa quatuor distinguitur. — II. Quatuor mundi ætatum series. — III. Gigantum scelus et pœna. — IV. Orbis mergitur diluvio. — V. Deucalion et Pyrrha humanum reparant genus. — VI. Pythonem Apollo interficit. — VII. Daphne in laurum conversa. — VIII. Io mutatur in vaccam, Syrinx in arundinem; Argus necatur; nascitur Epaphus.

ARGUMENT.

I. Le Chaos changé en quatre élémens distincts. — II. Succession des quatre âges du monde. — III. Crime et punition des Géans. — IV. L'univers est submergé par le déluge. — V. Deucalion et Pyrrha repeuplent la terre. — VI. Apollon tue le serpent Python. — VII. Daphné changée en laurier. — VIII. Métamorphose d'Io en génisse et de Syrinx en roseau; mort d'Argus; naissance d'Epaphus.

P. OVIDII NASONIS
METAMORPHOSEON

LIBER PRIMUS.

In nova fert animus mutatas dicere formas
Corpora. Di cœptis, nam vos mutastis et illas,
Adspirate meis, primaque ab origine mundi
Ad mea perpetuum deducite tempora carmen.
    I. Ante, mare et tellus et quod tegit omnia cœlum,
Unus erat toto Naturæ vultus in orbe,
Quem dixere Chaos, rudis indigestaque moles;
Nec quidquam, nisi pondus iners; congestaque eodem
Non bene junctarum discordia semina rerum.
Nullus adhuc mundo præbebat lumina Titan;
Nec nova crescendo reparabat cornua Phœbe;
Nec circumfuso pendebat in aere Tellus
Ponderibus librata suis: nec brachia longo
Margine terrarum porrexerat Amphitrite;
Quaque fuit tellus, illic et pontus et aer:

MÉTAMORPHOSES
DE
P. OVIDE

LIVRE PREMIER.

Je veux dire par quelles métamorphoses les corps revêtirent des formes nouvelles. Dieux (car ces changemens sont aussi votre ouvrage), inspirez mes chants, et conduisez-les sans interruption, depuis le berceau du monde jusqu'à nos jours.

I. Avant la mer, la terre et le ciel, qui les enveloppe, la nature offrait le même aspect dans l'univers entier : on l'appela Chaos ; masse grossière, informe, pesante, inerte, où se trouvaient confondus, sans aucun lien d'harmonie, les élémens contraires. Le soleil ne prêtait pas encore sa lumière au monde, et Phébé ne voyait point, par des révolutions nouvelles, son disque renaître et grandir : la terre ne voguait pas suspendue dans l'océan des airs, balancée par son propre poids ; et Amphitrite n'étendait pas ses bras autour des vastes flancs du globe : là où était la terre, là étaient aussi l'eau et l'air ; tant la terre manquait de consistance, l'eau de fluidité, l'air de lumière. Les élémens n'avaient point de forme certaine ; ils se nuisaient mutuellement ;

Sic erat instabilis tellus, innabilis unda,
Lucis egens aer: nulli sua forma manebat,
Obstabatque aliis aliud: quia corpore in uno
Frigida pugnabant calidis, humentia siccis,
Mollia cum duris, sine pondere habentia pondus.
Hanc Deus et melior litem Natura diremit:
Nam coelo terras et terris abscidit undas,
Et liquidum spisso secrevit ab aere coelum.
Quae postquam evolvit, caecoque exemit acervo,
Dissociata locis concordi pace ligavit.
Ignea convexi vis et sine pondere coeli
Emicuit, summaque locum sibi legit in arce:
Proximus est aer illi levitate, locoque:
Densior his tellus, elementaque grandia traxit;
Et pressa est gravitate sui: circumfluus humor
Ultima possedit, solidumque coercuit orbem.
Sic ubi dispositam, quisquis fuit ille Deorum,
Congeriem secuit, sectamque in membra redegit;
Principio terram, ne non aequalis ab omni
Parte foret, magni speciem glomeravit in orbis.
Tum freta diffundi, rabidisque tumescere ventis
Jussit, et ambitae circumdare litora terrae.
Addidit et fontes, immensaque stagna, lacusque;
Fluminaque obliquis cinxit declivia ripis,
Quae diversa locis partim sorbentur ab ipsa,

et, dans le même corps, le froid et le chaud se faisaient la guerre, ainsi que l'humide et le sec, les substances molles et les substances dures, celles qui sont pesantes et celles qui ne le sont pas.

Un dieu, ou la nature plus puissante, pour mettre fin à cette lutte, jeta un intervalle entre le ciel et la terre, la terre et les eaux, et sépara l'air le plus subtil de l'air le plus grossier. Après avoir retiré les élémens du chaos où ils étaient mêlés en désordre, il leur marqua des places distinctes, tout en les assujétissant aux lois d'une éternelle union : le feu, privé de pesanteur, s'élança vers les voûtes célestes et occupa la plus haute région des airs; la place voisine fut réservée à l'air, à cause de sa légèreté; la terre, plus épaisse que l'air et le feu, chargée d'ailleurs d'élémens grossiers, fut, par son propre poids, fixée au dessous; l'Océan, qui la baigne de toutes parts, eut la dernière place et enchaîna le continent.

Quand ce dieu, quel qu'il fût, eut débrouillé, divisé la matière et assigné à chaque partie la forme convenable, il donna d'abord à la terre, pour qu'elle fût égale dans toute sa surface, la figure d'un vaste globe; ensuite, il prescrivit à la mer de s'épandre çà et là, de s'enfler au gré des vents courroucés, et de s'arrêter au pied des rivages qui servent de ceinture à la terre. Il fit aussi les sources, les étangs sans bornes et les lacs; il entoura de rives sinueuses les fleuves qui se précipitent en pente et, dans leurs cours divers, disparaissent au sein de la terre ou coulent jusqu'à la mer, et, reçus à

In mare perveniunt partim, campoque recepta
Liberioris aquae, pro ripis litora pulsant.
Jussit et extendi campos, subsidere valles,
Fronde tegi silvas, lapidosos surgere montes.
Utque duae dextra coelum, totidemque sinistra
Parte secant Zonae, quinta est ardentior illis;
Sic onus inclusum numero distinxit eodem
Cura Dei; totidemque plagae tellure premuntur:
Quarum quae media est, non est habitabilis aestu:
Nix tegit alta duas; totidem inter utramque locavit,
Temperiemque dedit, mixta cum frigore flamma.
Imminet his aer, qui, quanto est pondere terrae
Pondus aquae levius, tanto est onerosior igni.
Illic et nebulas, illic consistere nubes
Jussit, et humanas motura tonitrua mentes,
Et cum fulminibus facientes frigora ventos.
His quoque non passim mundi fabricator habendum
Aera permisit: vix nunc obsistitur illis,
Quum sua quisque regant diverso flamina tractu,
Quin lanient mundum; tanta est discordia fratrum!
Eurus ad Auroram, Nabataeaque regna recessit,
Persidaque, et radiis juga subdita matutinis:
Vesper, et occiduo quae litora Sole tepescunt,
Proxima sunt Zephyro: Scythiam septemquetrionem
Horrifer invasit Boreas: contraria tellus

l'aise dans ses larges bassins, ne frappent plus d'autres bords que ses rivages mêmes. Il ordonna également aux plaines de s'étendre, aux vallées de s'abaisser, aux forêts de se parer de feuillage, aux montagnes d'élever leur tête couronnée de rochers : et de même que le ciel est coupé à droite par deux zônes, à gauche par deux autres, et qu'au milieu s'en trouve une cinquième où la chaleur est plus vive; ainsi, par la sagesse de ce dieu, notre globe que le ciel embrasse, fut divisé en cinq régions : elles correspondent aux cinq régions célestes. La chaleur rend inhabitable celle du milieu; de profondes couches de neige couvrent les deux zônes voisines des pôles, et dans l'espace égal qui s'étend à côté de chacune, règne une douce température, produite par le mélange du froid et du chaud. Tout autour, l'air se balance : autant l'eau est plus légère que la terre, autant l'air est plus lourd que le feu : c'est le séjour assigné par les décrets du dieu aux nuages, aux tonnerres qui portent l'épouvante dans le cœur des mortels, et aux vents, pères de la foudre et des frimas. L'architecte des mondes n'abandonna pas à leurs caprices l'empire de l'air; à présent même leur fureur est à peine comprimée, quoiqu'ils soient retenus par la loi qui marque à chacun le point d'où il doit s'élancer : peu s'en faut qu'ils n'emportent le monde en éclats, tant la discorde règne parmi eux; et pourtant ils sont frères! Eurus fut relégué dans le royaume de l'Aurore, l'empire de Nabata, la Perse et les montagnes frappées des premiers rayons du jour; Vesper et les terres que le soleil couchant réchauffe de ses dernières clartés, sont voisins du Zéphyr; l'horrible Borée envahit la Scythie et le septentrion; les contrées placées à

Nubibus adsiduis, pluvioque madescit ab Austro.
Hæc super imposuit liquidum, et gravitate carentem,
Æthera, nec quidquam terrenæ fæcis habentem.
Vix ea limitibus dissepserat omnia certis,
Quum, quæ pressa diu massa latuere sub illa,
Sidera cœperunt toto effervescere cœlo.
Neu regio foret ulla suis animantibus orba,
Astra tenent cœleste solum, formæque Deorum:
Cesserunt nitidis habitandæ piscibus undæ:
Terra feras cepit: volucres agitabilis aer.
Sanctius his animal, mentisque capacius altæ
Deerat adhuc, et quod dominari in cetera posset.
Natus homo est; sive hunc divino semine fecit
Ille opifex rerum, mundi melioris origo:
Sive recens tellus, seductaque nuper ab alto
Æthere, cognati retinebat semina cœli,
Quam satus Iapeto, mixtam fluvialibus undis,
Finxit in effigiem moderantum cuncta Deorum;
Pronaque quum spectent animalia cetera terram,
Os homini sublime dedit; cœlumque tueri
Jussit, et erectos ad sidera tollere vultus.
Sic, modo quæ fuerat rudis et sine imagine tellus,
Induit ignotas hominum conversa figuras.

II. Aurea prima sata est ætas, quæ, vindice nullo,
Sponte sua, sine lege, fidem rectumque colebat.

l'opposite sont incessamment couvertes d'humides brouillards par le pluvieux Auster. Au dessus de la région des vents est répandu l'éther, élément fluide, sans pesanteur, et dont aucun mélange terrestre n'altère la pureté.

Dès que ces divers corps furent circonscrits dans des limites invariables, les astres, long-temps ensevelis dans la masse informe du chaos, commencèrent à inonder le ciel de leur lumière. Aucune région ne devait être dépourvue des êtres qui lui conviennent : ainsi, les étoiles et les dieux occupèrent le céleste parvis; le poisson fit briller ses écailles à travers le cristal des eaux, qui lui furent données pour demeure; la terre reçut les bêtes sauvages; et l'air, ami du mouvement, les oiseaux. Un être plus noble, capable de pensées élevées et fait pour commander à tous les êtres, manquait encore : l'homme naquit; soit que le père de toutes choses, celui dont la main créa, ordonna l'univers, l'ait tiré d'une semence divine; soit que la terre, vierge encore, et naguère séparée de l'éther qui roule dans les hauteurs de l'espace, eût retenu quelque germe des élémens célestes auxquels elle fut d'abord mêlée : le fils de Japet la détrempa dans les eaux d'un fleuve, il la pétrit à l'image des arbitres du monde; et tandis que les autres animaux, courbés vers la terre, y fixent leurs regards, il donna à l'homme une attitude droite, lui commandant de contempler les cieux et de tenir son front élevé vers les astres. La matière, informe et grossière, revêtit, par cette métamorphose, la figure humaine, jusque là inconnue.

II. L'âge d'or naquit le premier : sans la peur du supplice, spontanément et sans lois, il garda la bonne-foi

Pœna metusque aberant; nec verba minacia fixo
Ære legebantur; nec supplex turba timebant
Judicis ora sui : sed erant sine judice tuti.
Nondum cæsa suis, peregrinum ut viseret orbem,
Montibus, in liquidas pinus descenderat undas;
Nullaque mortales, præter sua, litora norant.
Nondum præcipites cingebant oppida fossæ :
Non tuba directi, non æris cornua flexi,
Non galeæ, non ensis, erant : sine militis usu
Mollia securæ peragebant otia gentes.
Ipsa quoque immunis, rastroque intacta, nec ullis
Saucia vomeribus, per se dabat omnia tellus;
Contentique cibis, nullo cogente, creatis,
Arbuteos fœtus, montanaque fraga legebant,
Cornaque, et in duris hærentia mora rubetis,
Et quæ deciderant patula Jovis arbore glandes.
Ver erat æternum, placidique tepentibus auris
Mulcebant Zephiri natos sine semine flores.
Mox etiam fruges tellus inarata ferebat;
Nec renovatus ager gravidis canebat aristis.
Flumina jam lactis, jam flumina nectaris ibant;
Flavaque de viridi stillabant ilice mella.
Postquam, Saturno tenebrosa in Tartara misso,
Sub Jove mundus erat; subiit argentea proles,
Auro deterior, fulvo pretiosior ære.

et la justice : le châtiment et la crainte étaient ignorés ; on ne lisait point encore de menaçantes paroles gravées sur l'airain ; et la foule suppliante ne tremblait pas en présence de son juge ; les humains vivaient tranquilles, sans le secours des magistrats ; le pin n'avait pas encore été détaché par la hache des montagnes qui le virent naître, pour descendre sur la plaine liquide et visiter des terres étrangères ; les hommes ne connaissaient que leurs rivages : des fossés profonds n'entouraient pas les villes ; la trompette, le clairon recourbé, le casque, l'épée, n'existaient pas encore ; et, sans l'appui des armées, les peuples, au sein de la sécurité, coulaient d'heureux loisirs. La terre aussi, à l'abri de toute violence, sans être déchirée par le rateau ou sillonnée par la charrue, prodiguait d'elle-même tous les biens : contens des alimens qu'elle offrait sans contrainte, les mortels recueillaient le fruit de l'arboisier et du cornouiller, la fraise des montagnes, la mûre attachée aux buissons, et les glands tombés des larges branches de l'arbre de Jupiter. Alors régnait un printemps éternel, et les doux Zéphyrs, de leurs tièdes haleines, caressaient les fleurs nées sans semence. Enfin, la terre, sans culture, versait mille productions, et d'abondans épis blanchissaient les guérêts, qui ne réclamaient jamais du repos : alors serpentaient des fleuves de lait et de nectar ; et de l'yeuse toujours verte distillaient les rayons dorés du miel.

Cependant Saturne est précipité dans le ténébreux Tartare, et l'empire du monde passe dans les mains de Jupiter : dès-lors commence l'âge d'argent, moins pur

Jupiter antiqui contraxit tempora veris;
Perque hiemes, æstusque, et inæquales autumnos,
Et breve ver, spatiis exegit quatuor annum.
Tum primum siccis aer fervoribus ustus
Canduit; et ventis glacies adstricta pependit.
Tum primum subiere domos : domus antra fuerunt,
Et densi frutices, et vinctæ cortice virgæ.
Semina tum primum longis Cerealia sulcis
Obruta sunt, pressique jugo gemuere juvenci.
Tertia post illas successit AHENEA proles,
Sævior ingeniis, et ad horrida promtior arma;
Nec scelerata tamen : de duro est ultima FERRO.

PROTINUS irrumpit venæ pejoris in ævum
Omne nefas : fugere pudor, verumque, fidesque;
In quorum subiere locum fraudesque, dolique,
Insidiæque, et vis, et amor sceleratus habendi.
Vela dabat ventis, nec adhuc bene noverat illos
Navita; quæque diu steterant in montibus altis,
Fluctibus ignotis insultavere carinæ;
Communemque prius, ceu lumina Solis et auras,
Cautus humum longo signavit limite mensor.
Nec tantum segetes alimentaque debita dives
Poscebatur humus; sed itum est in viscera terræ;
Quasque recondiderat, Stygiisque admoverat umbris,
Effodiuntur opes, irritamenta malorum.

que l'âge d'or, mais préférable à l'âge d'airain. Jupiter raccourcit l'ancienne durée du printemps; par son ordre, l'hiver, l'été, l'automne inégal, et le printemps, resserré dans d'étroites limites, partagent l'année en quatre saisons. Pour la première fois, l'air desséché est embrasé par des chaleurs dévorantes, et des glaçons, durcis par les vents, apparaissent çà et là suspendus. Alors, pour la première fois, les hommes pénétrèrent sous l'abri d'une demeure; ils eurent pour maison les antres, un toit formé d'épaisses broussailles ou de branchiages entrelacés: alors, pour la première fois, les semences de Cérès furent confiées à de longs sillons, et les jeunes taureaux gémirent sous le poids du joug. A ces deux âges succède l'âge d'airain : l'homme, plus féroce, est plus prompt à prendre les armes, qui sèment l'effroi : il s'abstient pourtant du crime; le dernier âge est l'âge de fer.

A l'instant, tous les crimes se font jour, dans ce siècle d'un plus vil métal; la pudeur, la vérité, la bonne-foi, prennent la fuite; à leur place règnent la ruse, l'artifice, la trahison, la violence et la coupable soif de posséder. Le nautonnier abandonne sa voile aux vents, sans bien les connaître; les arbres, après avoir long-temps séjourné sur la cime des monts, transformés en vaisseaux, bravèrent des flots inconnus. La terre avait été jusque-là commune à tous, comme l'air et la lumière : alors, le laboureur défiant entoura son champ d'une vaste limite. On ne se contenta plus de demander à la terre féconde les moissons et des alimens nécessaires, on descendit jusque dans ses entrailles; et les richesses qu'elle y tenait cachées près des ténèbres du Styx, tirées à la lumière, donnent l'éveil à tous les maux : bientôt se montrent le fer si nuisible, l'or plus nuisible encore,

Jamque nocens ferrum, ferroque nocentius aurum
Prodierant : prodit bellum, quod pugnat utroque;
Sanguineaque manu crepitantia concutit arma.
Vivitur ex rapto : non hospes ab hospite tutus,
Non socer a genero : fratrum quoque gratia rara est :
Imminet exitio vir conjugis, illa mariti :
Lurida terribiles miscent aconita novercæ :
Filius ante diem patrios inquirit in annos :
Victa jacet Pietas; et Virgo cæde madentes,
Ultima cœlestum, terras Astræa reliquit.

III. Neve foret terris securior arduus æther,
Adfectasse ferunt regnum cœleste Gigantas;
Altaque congestos struxisse ad sidera montes.
Tum pater omnipotens misso perfregit Olympum
Fulmine, et excussit subjecto Pelion Ossæ.
Obruta mole sua quum corpora dira jacerent;
Perfusam multo natorum sanguine Terram
Incaluisse ferunt, calidumque animasse cruorem;
Et, ne nulla suæ stirpis monumenta manerent,
In faciem vertisse hominum : sed et illa propago
Contemtrix Superum, sævæque avidissima cædis,
Et violenta fuit : scires e sanguine natos.

IV. Quæ pater ut summa vidit Saturnius arce,
Ingemit; et, facto nondum vulgata recenti,
Fœda Lycaoniæ referens convivia mensæ,

la guerre qui les prend l'un et l'autre pour instrument, et dont la main, rougie dans le sang, secoue des armes bruyantes. On vit de rapines : l'hôte redoute son hôte, et le beau-père son gendre; rarement l'union règne parmi les frères ; l'époux trame la perte de son épouse, et celle-ci la perte de son époux ; les marâtres cruelles préparent de mortels poisons ; le fils cherche d'avance à connaître le dernier jour de son père; la piété vaincue succombe; et la vierge Astrée abandonne enfin la terre arrosée de carnage, lorsque déjà tous les dieux l'ont quittée.

III. Le ciel, placé au dessus de notre globe, ne devait pas être plus en sûreté : les géans, dit-on, voulurent en conquérir l'empire ; et les montagnes, par leurs mains entassées, frappèrent de leurs fronts les sublimes régions des astres. Alors le puissant maître des dieux écrasa l'Olympe sous les coups de sa foudre; il renversa Pélion élevé sur Ossa : les restes monstrueux des géans furent ensevelis sous les masses par eux amoncelées ; la Terre, couverte du sang de ses enfans, conçut, dit-on, une chaleur féconde, source de vie pour d'autres êtres à qui elle donna la face humaine, afin qu'ils conservassent la trace de leur origine; mais cette race méprisa les dieux, se baigna avidement dans le meurtre et se plongea dans toutes les violences : on reconnaissait qu'elle était née du sang.

IV. Du haut de son trône, le fils de Saturne vit ses crimes : il gémit, et rappelant à sa pensée le banquet servi par Lycaon, trop récent encore pour être divulgué,

Ingentes animo et dignas Jove concipit iras;
Conciliumque vocat : tenuit mora nulla vocatos.

Est via sublimis, coelo manifesta sereno,
Lactea nomen habet; candore notabilis ipso.

Hac iter est Superis ad magni tecta Tonantis,
Regalemque domum : dextra laevaque Deorum
Atria nobilium valvis celebrantur apertis.
Plebs habitant diversa locis : a fronte potentes
Coelicolae, clarique suos posuere penates.
Hic locus est, quem, si verbis audacia detur,
Haud timeam magni dixisse Palatia coeli.
Ergo ubi marmoreo Superi sedere recessu,
Celsior ipse loco, sceptroque innixus eburno,
Terrificam capitis concussit terque quaterque
Caesariem, cum qua terram, mare, sidera, movit.
Talibus inde modis ora indignantia solvit :

« Non ego pro mundi regno magis anxius illa
Tempestate fui, qua centum quisque parabant
Injicere anguipedum captivo brachia coelo.
Nam, quanquam ferus hostis erat, tamen illud ab uno
Corpore, et ex una pendebat origine bellum.
Nunc mihi, qua totum Nereus circumtonat orbem,
Perdendum mortale genus : per flumina juro
Infera, sub terras Stygio labentia luco,

il livre son âme à un courroux immense, digne de Jupiter : il convoque le conseil des dieux; à sa voix, ils accourent tous sans délai.

Au haut de l'empyrée s'offre une route que l'œil découvre, quand l'air est sans nuages ; on la nomme *voie lactée* : son éclat attire les regards.

C'est par cette route que les Immortels se rendent au superbe palais habité par le maître du tonnerre. A droite et à gauche, sous des portiques toujours ouverts, résident les dieux du premier ordre : çà et là des places sont assignées au vulgaire; à l'entrée même de ce royal séjour, les dieux élevés au dessus des autres par leur crédit et par la gloire, ont établi leur siège ; si un tel langage peut être permis, je ne craindrai point de l'appeler le palais du ciel.

Les dieux prennent place dans ce sanctuaire tout resplendissant de marbre: aussitôt Jupiter, assis sur un siège élevé au dessus de tous les autres, et la main appuyée sur un sceptre d'ivoire, agite trois ou quatre fois la terrible chevelure qui ombrage son front et remue jusqu'en leurs fondemens la terre, la mer et les célestes voûtes. Son indignation s'exhale soudain en ces fières paroles :

« Non, l'empire du monde ne me causa pas d'aussi vives alarmes dans ces jours de lutte, où les géans s'apprêtaient à enchaîner de leurs cent bras le ciel une fois conquis. J'avais en tête des ennemis terribles, il est vrai; mais du moins cette guerre était soutenue par une seule race et n'avait qu'un principe. Aujourd'hui, dans toutes les contrées où l'Océan promène ses flots bruyans comme le tonnerre, la race des mortels doit périr. Je le jure par les fleuves qui coulent dans les entrailles de la terre et baignent les forêts du Styx ! j'ai d'abord tout tenté; mais

Cuncta prius tentata : sed immedicabile vulnus
Ense recidendum, ne pars sincera trahatur.
Sunt mihi Semidei; sunt rustica numina, Nymphæ,
Faunique, Satyrique, et monticolæ Silvani :
Quos quoniam cœli nondum dignamur honore,
Quas dedimus, certe terras habitare sinamus.
An satis, o Superi, tutos fore creditis illos,
Quum mihi, qui fulmen, qui vos habeoque regoque,
Struxerit insidias, notus feritate Lycaon? »
Confremuere omnes, studiisque ardentibus ausum
Talia deposcunt : sic, quum manus impia sævit
Sanguine Cæsareo Romanum exstinguere nomen,
Attonitum tantæ subito terrore ruinæ
Humanum genus est; totusque perhorruit orbis.
Nec tibi grata minus pietas, Auguste, tuorum,
Quam fuit illa Jovi. Qui postquam voce manuque
Murmura compressit; tenuere silentia cuncti.
Substitit ut clamor, pressus gravitate regentis,
Jupiter hoc iterum sermone silentia rumpit :
« Ille quidem pœnas, curam hanc dimittite, solvit;
Quod tamen admissum, quæ sit vindicta, docebo.
Contigerat nostras infamia temporis aures :
Quam cupiens falsam, summo delabor Olympo,
Et Deus humana lustro sub imagine terras.
Longa mora est, quantum noxæ sit ubique repertum,
Enumerare : minor fuit ipsa infamia vero.

la blessure est incurable; il faut y porter le fer, pour que la partie saine encore ne cède pas à la contagion. J'ai sous mes lois les demi-dieux, les divinités tutélaires des campagnes, les Nymphes, les Faunes, les Satyres, les Silvains des montagnes : je ne les trouve pas encore dignes des honneurs célestes; mais du moins ils doivent pouvoir habiter la terre qui leur est échue en partage. Les croirez-vous à l'abri du danger, dieux immortels, lorsque moi-même, maître de la foudre, investi sur vous tous d'un empire suprême, je suis en butte aux pièges de Lycaon, désormais célèbre par sa férocité ? »

Tous les dieux frémissent et s'empressent de demander avec ardeur la punition du coupable. Ainsi, quand une main sacrilège et barbare voulut éteindre le nom romain dans le sang de César, cette catastrophe imprévue glaça d'effroi le genre humain, et tout l'univers frissonna d'épouvante. Alors, Auguste, la piété des Romains ne te fut pas moins agréable que celle des dieux ne le fut à Jupiter. De la voix et du geste, il apaise leurs murmures : aussitôt ils se taisent; et lorsque tous les cris ont cessé devant la majesté du maître, Jupiter de nouveau interrompt ainsi le silence : « Il a subi sa peine; soyez, à cet égard, libres de toute alarme : je vais néanmoins vous apprendre la faute et le châtiment. Le bruit révoltant des crimes de ce siècle avait frappé mon oreille : désireux de le trouver mensonger, je descends des hautes régions de l'Olympe; et, dieu, je prends la forme humaine pour visiter la terre. Il serait trop long d'énumérer les crimes que je vis régner partout : ici la triste renommée était au dessous de la réalité.

« Mænala transieram, latebris horrenda ferarum,
Et cum Cyllene gelidi pineta Lycæi.
Arcados hinc sedes et inhospita tecta tyranni
Ingredior, traherent quum sera crepuscula noctem.
Signa dedi venisse Deum; vulgusque precari
Cœperat : irridet primo pia vota Lycaon.
Mox, ait, experiar, Deus hic, discrimine aperto,
An sit mortalis; nec erit dubitabile verum.
Nocte gravem somno nec opina perdere morte
Me parat : hæc illi placet experientia veri.
Nec contentus eo, missi de gente Molossa
Obsidis unius jugulum mucrone resolvit :
Atque ita semineces partim ferventibus artus
Mollit aquis, partim subjecto torruit igni.
Quos simul imposuit mensis; ego vindice flamma
In domino dignos everti tecta Penates.
Territus ille fugit; nactusque silentia ruris
Exululat, frustraque loqui conatur : ab ipso
Colligit os rabiem, solitæque cupidine cædis
Vertitur in pecudes : et nunc quoque sanguine gaudet.
In villos abeunt vestes, in crura lacerti ;
Fit lupus, et veteris servat vestigia formæ ;
Canities eadem est, eadem violentia vultu ;
Idem oculi lucent, eadem feritatis imago.
Occidit una domus : sed non domus una perire

« J'avais franchi le Ménale dont les antres servent de repaire aux monstres horribles, et le Cyllène et le glacial Lycée, couvert de sapins ; je pénètre dans les campagnes de l'Arcadie et dans le palais d'un tyran inhospitalier, au moment où la nuit arrive lentement sur les pas du crépuscule. J'annonce, par des signes certains, la présence d'un dieu : le peuple commençait à prier ; Lycaon rit d'abord des vœux de la piété. Bientôt, ajoute-t-il, une épreuve publique m'apprendra s'il est dieu ou mortel : la vérité ne sera pas douteuse. Il était nuit, et le sommeil engourdissait mes membres, quand tout à coup il s'apprête à me donner la mort. Voilà par quelle épreuve il veut s'assurer de la vérité. C'est encore trop peu ; un ôtage lui avait été envoyé du pays des Molosses, il l'égorge avec son poignard, fait bouillir une partie des membres de la victime à demi glacée par la mort, et rôtir le reste sur un brasier ardent : ces horribles mets sont portés sur sa table. Armé de feux vengeurs, je renverse à l'instant son palais et ses pénates, dignes d'un tel maître. Il fuit épouvanté : parvenu dans les campagnes silencieuses, il pousse des hurlemens ; mais il s'efforce en vain de parler. Il trouve en lui-même l'aiguillon de sa fureur ; la soif du meurtre, qui lui est familière, le précipite sur les troupeaux : maintenant encore, il se plaît dans le sang. Ses vêtemens se changent en longues soies, et ses bras deviennent des jambes. Métamorphosé en loup, il conserve des vestiges de son ancienne forme : toujours blanchi par l'âge, ses traits respirent la même violence, ses yeux étincellent du même feu ; tout en lui porte l'image de la même férocité. Une seule maison périt ; mais elle n'avait pas mérité de périr

Digna fuit; qua terra patet, fera regnat Erinnys.
In facinus jurasse putes : dent ocius omnes,
Quas meruere pati (sic stat sententia) poenas. »

Dicta Jovis pars voce probant, stimulosque furenti
Adjiciunt; alii partes adsensibus implent.
Est tamen humani generis jactura dolori
Omnibus : et, quæ sit terræ, mortalibus orbæ,
Forma futura, rogant? quis sit laturus in aras
Tura? ferisne paret populandas tradere terras?
Talia quærentes (sibi enim fore cetera curæ)
Rex Superum trepidare vetat, sobolemque priori
Dissimilem populo promittit origine mira.

V. Jamque erat in totas sparsurus fulmina terras;
Sed timuit, ne forte sacer tot ab ignibus æther
Conciperet flammas, longusque ardesceret axis.
Esse quoque in fatis reminiscitur, adfore tempus,
Quo mare, quo tellus, correptaque regia coeli
Ardeat, et mundi moles operosa laboret.
Tela reponuntur, manibus fabricata Cyclopum :
Poena placet diversa, genus mortale sub undis
Perdere, et ex omni nimbos dimittere coelo.
Protinus Æoliis Aquilonem claudit in antris,
Et quæcumque fugant inductas flamina nubes;
Emittitque Notum : madidis Notus evolat alis,

seule : aussi loin que s'étendent les limites de la terre, règne la cruelle Erinnys. Vous diriez qu'un serment unit les hommes pour le crime. Qu'ils subissent tous à l'instant un supplice mérité : telle est mon inébranlable résolution. »

Les paroles de Jupiter sont accueillies, ici, par des cris approbateurs, qui deviennent pour sa colère un aiguillon nouveau; là, par un assentiment silencieux. Cependant la ruine du genre humain excite une douleur profonde au cœur des Immortels; ils demandent quel sera l'aspect de la terre, veuve de ses habitans; qui portera l'encens sur les autels; Jupiter veut-il laisser la terre en proie aux animaux sauvages? A ces questions, le maître des dieux répond qu'il s'est réservé de tels soins, et leur interdit toute alarme : il annonce une race d'hommes différente et dont l'origine sera merveilleuse.

V. Déjà il s'apprêtait à lancer au loin ses foudres sur la terre; mais il craignit de voir le ciel, séjour des Immortels, s'enflammer au sein de tant de feux, et l'axe du monde embrasé d'un pôle à l'autre. D'ailleurs, il ne l'a pas oublié, les destins ont fixé le jour où la mer, la terre et le palais des dieux seront dévorés par les flammes; où la machine du monde, fruit d'un art admirable, doit s'écrouler avec fracas. Il dépose les traits forgés par la main des Cyclopes et adopte un autre châtiment : le genre humain périra sous les eaux que le ciel va verser de toutes parts. Au même instant, il renferme dans les antres d'Éolie l'Aquilon et les autres vents dont le souffle dissipe les nuages amassés dans l'atmosphère, et il ouvre un libre passage au Notus : celui-ci s'envole sur ses ailes humides; d'obscurs

Terribilem picea tectus caligine vultum :
Barba gravis nimbis; canis fluit unda capillis ;
Fronte sedent nebulæ; rorant pennæque, sinusque :
Utque manu lata pendentia nubila pressit,
Fit fragor; hinc densi funduntur ab æthere nimbi.
Nuntia Junonis varios induta colores,
Concipit Iris aquas, alimentaque nubibus adfert.
Sternuntur segetes, et deplorata coloni
Vota jacent, longique labor perit irritus anni.

Nec cœlo contenta suo Jovis ira : sed illum
Cæruleus frater juvat auxiliaribus undis.
Convocat hic amnes; qui postquam tecta tyranni
Intravere sui, « Non est hortamine longo
Nunc, ait, utendum : vires effundite vestras.
Sic opus est; aperite domos, ac, mole remota,
Fluminibus vestris totas immittite habenas. »
Jusserat : hi redeunt; ac fontibus ora relaxant,
Et defrenato volvuntur in æquora cursu.
Ipse tridente suo terram percussit : at illa
Intremuit, motuque sinus patefecit aquarum.
Exspatiata ruunt per apertos flumina campos;
Cumque satis arbusta simul, pecudesque, virosque,
Tectaque; cumque suis rapiunt penetralia sacris.
Si qua domus mansit, potuitque resistere tanto

nuages couvrent son visage terrible; sa barbe est chargée de brouillards; l'onde coule de ses cheveux blanchis; sur son front siégent les vapeurs; l'eau tombe de ses ailes et de son sein. A peine sa large main a pressé les nuages dans l'air suspendus, et soudain éclate un horrible fracas; et des torrens, l'un sur l'autre entassés, descendent du haut des cieux. La messagère de Junon, brillante de couleurs variées, aspire les eaux qui vont servir d'aliment aux nuages. Les moissons tombent renversées, les espérances du laboureur en larmes sont détruites, et tout le travail d'une longue année s'évanouit sans laisser aucune trace.

Le courroux de Jupiter ne se renferme pas dans le ciel soumis à son empire : son frère, le dieu des flots azurés, lui prête le secours de ses ondes. Il mande les fleuves, et dès qu'ils sont accourus dans le palais de leur roi : « Une longue exhortation n'est pas nécessaire en ce moment, dit-il : déployez toutes vos forces, il le faut; ouvrez vos demeures souterraines, et, repoussant les digues, lâchez la bride à vos flots. » Tels sont ses ordres; les fleuves rentrent dans leurs retraites, laissent un libre cours à leurs sources, et, dégagés de tout frein, ils se précipitent au sein de l'océan. Neptune lui-même de son trident frappe la terre; elle s'ébranle, et, par cette secousse, entr'ouvre les bassins où les eaux étaient renfermées. Les torrens débordés roulent à travers les campagnes, emportant confondus les arbres, les moissons, les troupeaux, les maisons avec leurs habitans, et les temples des dieux et les objets sacrés. Un édifice est-il resté debout, toujours ferme sur ses fondemens, au milieu de cette catastrophe; son faîte disparaît sous les flots qui s'élèvent sans

Indejecta malo, culmen tamen altior hujus
Unda tegit, pressæque labant sub gurgite turres.
JAMQUE mare et tellus nullum discrimen habebant.
Omnia pontus erant; deerant quoque litora ponto.
Occupat hic collem : cymba sedet alter adunca,
Et ducit remos illic, ubi nuper ararat.
Ille supra segetes, aut mersæ culmina villæ,
Navigat; hic summa piscem deprendit in ulmo.
Figitur in viridi, si fors tulit, ancora prato;
Aut subjecta terunt curvæ vineta carinæ.
Et, modo qua graciles gramen carpsere capellæ,
Nunc ibi deformes ponunt sua corpora phocæ.
Mirantur sub aqua lucos, urbesque, domosque
Nereides; silvasque tenent delphines, et altis
Incursant ramis, agitataque robora pulsant.
Nat lupus inter oves : fulvos vehit unda leones;
Unda vehit tigres ; nec vires fulminis apro,
Crura nec ablato prosunt velocia cervo :
Quæsitisque diu terris, ubi sidere detur,
In mare lassatis volucris vaga decidit alis.
Obruerat tumulos immensa licentia ponti,
Pulsabantque novi montana cacumina fluctus.
Maxima pars unda rapitur : quibus unda pepercit,
Illos longa domant inopi jejunia victu.
SEPARAT Aonios OEtæis Phocis ab arvis,

cesse ; les tours chancellent et s'abîment au sein des gouffres.

Déjà, plus de différence entre la terre et l'Océan. Tout était mer, et la mer n'avait plus de rivages : l'un occupe une colline ; l'autre est assis sur un esquif recourbé, et promène ses rames là où naguère il conduisit la charrue. Celui-ci vogue au dessus de ses guérets et de sa chaumière ensevelie sous les flots ; celui-là prend un poisson sur la cime d'un orme ; l'ancre va s'arrêter au hasard dans une prairie tapissée de verdure, et les barques foulent des coteaux couronnés de vignobles. Là où naguère les chèvres légères broutaient le gazon, reposent maintenant des phoques difformes ; des bois, des villes, des maisons frappent sous les eaux les regards des Néréides étonnées ; les forêts sont la demeure des dauphins ; ils bondissent sur le faîte des arbres et se heurtent contre les chênes ébranlés par leur choc. Le loup nage au milieu des brebis ; l'eau porte le lion farouche ; elle porte aussi le tigre ; le sanglier ne tire aucun secours de ses foudroyantes défenses, ni le cerf, par les eaux emporté, de ses jambes agiles. Après avoir long-temps cherché la terre pour s'y reposer, l'oiseau errant n'est plus soutenu par ses ailes fatiguées et tombe dans la mer. Les plus hautes collines ont disparu dans l'immense débordement des mers. Spectacle nouveau ! l'onde bat le sommet des montagnes ; la plus grande partie des humains est emportée dans les eaux, et ceux qu'elles ont épargnés, long-temps privés de nourriture, sont consumés par la faim.

La Phocide sépare les champs d'Aonie de ceux qui

Terra ferax, dum terra fuit; sed tempore in illo
Pars maris, et latus subitarum campus aquarum.
Mons ibi verticibus petit arduus astra duobus,
Nomine Parnasus, superatque cacumine nubes.
Hic ubi Deucalion, nam cetera texerat æquor,
Cum consorte tori parva rate vectus adhæsit;
Corycidas Nymphas, et numina montis adorant,
Fatidicamque Themin, quæ tunc oracla tenebat.
Non illo melior quisquam, nec amantior æqui
Vir fuit, aut illa metuentior ulla Deorum.
Jupiter ut liquidis stagnare paludibus orbem,
Et superesse videt de tot modo millibus unum,
Et superesse videt de tot modo millibus unam,
Innocuos ambos, cultores numinis ambos;
Nubila disjecit, nimbisque Aquilone remotis,
Et cœlo terras ostendit, et æthera terris.
Nec maris ira manet; positoque tricuspide telo
Mulcet aquas rector pelagi : supraque profundum
Exstantem, atque humeros innato murice tectum,
Cæruleum Tritona vocat, conchæque sonaci
Inspirare jubet; fluctusque et flumina signo
Jam revocare dato : cava buccina sumitur illi
Tortilis, in latum quæ turbine crescit ab imo :
Buccina, quæ medio concepit ut aera ponto,
Litora voce replet, sub utroque jacentia Phœbo.

avoisinent l'OEta ; terre fertile tant qu'elle resta terre ; mais alors elle faisait partie de la mer et n'était plus qu'une vaste plaine d'eau subitement formée. Là, un mont frappe superbement les astres de son double sommet : on l'appelle Parnasse, son front s'élève au dessus des nues. Quand tout a disparu sous les flots, sur ce mont s'arrête la frêle nacelle où Deucalion était porté avec sa compagne. Soudain les nymphes de Corycie et les divinités de la montagne reçoivent leurs hommages, ainsi que Thémis, dont la voix prophétique révélait alors les oracles : jamais homme ne fut plus vertueux que Deucalion, ni plus fidèle aux lois de la justice ; jamais personne ne fut plus respectueux que sa compagne envers les Immortels. Dès que Jupiter eut vu la terre changée en une vaste mer ; quand il eut vu un seul homme rester de tant de milliers d'hommes, et une seule femme rester de tant de milliers de femmes ; l'un et l'autre exempts de souillure, l'un et l'autre attachés au culte des dieux, il dispersa les nuages, qui se retirèrent devant le souffle de l'Aquilon; montra la terre au ciel et le ciel à la terre. Le courroux de la mer ne peut tenir ferme ; le roi, qui lui dicte des lois, pose son trident et calme les eaux. Au dessus des abîmes paraît à sa voix Triton, couvert des écailles de pourpre que la nature lui donna pour vêtement : Neptune lui commande d'animer d'un souffle sa conque retentissante, et de ramener, par un signal, les flots et les fleuves dans leur lit. Triton saisit à l'instant sa trompe dont la forme est celle d'un tube recourbé, s'élargissant insensiblement de l'une de ses extrémités jusqu'à l'autre. A peine l'a-t-il remplie d'un souffle, que ses accens, du milieu des ondes où ils ont pris nais-

Tum quoque, ut ora Dei madida rorantia barba
Contigit, et cecinit jussos inflata receptus,
Omnibus audita est telluris et æquoris undis;
Et quibus est undis audita, coercuit omnes.
Jam mare litus habet; plenos capit alveus amnes;
Flumina subsidunt; colles exire videntur;
Surgit humus; crescunt loca decrescentibus undis:
Postque diem longam nudata cacumina silvæ
Ostendunt, limumque tenent in fronde relictum.

Redditus orbis erat : quem postquam vidit inanem,
Et desolatas agere alta silentia terras,
Deucalion, lacrymis ita Pyrrham adfatur obortis :
« O soror, o conjux, o femina sola superstes,
Quam commune mihi genus, et patruelis origo,
Deinde torus junxit; nunc ipsa pericula jungunt :
Terrarum, quascumque vident occasus et ortus,
Nos duo turba sumus : possedit cetera pontus.
Nunc quoque adhuc vitæ non est fiducia nostræ
Certa satis : terrent etiamnum nubila mentem.
Quid tibi, si sine me fatis erepta fuisses,
Nunc animi, miseranda, foret? quo sola timorem
Ferre modo posses? quo consolante doleres?
Namque ego, crede mihi, si te modo pontus haberet,

sance, résonnent sur tous les rivages de la mer, au couchant et à l'aurore. Alors aussi, appliquée à la lèvre humide du dieu dont la barbe distillait encore l'eau, elle donne le signal de la retraite prescrite par Neptune; et soudain ses sons se répandent sur les flots qui couvrent la terre, comme sur ceux de la mer : partout où ils pénètrent, elle enchaîne les ondes. La mer a déjà reconnu ses limites ; chaque fleuve se renferme dans son lit ; les eaux s'abaissent, les collines semblent sortir du sein des flots; la terre surgit, et chaque objet grandit, à mesure que les eaux diminuent. Après de longs jours de désastres, les arbres montrent leur cime dépouillée et retiennent sur leurs branches le limon déposé par les eaux.

L'univers a repris sa forme, mais il est désert ; partout règnent la solitude et un vaste silence. A ce spectacle, Deucalion fond en larmes, et parle ainsi à Pyrrha : « O ma sœur! ô mon épouse! seule parmi les femmes tu as échappé à la mort : d'abord une même origine et le sang paternel, puis enfin la même couche nous unirent : aujourd'hui le danger resserre nos liens. Dans toutes les contrées que le soleil voit à son déclin et à son lever, nous formons tous deux le genre humain; le reste a disparu dans la mer. En ce moment même, nos jours ne me paraissent pas tout-à-fait en sûreté : des nuages portent encore l'effroi dans mon âme. Quel serait ton destin, si tu avais échappé à ce fatal désastre sans ton époux, infortunée Pyrrha? Seule, comment supporter tes alarmes? qui te consolerait dans ta douleur? Pour moi, tu peux le croire, si les flots venaient à t'enlever, je te suivrais, ô mon épouse! Oui, les flots m'enlèveraient aussi. Puissé-je, héritier de

Te sequerer, conjux : et me quoque pontus haberet.
O utinam possim populos reparare paternis
Artibus, atque animas formatæ infundere terræ!
Nunc genus in nobis restat mortale duobus,
Sic visum Superis, hominumque exempla manemus. »
Dixerat, et flebant : placuit cœleste precari
Numen, et auxilium per sacras quærere sortes.
Nulla mora est; adeunt pariter Cephisidas undas,
Ut nondum liquidas, sic jam vada nota secantes.
Inde ubi libatos irroravere liquores
Vestibus et capiti; flectunt vestigia sanctæ
Ad delubra Deæ : quorum fastigia turpi
Squalebant musco; stabantque sine ignibus aræ.
Ut templi tetigere gradus, procumbit uterque
Pronus humi, gelidoque pavens dedit oscula saxo.
Atque ita, « Si precibus, dixerunt, numina justis
Victa remollescunt, si flectitur ira Deorum;
Dic, Themi, qua generis damnum reparabile nostri
Arte sit? et mersis fer opem, mitissima, rebus. »
Mota Dea est; sortemque dedit : « Discedite templo;
Et velate caput, cinctasque resolvite vestes;
Ossaque post tergum magnæ jactate parentis. »
Obstupuere diu, rumpitque silentia voce
Pyrrha prior, jussisque Deæ parere recusat :
Detque sibi veniam, pavido rogat ore; pavetque

l'art de mon père, renouveler le genre humain et verser des âmes dans l'argile façonnée! L'espèce humaine ne subsiste plus que par nous; ainsi les dieux l'ont voulu : seuls, nous attestons qu'il exista des hommes. » A ces mots, ils répandent des larmes; ils veulent invoquer le ciel et s'adresser aux oracles sacrés pour obtenir son assistance. Sur-le-champ, ils courent ensemble aux bords du Céphise dont les eaux ne sont pas encore limpides, mais coulent déjà dans un lit qui leur est connu. Ils commencent par verser l'onde sacrée sur leurs vêtemens et sur leur front; ensuite, ils dirigent leurs pas vers le sanctuaire auguste de la déesse : la mousse en noircit le faîte, et le feu ne brûle pas sur les autels élevés çà et là. A peine ont-ils touché les degrés du temple, qu'ils se prosternent l'un et l'autre, la face contre terre. Leurs lèvres tremblantes couvrent de baisers le pavé glacé, et leurs vœux s'exhalent en ces mots : « Si la divinité désarmée cède aux prières du juste, si le courroux des dieux peut être fléchi, dis-moi, Thémis, comment réparer le désastre du genre humain? montre-toi propice et prête-nous ton appui dans notre malheur. » La déesse fut émue et rendit cet oracle : « Sortez du temple, voilez votre tête, déliez la ceinture qui retient vos vêtemens, et jetez derrière vous les os de votre grande mère. » Ils restent long-temps immobiles d'effroi; Pyrrha la première rompt le silence et refuse d'obéir à la déesse. D'une voix tremblante, elle la supplie de lui pardonner : elle craindrait d'insulter aux mânes de sa mère en dispersant ses os.

3.

Lædere jactatis maternas ossibus umbras.
INTEREA repetunt cæcis obscura latebris
Verba datæ sortis secum, inter seque volutant.
Inde Promethides placidis Epimethida dictis
Mulcet; et, « Aut fallax, ait, est solertia nobis,
Aut pia sunt, nullumque nefas oracula suadent.
Magna parens Terra est : lapides in corpore Terræ
Ossa reor dici : jacere hos post terga jubemur.
Conjugis augurio quanquam Titania mota est,
Spes tamen in dubio est; adeo cœlestibus ambo
Diffidunt monitis! Sed quid tentare nocebit?
Discedunt, velantque caput, tunicasque recingunt;
Et jussos lapides sua post vestigia mittunt.
Saxa (quis hoc credat, nisi sit pro teste vetustas?)
Ponere duritiem cœpere suumque rigorem,
Mollirique mora, mollitaque ducere formam.
Mox, ubi creverunt, naturaque mitior illis
Contigit, ut quædam, sic non manifesta, videri
Forma potest hominis; sed uti de marmore cœpto
Non exacta satis, rudibusque simillima signis.
Quæ tamen ex illis aliquo pars humida succo,
Et terrena fuit, versa est in corporis usum :
Quod solidum est, flectique nequit, mutatur in ossa :
Quod modo vena fuit, sub eodem nomine mansit.
Inque brevi spatio, Superorum numine, saxa

MÉTAMORPHOSES, LIVRE I.

Cependant ils pèsent en eux-mêmes les paroles mystérieuses de l'oracle et les roulent dans leur esprit. Enfin le fils de Prométhée encourage par ces douces paroles la fille d'Épiméthée : « Ma sagacité me trompe, dit-il, ou bien l'oracle est pur et ne conseille point un crime. Notre grande mère, c'est la Terre, à mon avis : les pierres sont dans le corps de la Terre ce qu'il appelle ses os, ce qu'il nous ordonne de jeter derrière nous. » La fille de Titan est ébranlée par cette interprétation : toutefois, incertaine encore, elle n'ose espérer ; tant les avertissemens célestes leur inspirent de défiance. Mais quel mal ont-ils à craindre en essayant ? Ils s'éloignent, voilent leur tête, détachent la ceinture de leurs vêtemens ; et, soumis à l'oracle, ils jettent des pierres derrière eux. Ces pierres (pourrait-on le croire, si l'antiquité ne l'attestait?) se dépouillent de leur dureté et acquièrent peu à peu une ductilité qui se prête à de nouvelles formes ; bientôt elles s'allongent, et leur substance amollie représente quelques traits de la forme humaine encore peu sensible : tel le marbre, sous les premiers coups de ciseau, n'offre qu'une image grossière de l'homme. La partie des pierres, où un suc liquide se mêle à la substance terreuse, fut changée en chair ; la partie solide que rien ne peut ramollir fut changée en os : les veines conservèrent la même forme et le même nom. En quelques instans, par la volonté des dieux, les pierres que lança la main de l'époux prirent la forme de l'homme ; les femmes naquirent des pierres jetées par la femme. Aussi, sommes-nous une race dure, faite pour les fatigues : tout en nous révèle notre origine.

Missa viri manibus faciem traxere virilem :
Et de femineo reparata est femina jactu.
Inde genus durum sumus, experiensque laborum;
Et documenta damus, qua simus origine nati.

    VI. Cetera diversis tellus animalia formis
Sponte sua peperit; postquam vetus humor ab igne
Percaluit Solis, coenumque udæque paludes
Intumuere æstu; fecundaque semina rerum,
Vivaci nutrita solo, ceu matris in alvo
Creverunt, faciemque aliquam cepere morando.
Sic ubi deseruit madidos septemfluus agros
Nilus, et antiquo sua flumina reddidit alveo,
Ætherioque recens exarsit sidere limus;
Plurima cultores versis animalia glebis
Inveniunt; et in his quædam modo coepta, sub ipsum
Nascendi spatium; quædam imperfecta, suisque
Trunca vident numeris : et eodem in corpore sæpe
Altera pars vivit, rudis est pars altera tellus.
Quippe, ubi temperiem sumsere humorque calorque,
Concipiunt; et ab his oriuntur cuncta duobus :
Quumque sit ignis aquæ pugnax; vapor humidus omnes
Res creat, et discors concordia foetibus apta est.
Ergo ubi diluvio tellus lutulenta recenti
Solibus ætheriis, altoque recanduit æstu;
Edidit innumeras species; partimque figuras

VI. La terre créa spontanément les autres animaux avec diverses formes. Lorsque l'eau déposée dans son sein se fut échauffée aux rayons du soleil, et que la chaleur eut mis en fermentation le limon des marais humides, le germe fécond des êtres, nourri par un sol vivifiant, s'y développa, comme dans le sein d'une mère, et prit une forme particulière. Ainsi, quand le Nil aux sept bouches quitte les campagnes encore humides et ramène les eaux dans leur ancien lit, du haut des cieux le soleil échauffe le limon récemment déposé par le fleuve: alors le laboureur, en retournant la glèbe, trouve un grand nombre d'animaux ; les uns à peine formés et au moment même de leur naissance; les autres n'ayant pas encore tous leurs membres : souvent, dans le même corps, une partie vit déjà, tandis que l'autre est une argile grossière. L'humidité et la chaleur, tempérées l'une par l'autre, sont la cause productrice des êtres; et quoique le feu soit opposé à l'eau, la vapeur humide engendre tout: cette union de principes contraires est la source de la génération. Aussitôt que la terre, couverte du limon laissé par les eaux, se fut échauffée aux rayons solaires lancés du haut des airs, elle produisit des animaux sans nombre, rendit aux uns leur ancienne forme, et donna aux autres des formes nouvelles. Contre son gré, elle t'enfanta aussi, terrible Python : pour les nouveaux habitans du globe, tu fus, ô serpent inconnu jusqu'alors, un objet de terreur; tant tu occupais d'espace

Rettulit antiquas; partim nova monstra creavit.
Illa quidem nollet, sed te quoque, maxime Python,
Tum genuit; populisque novis, incognita serpens,
Terror eras : tantum spatii de monte tenebas!
Hanc Deus arcitenens, et nunquam talibus armis
Ante, nisi in damis capreisque fugacibus, usus,
Mille gravem telis, exhausta paene pharetra,
Perdidit, effuso per vulnera nigra veneno.
Neve operis famam possit delere vetustas,
Instituit sacros celebri certamine ludos,
Pythia de domitae serpentis nomine dictos.
His juvenum quicumque manu, pedibusve, rotave
Vicerat, aesculeae capiebat frondis honorem.
Nondum laurus erat; longoque decentia crine
Tempora cingebat de qualibet arbore Phoebus.

VII. Primus amor Phoebi Daphne Peneia, quem non
Fors ignara dedit, sed saeva Cupidinis ira.
Delius hunc nuper, victa serpente superbus,
Viderat adducto flectentem cornua nervo :
« Quidque tibi, lascive puer, cum fortibus armis?
Dixerat : ista decent humeros gestamina nostros;
Qui dare certa ferae, dare vulnera possumus hosti;
Qui modo, pestifero tot jugera ventre prementem,
Stravimus innumeris, tumidum Pythona, sagittis.
Tu face, nescio quos, esto contentus amores

sur la montagne! Le dieu armé de l'arc, et dont les flèches n'avaient jamais été dirigées que contre le daim et le chevreuil fugitifs, l'accabla de mille traits : il épuisa presque son carquois pour donner la mort au monstre qui vomissait un noir venin à travers ses larges blessures; et afin que le temps ne pût détruire la gloire de cet exploit, il institua des jeux célébrés par un concours immense : ils furent appelés Pythiens, du nom même de ce serpent dompté. Là, de jeunes athlètes, vainqueurs au pugilat, à la course ou dans la conduite d'un char, recevaient pour récompense une branche de chêne. Le laurier n'existait pas encore : pour fixer sa longue chevelure autour de ses tempes majestueuses, Phébus se servait des feuilles d'un arbre pris au hasard.

VII. Le premier objet des amours d'Apollon fut Daphné, fille du Pénée. Sa passion naquit, non d'un hasard aveugle, mais de l'implacable ressentiment de Cupidon. Le dieu de Délos l'avait vu tendant les cordes de son arc flexible : «Qu'y a-t-il de commun, enfant badin, entre toi et ces armes pesantes? lui dit-il : un tel fardeau est fait pour mes épaules; seul, je sais porter des blessures certaines à un monstre et à un ennemi; seul, j'ai pu naguère ensevelir, sous d'innombrables flèches, le monstrueux Python dont le sein gonflé de poisons couvrait tant d'arpens. Pour toi, qu'il te suffise d'allumer avec ta torche je ne sais quelles flammes, et ne

Irritare tua : nec laudes adsere nostras. »
Filius huic Veneris : « Figat tuus omnia, Phœbe,
Te meus arcus, ait : quantoque animalia cedunt
Cuncta tibi, tanto minor est tua gloria nostra. »
Dixit; et eliso percussis aere pennis
Impiger umbrosa Parnassi constitit arce :
Eque sagittifera promsit duo tela pharetra
Diversorum operum ; fugat hoc, facit illud amorem :
Quod facit, auratum est, et cuspide fulget acuta ;
Quod fugat, obtusum est, et habet sub arundine plumbum.
Hoc Deus in Nympha Peneide fixit; at illo
Læsit Apollineas trajecta per ossa medullas.
Protinus alter amat; fugit altera nomen amantis,
Silvarum latebris, captivarumque ferarum
Exuviis gaudens, innuptæque æmula Phœbes;
Vitta coercebat positos sine lege capillos.
Multi illam petiere : illa aversata petentes,
Impatiens expersque viri, nemorum avia lustrat;
Nec quid Hymen, quid Amor, quid sint connubia, curat.
Sæpe pater dixit : « Generum mihi, filia, debes. »
Sæpe pater dixit : « Debes mihi, nata, nepotes. »
Illa, velut crimen, tædas exosa jugales,
Pulchra verecundo suffunditur ora rubore ;
Inque patris blandis hærens cervice lacertis,
« Da mihi perpetua, genitor carissime, dixit,

va pas usurper notre gloire. » Le fils de Vénus lui répond : « Ton arc, Phébus, peut tout frapper ; le mien te frappe toi-même : autant tu l'emportes sur tous les animaux, autant ta gloire est au dessous de la mienne. » Il dit, et, balancé sur des ailes qui fendent l'air, il s'envole à l'instant et va s'arrêter sur la cime ombragée du Parnasse : de son carquois garni de flèches il tire deux traits d'une vertu différente ; l'un chasse l'amour, l'autre le fait naître : celui-ci est en or et sa pointe acérée brille ; celui-là est émoussé et armé de plomb. Le dieu le lance à la fille du Pénée : avec l'autre, il frappe Apollon d'une blessure qui, à travers les os, descend jusqu'à la moelle. Aussi l'un aime ; l'autre refuse le nom d'amante. Les retraites des forêts, les dépouilles des animaux captifs font son bonheur ; émule de la chaste Phébé, une simple bandelette retient ses cheveux jetés au hasard. Plusieurs amans briguèrent ses faveurs ; elle dédaigna leurs soins. Trop fière pour plier sous le joug d'un époux, elle garde sa virginité et ne se plaît que dans les bois solitaires, sans penser à l'amour, à l'hymen et à ses chaînes. Souvent son père lui disait : « Ma fille, tu me dois un gendre. » Souvent, il lui disait encore : « Ma fille, tu me dois une postérité. » Daphné, dont le cœur avait pour les flambeaux d'hyménée autant de haine que pour le crime, rougissait d'une pudeur modeste qui couvrait ses belles joues : suspendue au cou de son père, et le pressant de ses douces étreintes : « Laisse-moi, disait-elle, ô mon père chéri ! jouir à jamais de ma virginité : le père de Diane lui a bien accordé cette grâce. » Son père veut se rendre à ses vœux : « Mais, lui dit-il, ta beauté est un obstacle à tes souhaits ; ils sont combattus par tes charmes. » Phébus est en proie à

Virginitate frui : dedit hoc pater ante Dianæ. »
Ille quidem obsequitur : « Sed te decor iste, quod optas,
Esse vetat; votoque tuo tua forma repugnat. »
Phœbus amat; visæque cupit connubia Daphnes;
Quæque cupit, sperat : suaque illum oracula fallunt.
Utque leves stipulæ demtis adolentur aristis;
Ut facibus sepes ardent, quas forte viator
Vel nimis admovit, vel jam sub luce reliquit :
Sic Deus in flammas abiit; sic pectore toto
Uritur, et sterilem sperando nutrit amorem.
Spectat inornatos collo pendere capillos :
Et, « Quid, si comantur ? » ait : videt igne micantes,
Sideribus similes, oculos : videt oscula; quæ non
Est vidisse satis : laudat digitosque, manusque,
Brachiaque, et nudos media plus parte lacertos.
Si qua latent, meliora putat. Fugit ocior aura
Illa levi; neque ad hæc revocantis verba resistit :
« Nympha, precor, Penei, mane : non insequor hostis.
Nympha, mane. Sic agna lupum, sic cerva leonem,
Sic aquilam penna fugiunt trepidante columbæ;
Hostes quæque suos. Amor est mihi causa sequendi.
Me miserum! ne prona cadas, indignave lædi
Crura secent sentes; et sim tibi causa doloris :
Aspera, qua properas, loca sunt : moderatius, oro,
Curre, fugamque inhibe; moderatius insequar ipse.

l'amour; il brûle de s'unir à Daphné, qui vient de frapper ses regards; ce qu'il désire, il l'espère. Les oracles l'abusent; semblable à la paille légère qui est dévorée par les flammes, quand on l'a dépouillée des épis, ou bien à ces haies qui s'allument, si la torche s'en approche trop près dans les mains du voyageur, ou lorsqu'il l'y dépose aux premiers rayons du jour, Apollon est dévoré par sa passion; tout son cœur s'allume, et l'espérance nourrit son amour impuissant. Il contemple les cheveux de Daphné flottant sans art autour de son cou : « Que serait-ce donc, s'ils étaient peignés, » dit-il? Il voit ses yeux, où la flamme étincelle, briller comme deux astres; il voit sa bouche délicate qu'il ne lui suffit pas de voir; il admire ses doigts, sa main, ses bras, qui montrent jusqu'au dessus du coude leurs formes arrondies : dans sa pensée, les charmes cachés sont encore plus ravissans. Plus légère que le vent, elle fuit d'un pas agile; il a beau la rappeler, il ne peut la retenir : « Nymphe du Pénée, je t'en conjure! arrête; ce n'est pas un ennemi qui te suit; arrête-toi, Nymphe! La brebis fuit le loup, la biche le lion; les colombes fuient l'aigle de leur aile tremblante : chacun fuit son ennemi. Moi, si je te suis, l'Amour en est cause : je suis bien malheureux! Ah! puisses-tu ne pas tomber! puissent tes jambes, indignes de blessure, ne pas être déchirées par les broussailles! je ne voudrais pas te causer de la douleur! Les sentiers que tu traverses à la hâte sont peu frayés : modère tes pas, je t'en conjure; suspends ta fuite, je serai plus modéré moi-même en te suivant. Apprends du moins quel est celui que tu as charmé : je ne suis ni un habitant des montagnes, ni un berger : je ne suis pas un de ces gardiens, à l'extérieur hi-

Cui placeas, inquire tamen : non incola montis,
Non ego sum pastor : non hic armenta, gregesve
Horridus observo : nescis, temeraria, nescis
Quem fugias; ideoque fugis : mihi Delphica tellus,
Et Claros, et Tenedos, Pataræaque regia servit.
Jupiter est genitor : per me, quod eritque, fuitque,
Estque, patet : per me concordant carmina nervis.
Certa quidem nostra est : nostra tamen una sagitta
Certior, in vacuo quæ vulnera pectore fecit.
Inventum medicina meum est; Opiferque per orbem
Dicor; et herbarum subjecta potentia nobis.
Hei mihi, quod nullis amor est medicabilis herbis!
Nec prosunt domino, quæ prosunt omnibus, artes! »
Plura locuturum timido Peneia cursu
Fugit; cumque ipso verba imperfecta reliquit.
Tum quoque visa decens : nudabant corpora venti,
Obviaque adversas vibrabant flamina vestes,
Et levis impexos retro dabat aura capillos;
Auctaque forma fuga est : sed enim non sustinet ultra
Perdere blanditias juvenis Deus : utque movebat
Ipse Amor, admisso sequitur vestigia passu.
Ut canis in vacuo leporem quum Gallicus arvo
Vidit; et hic prædam pedibus petit, ille salutem :
Alter inhæsuro similis, jam jamque tenere
Sperat, et extento stringit vestigia rostro :

deux, chargés de veiller sur les troupeaux ou sur les brebis. Tu ne sais pas, insensée, non tu ne sais pas qui tu fuis; et c'est pour cela que tu fuis. La terre de Delphes, Claros, Ténédos et la royale Patare reconnaissent mes lois; Jupiter est mon père. C'est par moi que l'avenir, le passé, le présent se révèlent; par moi la voix se marie aux cordes de la lyre. Mes flèches portent d'inévitables coups; mais il en est d'autres plus inévitables, qui ont blessé mon cœur jusque-là fermé à l'amour. J'ai découvert la médecine; l'univers me proclame son sauveur, et la puissance des simples m'appartient. Hélas! il n'est point d'herbe capable de guérir l'amour; et le père des arts utiles au genre humain n'en tire lui-même aucun secours. » Il veut parler encore; mais la fille du Pénée fuit d'un pas timide et l'abandonne avant la fin de son discours. Qu'elle lui parut belle alors! Les vents soulèvent ses vêtemens; soufflant en sens contraire, ils se jouent dans les plis onduleux de sa robe : un léger zéphyr fait flotter sur son cou ses cheveux épars; la fuite donne un nouvel éclat à sa beauté. Le jeune dieu n'a plus la force de lui adresser en vain des paroles de tendresse. Poussé par l'amour, il la suit d'un pas rapide. Voyez-vous ce chien gaulois qui aperçoit un lièvre dans la plaine, où rien n'arrête sa course? l'un s'élance pour atteindre sa proie; l'autre, pour assurer son salut : le chien semble déjà la tenir; le cou tendu, il mord sa trace : le lièvre ne sait s'il est saisi; il évite la morsure de son ennemi et la dent prête à le déchirer. Tels sont le dieu et la nymphe; ils volent poussés, l'un par l'espérance, l'autre par la crainte. Mais celui qui poursuit, porté sur les ailes de l'Amour, est plus agile et refuse le repos : bientôt il va tenir sa victime fugi-

Alter in ambiguo est, an sit deprensus, et ipsis
Morsibus eripitur, tangentiaque ora relinquit :
Sic Deus, et virgo est ; hic spe celer, illa timore.
Qui tamen insequitur, pennis adjutus Amoris
Ocior est, requiemque negat : tergoque fugaci
Imminet ; et crinem sparsum cervicibus adflat.
Viribus absumtis expalluit illa : citæque
Victa labore fugæ, spectans Peneidas undas,
« Fer, pater, inquit, opem ; si flumina numen habetis.
Qua nimium placui, Tellus, aut hisce, vel istam,
Quæ facit, ut lædar, mutando perde figuram. »
Vix prece finita, torpor gravis adligat artus :
Mollia cinguntur tenui præcordia libro :
In frondem crines, in ramos brachia crescunt :
Pes, modo tam velox, pigris radicibus hæret :
Ora cacumen obit : remanet nitor unus in illa.
Hanc quoque Phœbus amat ; positaque in stipite dextra
Sentit adhuc trepidare novo sub cortice pectus.
Complexusque suis ramos, ut membra, lacertis,
Oscula dat ligno : refugit tamen oscula lignum.
Cui Deus, « At conjux quoniam mea non potes esse,
Arbor eris certe, dixit, mea. Semper habebunt
Te coma, te citharæ, te nostræ, Laure, pharetræ.
Tu ducibus Latiis aderis, quum læta triumphum
Vox canet, et longas visent Capitolia pompas.

tive: à travers ses cheveux qui flottent sur son cou, déjà le souffle du dieu se joue. Daphné sent ses forces épuisées; elle pâlit, vaincue par les fatigues d'une fuite précipitée. Arrêtant ses regards sur les eaux du Pénée : « O mon père! vole à mon secours, dit-elle ; s'il est vrai, fleuves, qu'en vous une divinité réside. O terre! ouvretoi sous mes pas, ou change et détruis cette beauté trop séduisante, qui m'entraîne à ma perte. » Sa prière est à peine achevée, qu'un engourdissement accablant enchaîne ses membres ; son sein délicat est entouré d'une mince écorce; ses longs cheveux se changent en feuilles, et ses bras en rameaux : son pied, naguère si agile, devient une racine qui se fixe dans le sein de la terre; et sa tête, la cime d'un arbre : son éclat seul lui reste. Phébus l'aime encore; sa main, placée sur la tige, sent sous la nouvelle écorce un cœur palpiter : ses bras se plient autour des branches comme si c'était un corps animé; il les couvre de baisers; mais l'arbre les refuse. Le dieu s'écrie : « Si tu ne peux être mon épouse, tu seras du moins l'arbre d'Apollon : toujours tu pareras ma chevelure, ma lyre, mon carquois, ô laurier! Tu serviras d'ornement aux guerriers du Latium, lorsque mille voix joyeuses feront entendre des cris de triomphe, et que le Capitole verra se déployer au loin les pompes solennelles. Gardienne fidèle du palais des Césars, tu en ombrageras les portes; enfin, liée autour de la couronne de chêne, tu la protègeras : de même que l'éclat d'une éternelle jeunesse brille sur mon front couvert de cheveux que jamais le ciseau n'a touchés, de même conserve toujours l'éclat de ton feuillage. » Dès qu'Apollon a cessé de parler, le laurier incline ses branches récemment créées,

Postibus Augustis eadem fidissima custos
Ante fores stabis; mediamque tuebere quercum.
Utque meum intonsis caput est juvenile capillis;
Tu quoque perpetuos semper gere frondis honores. »
Finierat Pæan. Factis modo Laurea ramis
Adnuit; utque caput, visa est agitasse cacumen.

   VIII. Est nemus Hæmoniæ, præruptaquod undique claudit
Silva: vocant Tempe, per quæ Peneus, ab imo
Effusus Pindo, spumosis volvitur undis;
Dejectuque gravi tenues agitantia fumos
Nubila conducit, summasque adspergine silvas
Impluit; et sonitu plus quam vicina fatigat.
Hæc domus, hæc sedes, hæc sunt penetralia magni
Amnis: in hoc, residens facto de cautibus antro,
Undis jura dabat, Nymphisque colentibus undas.
Conveniunt illuc popularia flumina primum,
Nescia gratentur, consolenturne parentem,
Populifer Spercheos, et irrequietus Enipeus,
Apidanusque senex, lenisque Amphrysos, et Æas;
Moxque amnes alii, qui, qua tulit impetus illos,
In mare deducunt fessas erroribus undas.
Inachus unus abest; imoque reconditus antro
Fletibus auget aquas; natamque miserrimus Io
Luget, ut amissam: nescit, vitane fruatur,
An sit apud manes; sed quam non invenit usquam,

et sa tête paraît s'agiter pour donner un signe d'approbation.

VIII. Il est dans l'Hémonie une vallée de toutes parts fermée par la forêt qui s'allonge sur un mont escarpé : on l'appelle Tempé. C'est à travers cette vallée que le Pénée, sorti des flancs du Pinde, roule ses flots écumeux : sa chute brusque soulève un brouillard qui se dissipe en vapeurs légères et retombe en pluie sur la cime des arbres ; le fracas de ses eaux, fatiguant pour l'oreille, ne se renferme point dans les lieux d'alentour. C'est le séjour, la retraite sacrée du fleuve puissant : c'est là qu'assis au fond d'un antre taillé dans le roc, il dicte des lois aux ondes et aux nymphes qui les habitent. Là se réunissent d'abord tous les fleuves de la contrée, incertains s'ils doivent féliciter ou consoler le père de Daphné : c'étaient le Sperchius, couronné de peupliers; l'Énipeus, ennemi du repos ; l'antique Apidanus, le paisible Amphrysus et l'Éas. Bientôt accourent d'autres fleuves, qui, emportés par leur impétuosité, jettent dans la mer leurs eaux fatiguées d'une course aventureuse. Inachus seul est absent ; renfermé dans son antre, ses larmes grossissent ses flots. Au comble du malheur, il pleure Io, sa fille, comme s'il l'eût perdue ; il ne sait si elle jouit encore de la vie, ou si elle est chez les Ombres ; mais ne la trouvant nulle part, il pense qu'elle n'existe plus : son imagination lui fait même craindre

Esse putat nusquam, atque animo pejora veretur.
Viderat a patrio redeuntem Jupiter Io
Flumine : et, « O virgo Jove digna, tuoque beatum
Nescio quem factura toro, pete, dixerat, umbras
Altorum nemorum; et nemorum monstraverat umbras;
Dum calet, et medio Sol est altissimus orbe.
Quod si sola times latebras intrare ferarum,
Præside tuta Deo nemorum secreta subibis :
Nec de plebe Deo, sed qui cœlestia magna
Sceptra manu teneo; sed qui vaga fulmina mitto.
Ne fuge me; » fugiebat enim : jam pascua Lernæ,
Consitaque arboribus Lyrceia reliquerat arva;
Quum Deus inducta latas caligine terras
Occuluit, tenuitque fugam, rapuitque pudorem.
INTEREA medios Juno despexit in agros :
Et noctis faciem nebulas fecisse volucres
Sub nitido mirata die ; non fluminis illas
Esse, nec humenti sentit tellure remitti :
Atque suus conjux, ubi sit, circumspicit; ut quæ
Deprensi toties jam nosset furta mariti.
Quem postquam cœlo non repperit; « Aut ego fallor,
Aut ego lædor, » ait; delapsaque ab æthere summo,
Constitit in terris; nebulasque recedere jussit.
Conjugis adventum præsenserat, inque nitentem
Inachidos vultus mutaverat ille juvencam.

de plus grands malheurs. Jupiter avait vu Io revenir d'auprès du fleuve qui lui donna le jour : « Jeune beauté digne de Jupiter, et dont la couche doit rendre heureux je ne sais quel mortel, va dans les bois jouir de la fraîcheur, lui dit-il, en lui montrant l'ombrage des arbres touffus : la chaleur est vive, et le soleil, monté au plus haut point de sa course, darde ses rayons du milieu du ciel. Si tu crains de pénétrer seule dans la demeure des animaux sauvages ; protégée par un dieu, tu pourras t'avancer en sûreté jusqu'au fond des bois : je ne suis pas un dieu vulgaire ; ma main porte le sceptre puissant des cieux ; c'est moi qui lance la foudre vagabonde : ne me fuis pas. » Elle fuyait en effet ; déjà les pâturages de Lerne et les plaines de Lyrcée, parsemées d'arbres, étaient loin d'elle. En ce moment, Jupiter enveloppe au loin la terre d'un nuage, dérobe Io à tous les yeux, l'arrête dans sa fuite et triomphe de sa pudeur.

Cependant Junon abaisse ses regards sur la campagne : un nuage passager a répandu les ombres de la nuit au milieu du jour : elle s'étonne ; elle voit que ce n'est pas une vapeur sortie d'un fleuve ou de la surface humide de la terre. Et son époux, où est-il ? Elle cherche d'un œil inquiet ; car elle sait combien de fois il fut coupable d'amours illégitimes. Elle ne peut le trouver dans le ciel : «Je m'abuse, ou je suis outragée, » dit-elle alors ; et, du haut de l'empyrée, elle s'élance sur la terre, et commande aux nuages de se dissiper. Jupiter avait prévu l'arrivée de son épouse, et déjà la fille d'Inachus était changée en une brillante génisse : elle est encore belle sous cette forme ; Junon l'admire, quoiqu'à regret. A qui appartient-elle ? de quel pays est-elle et de quel

Bos quoque formosa est : speciem Saturnia vaccæ,
Quanquam invita, probat : nec non et cujus, et unde,
Quove sit armento, veri quasi nescia, quærit.
Jupiter e terra genitam mentitur, ut auctor
Desinat inquiri : petit hanc Saturnia munus.
Quid faciat? crudele, suos addicere amores;
Non dare, suspectum : pudor est, qui suadeat illinc;
Hinc dissuadet amor : victus pudor esset amore;
Sed, leve si munus sociæ generisque torique
Vacca negaretur, poterat non vacca videri.
Pellice donata, non protinus exuit omnem
Diva metum; timuitque Jovem, et fuit anxia furti;
Donec Arestoridæ servandam tradidit Argo.
Centum luminibus cinctum caput Argus habebat :
Inde suis vicibus capiebant bina quietem :
Cetera servabant, atque in statione manebant.
Constiterat quocumque modo, spectabat ad Io :
Ante oculos Io, quamvis aversus, habebat.
Luce sinit pasci : quum Sol tellure sub alta est,
Claudit, et indigno circumdat vincula collo.
Frondibus arboreis, et amara pascitur herba :
Proque toro, terræ, non semper gramen habenti,
Incubat infelix; limosaque flumina potat.
Illa etiam supplex Argo quum brachia vellet
Tendere, non habuit, quæ brachia tenderet Argo;

troupeau ? Elle s'en informe, comme si la vérité ne lui était pas connue. Jupiter, pour mettre fin à ces questions, imagine de dire qu'elle est sortie de la terre : Junon la demande comme un présent. Quel parti prendre ? il est cruel de livrer l'objet de son amour ; mais un refus serait suspect. La honte lui suggère une résolution, l'amour l'en détourne ; la honte eût cédé à l'amour ; mais un don si léger, une génisse refusée à sa sœur, à la compagne de sa couche, peut faire croire que ce n'est pas une génisse. Maîtresse de sa rivale, Junon ne se dépouille pas de toute inquiétude ; elle craint Jupiter et de nouveaux larcins, jusqu'à ce qu'elle ait préposé, à la garde d'Io, Argus, fils d'Arestor. Cent yeux couronnaient sa tête ; deux se fermaient tour à tour ; les autres veillaient, sentinelles toujours attentives : quelle que fût la place d'Argus, ses regards tombaient sur Io ; elle était sous ses yeux, alors même qu'il se tournait du côté opposé. Le jour, il lui permet de paître : mais, quand le soleil est caché sous l'horizon, il l'enferme et attache d'indignes liens à son cou. Les feuilles des arbres et des herbes amères lui servent de nourriture : la couche où reposent ses membres fatigués, c'est la terre que le gazon ne couvre pas toujours ; elle a pour boisson une eau bourbeuse. Veut-elle supplier Argus et lui tendre ses bras, elle ne les trouve plus ; veut-elle se plaindre, des mugissemens s'échappent de sa bouche ; elle en redoute le bruit, sa propre voix l'épouvante. Elle s'approche aussi des rives qui furent souvent le théâtre de ses jeux, des rives de l'Inachus : dès qu'elle aperçoit, pour la première fois, son bois rameux dans le miroir des eaux, elle frissonne et fuit effrayée devant son image. Les Naïades ignorent qui elle est ; Inachus lui-même l'ignore : mais

Conatoque queri mugitus edidit ore;
Pertimuitque sonos; propriaque exterrita voce est.
Venit et ad ripas, ubi ludere sæpe solebat,
Inachidas ripas; novaque ut conspexit in unda
Cornua, pertimuit, seque externata refugit.
Naides ignorant, ignorat et Inachus ipse,
Quæ sit : at illa patrem sequitur, sequiturque sorores,
Et patitur tangi, seque admirantibus offert.
Decerptas senior porrexerat Inachus herbas;
Illa manus lambit, patriisque dat oscula palmis;
Nec retinet lacrymas : et, si modo verba sequantur,
Oret opem; nomenque suum, casusque loquatur.
Litera pro verbis, quam pes in pulvere duxit,
Corporis indicium mutati triste peregit.
« Me miserum! » exclamat pater Inachus; inque gementis
Cornibus, et niveæ pendens cervice juvencæ,
« Me miserum! ingeminat : tune es quæsita per omnes,
Nata, mihi terras? tu non inventa reperta
Luctus eras levior : retices, nec mutua nostris
Dicta refers; alto tantum suspiria ducis
Pectore; quodque unum potes, ad mea verba remugis.
At tibi ego ignarus thalamos tædasque parabam;
Spesque fuit generi mihi prima, secunda nepotum.
De grege nunc tibi vir, nunc de grege natus habendus.
Nec finire licet tantos mihi morte dolores :

elle suit son père, elle suit ses sœurs, se laisse caresser et s'offre d'elle-même à leurs regards surpris. Le vieil Inachus cueille des herbes et les lui présente : elle lèche ses mains, couvre de baisers les bras de son père et ne peut retenir ses larmes : si la parole était encore l'interprète de ses pensées, elle implorerait son secours, elle dirait son nom et ses malheurs ; mais, à défaut de paroles, des caractères tracés par son pied sur la poussière ont révélé sa triste métamorphose. « Je suis bien malheureux ! » s'écrie Inachus ; et il reste suspendu aux cornes de la génisse gémissante et à son cou blanc comme la neige : « Je suis bien malheureux, s'écrie-t-il encore : es-tu bien ma fille que j'ai cherchée dans le monde entier ? Avant de t'avoir trouvée, ma douleur était plus légère qu'au moment où je te revois : tu gardes le silence ; ta voix ne répond pas à la mienne ; seulement, du fond de ton cœur des soupirs s'échappent ; et tout ce que tu peux, c'est de répondre à mes paroles par des mugissemens ; et moi, ignorant ton destin, je préparais pour toi la couche nuptiale et les flambeaux d'hyménée ! j'espérais un gendre et des neveux : maintenant, c'est dans un troupeau que tu dois chercher un époux, c'est là que tu dois chercher des enfans ; et la mort ne peut mettre un terme à mon chagrin immense ! Quel malheur d'être dieu ! la mort me ferme ses abîmes ; elle ne laisse à ma douleur d'autres bornes que l'éternité ! » Ainsi son chagrin s'exhale. Argus, dont les yeux sont comme autant d'étoiles, éloigne Io, l'arrache des bras d'un père et l'emporte dans d'autres pâturages : lui-même il occupe, à une assez grande distance, sur le sommet de la montagne, une place d'où il peut, tout assis, porter partout un regard scrutateur.

Sed nocet esse Deum; præclusaque janua leti
Æternum nostros luctus extendit in ævum! »
Talia mœrenti stellatus submovet Argus,
Ereptamque patri diversa in pascua natam
Abstrahit: ipse procul montis sublime cacumen
Occupat, unde sedens partes speculetur in omnes.
Nec Superum rector mala tanta Phoronidos ultra
Ferre potest; natumque vocat, quem lucida partu
Pleias enixa est; letoque det, imperat, Argum.
Parva mora est, alas pedibus, virgamque potenti
Somniferam sumsisse manu, tegimenque capillis.
Hæc ubi disposuit, patria Jove natus ab arce
Desilit in terras: illic tegimenque removit,
Et posuit pennas: tantummodo virga retenta est.
Hac agit, ut pastor, per devia rura capellas,
Dum venit, abductas; et structis cantat avenis.
Voce nova captus custos Junonius; « At tu,
Quisquis es, hoc poteras mecum considere saxo,
Argus ait: neque enim pecori fecundior ullo
Herba loco est; aptamque vides pastoribus umbram. »
Sedit Atlantiades, et euntem multa loquendo
Detinuit sermone diem; junctisque canendo
Vincere arundinibus servantia lumina tentat.
Ille tamen pugnat molles evincere somnos:
Et, quamvis sopor est oculorum parte receptus,

Le maître des dieux ne saurait laisser plus long-temps la sœur de Phoronée accablée d'un si cruel destin. Il mande le fils que lui donna une brillante Pléiade, et lui ordonne de livrer Argus au trépas. A l'instant même, Mercure met à ses pieds des ailes, dans sa puissante main le caducée qui répand le sommeil, et sur sa tête un casque. Ainsi paré, du haut des cieux sa patrie, il s'élance vers la terre. Là, il rejette bien loin son casque, dépose ses ailes et ne garde que le caducée. Sous l'extérieur d'un berger, il conduit avec ce caducée, à travers un chemin détourné, les chèvres qu'il a enlevées en se rendant auprès d'Argus ; il construit un chalumeau et chante. Ces accens nouveaux charment le gardien, ministre de Junon : « Étranger, n'importe qui tu es ; tu peux te reposer avec moi sur ce rocher, dit Argus ; nulle part les troupeaux ne trouvent de plus gras herbages : cette ombre, tu le vois, est propice aux bergers. » Le petit-fils d'Atlas s'assied ; de longs entretiens suspendent la marche du jour ; et, par ses chants unis aux sons du chalumeau, il cherche à triompher des yeux vigilans d'Argus. Celui-ci lutte contre les douceurs du sommeil ; mais ses charmes puissans ont déjà dompté une partie des yeux du monstre ; pourtant, il veille encore. La flûte venait

Parte tamen vigilat : quærit quoque, namque reperta
Fistula nuper erat, qua sit ratione reperta.
Tum Deus, « Arcadiæ gelidis sub montibus, inquit,
Inter Hamadryadas celeberrima Nonacrinas
Naias una fuit. Nymphæ Syringa vocabant.
Non semel et Satyros eluserat illa sequentes,
Et quoscumque Deos umbrosave silva, feraxve
Rus habet. Ortygiam studiis, ipsaque colebat
Virginitate Deam : ritu quoque cincta Dianæ
Falleret, et credi posset Latonia, si non
Corneus huic arcus, si non foret aureus illi :
Sic quoque fallebat : redeuntem colle Lyceo
Pan videt hanc, pinuque caput præcinctus acuta,
Talia verba refert. » Restabat verba referre;
Et precibus spretis fugisse per avia Nympham,
Donec arenosi placidum Ladonis ad amnem
Venerit; hic illi cursum impedientibus undis,
Ut se mutarent, liquidas orasse sorores;
Panaque, quum prensam sibi jam Syringa putaret,
Corpore pro Nymphæ calamos tenuisse palustres :
Dumque ibi suspirat, motos in arundine ventos
Effecisse sonum tenuem, similemque querenti :
Arte nova, vocisque Deum dulcedine captum,
« Hoc mihi concilium tecum, dixisse, manebit : »
Atque ita disparibus calamis compagine ceræ

d'être inventée ; Argus demande comment elle fut découverte.

Le dieu lui répond : « Au pied des monts glacés de l'Arcadie, parmi les Hamadryades de Nonacris, était une nymphe célèbre : ses compagnes l'appelaient Syrinx. Plus d'une fois elle avait échappé aux poursuites des satyres et des autres dieux qui habitent les bois touffus ou les plaines de cette contrée fertile. Vouée au culte d'Ortygie par son goût pour la chasse et par sa chasteté, elle avait le même costume que Diane ; c'était à s'y tromper : on l'eût prise pour la fille de Latone, si elle n'avait porté un arc de corne, tandis que celui de la déesse est en or ; même, on s'y trompait encore. Au moment où elle revient du mont Lycée, Pan, le front hérissé de couronnes de pin, la voit et lui parle en ces mots..... » Il lui restait à rapporter les paroles du dieu, à dire comment ses vœux furent dédaignés par la nymphe qui s'enfuit, à travers des sentiers inconnus, jusque sur les bords sablonneux du paisible Ladon ; comment, parvenue là et arrêtée par les eaux, elle conjure ses sœurs de se dépouiller de leur fluidité pour prendre une forme nouvelle ; comment le dieu, croyant saisir déjà la nymphe, à la place du corps de Syrinx, n'embrassa que des roseaux et leur confia ses soupirs ; comment aussi l'air foulé dans les roseaux, ayant produit un son léger, semblable à une plainte, le dieu, séduit du nouvel instrument et de son harmonie, s'écria : « Voilà le lien de notre éternelle alliance ; » enfin comment des roseaux, de grandeur inégale, unis en faisceau par la cire, conservèrent le nom de la jeune nymphe. Mais au moment de faire ce récit, le dieu né sur le mont Cyllène

Inter se junctis nomen tenuisse puellæ.
Talia dicturus, vidit Cyllenius omnes
Succubuisse oculos, adopertaque lumina somno.
Supprimit extemplo vocem; firmatque soporem,
Languida permulcens medicata lumina virga.
Nec mora: falcato nutantem vulnerat ense,
Qua collo confine caput; saxoque cruentum
Dejicit; et maculat præruptam sanguine cautem.
Arge, jaces: quodque in tot lumina lumen habebas
Exstinctum est; centumque oculos nox occupat una.
Excipit hos, volucrisque suæ Saturnia pennis
Collocat; et gemmis caudam stellantibus implet.
Protinus exarsit, nec tempora distulit iræ,
Horriferamque oculis animoque objecit Erinnyn
Pellicis Argolicæ, stimulosque in pectore cæcos
Condidit, et profugam per totum terruit orbem.
Ultimus immenso restabas, Nile, labori:
Quem simul ac tetigit, positisque in margine ripæ
Procubuit genibus, resupinoque ardua collo,
Quos potuit, solos tollens ad sidera vultus,
Et gemitu, et lacrymis, et luctisono mugitu
Cum Jove visa queri est, finemque orare malorum.
Conjugis ille suæ complexus colla lacertis,
Finiat ut pœnas tandem, rogat; « Inque futurum
Pone metus, inquit, nunquam tibi causa doloris

voit les yeux d'Argus succomber, et ses paupières appesanties par le sommeil. Soudain, il enchaîne sa voix, fortifie le sommeil, et promène légèrement sur le front du gardien languissant son caducée trempé dans les pavots. Bientôt la tête d'Argus s'incline ; Mercure la frappe avec son glaive recourbé, à l'endroit où elle se joint au cou; ruisselante de sang, il la jette contre un rocher escarpé qu'elle rougit. Argus, te voilà sans vie : cette lumière qu'absorbaient tes innombrables paupières est à jamais éteinte; et tes cent yeux ne plongent plus que dans la nuit. Recueillis par la fille de Saturne, ils sont répandus sur les plumes de l'oiseau qui lui est consacré, comme autant de perles étincelantes dont elle parsème sa queue.

Junon éclate aussitôt, et sa colère n'admet point de retard : elle offre l'horrible Tisiphone aux yeux et à la pensée de l'Argienne aimée de Jupiter, et déchire son âme par l'aiguillon d'une aveugle fureur, qui l'emporte errante dans tout l'univers: pour dernière limite à ses immenses fatigues, tu restais, ô Nil ! A peine a-t-elle touché les eaux du fleuve; à peine, les genoux pliés sur ses bords, s'est-elle reposée; son cou se penche en arrière et son front se dresse: ne pouvant élever que ses regards vers le ciel, elle les y tient fixés; par des soupirs, des pleurs et un mugissement lamentable, elle semble se plaindre de Jupiter et lui demander la fin de ses maux. Le dieu presse dans ses bras la tête de son épouse; il la conjure de mettre un terme à sa vengeance : «Que l'avenir ne t'inspire aucune crainte, lui dit-il ; jamais cette rivale ne te causera de chagrin ;» et il veut que le Styx recueille sa promesse. Junon s'apaise; Io reprend

Hæc erit : » et Stygias jubet hoc audire paludes.
Ut lenita Dea est, vultus capit illa priores;
Fitque, quod ante fuit : fugiunt e corpore setæ :
Cornua decrescunt : fit luminis arctior orbis :
Contrahitur rictus : redeunt humerique manusque;
Ungulaque in quinos dilapsa absumitur ungues.
De bove nil superest, formæ nisi candor, in illa;
Officioque pedum Nymphe contenta duorum
Erigitur; metuitque loqui, ne more juvencæ
Mugiat; et timide verba intermissa retentat.
Nunc Dea linigera colitur celeberrima turba.
Huic Epaphus magni genitus de semine tandem
Creditur esse Jovis; perque urbes juncta parenti
Templa tenet : fuit huic animis æqualis et annis
Sole satus Phaeton, quem quondam magna loquentem,
Nec sibi cedentem, Phœboque parente superbum,
Non tulit Inachides, « Matrique, ait, omnia demens
Credis; et es tumidus genitoris imagine falsi. »
Erubuit Phaeton, iramque pudore repressit :
Et tulit ad Clymenem Epaphi convicia matrem.
« Quoque magis doleas, genitrix, ait, ille ego liber,
Ille ferox tacui : pudet hæc opprobria nobis
Et dici potuisse, et non potuisse repelli.
At tu, si modo sum cœlesti stirpe creatus,
Ede notam tanti generis; meque adsere cœlo. »

soudain sa première forme et devient ce qu'elle fut autrefois : ses crins tombent, ses cornes disparaissent, l'orbite de ses yeux se rétrécit, sa bouche se resserre, les épaules et les mains reprennent leur place, la corne de ses pieds s'allonge en cinq ongles distincts: elle ne conserve de la génisse que son éclatante blancheur. Deux pieds suffisent à la nymphe, elle se redresse; mais elle n'ose parler dans la crainte de mugir comme une génisse : des paroles interrompues et timides, voilà ce qu'elle tente. Déesse aujourd'hui, de nombreux prêtres, vêtus de lin, entourent ses autels. On lui donne pour fils Epaphus né, dit-on, du sang illustre de Jupiter : l'Égypte a joint ses autels à ceux de sa mère. Il avait le même caractère et le même âge que Phaéthon, fils du Soleil. Un jour celui-ci, par jactance, ne voulut pas céder à Epaphus, s'énorgueillissant d'avoir Phébus pour père. Le petit-fils d'Inachus ne put supporter tant d'orgueil : « Insensé, lui dit-il, tu ajoutes une foi aveugle aux paroles de ta mère et tu t'arroges fièrement un père qui n'est pas le tien. » Phaéthon rougit, sa colère est comprimée par la honte, et il court porter cet affront sanglant à Clymène. « Pour comble de douleur, ô ma mère! dit-il, moi, si vif et si fier, j'ai dû me taire. Quelle honte! un semblable outrage a pu m'être fait, et je n'ai pu le repousser! Ah! si je suis du sang des dieux, efface la tache imprimée à mon illustre origine et montre que le ciel est ma patrie. » Il dit et jette les bras autour du cou de sa mère : par sa tête, par celle de Mérops et par l'hymen de ses sœurs, il la conjure de lui faire connaître son père à des signes certains. Clymène, peut-être touchée des prières de Phaéthon, peut-être aussi plus sensible encore au crime qui lui est imputé, élève

Dixit; et implicuit materno brachia collo;
Perque suum, Meropisque caput, tædasque sororum,
Traderet, oravit, veri sibi signa parentis.
Ambiguum, Clymene precibus Phaethontis, an ira
Mota magis dicti sibi criminis; utraque cœlo
Brachia porrexit; spectansque ad lumina Solis,
« Per jubar hoc, inquit, radiis insigne coruscis,
Nate, tibi juro, quod nos auditque videtque;
Hoc te, quem spectas, hoc te, qui temperat orbem,
Sole satum : si ficta loquor, neget ipse videndum
Se mihi; sitque oculis lux ista novissima nostris.
Nec longus labor est patrios tibi nosse penates :
Unde oritur, domus est terræ contermina nostræ.
Si modo fert animus; gradere; et scitabere ab ipso. »
Emicat extemplo lætus post talia matris
Dicta suæ Phaethon, et concipit æthera mente ;
Æthiopasque suos, positosque sub ignibus Indos
Sidereis transit, patriosque adit impiger ortus.

au ciel ses bras, et, l'œil attaché sur le front du Soleil :
« Par cet astre, s'écrie-t-elle, source de mille rayons étincelans, ô mon fils, je te le jure ; oui, par cet astre qui nous écoute et nous voit, le Soleil que tu contemples, le Soleil qui règle le monde, est ton père. Si je t'abuse, puisse-t-il ne plus se montrer à moi ; puisse sa lumière briller aujourd'hui à mes yeux pour la dernière fois ! Il ne faudra pas de longues fatigues pour connaître le palais où tu naquis. Les portes de l'Orient touchent à cette contrée : si tu le désires, monte dans la demeure de Phébus, et va l'interroger lui-même. »

Phaéthon tressaille de joie à ces paroles de sa mère, il se croit déjà dans les cieux ; l'Éthiopie, l'Inde, exposées à tous les feux du soleil, fuient loin de lui : il arrive, en toute hâte, aux lieux que son père éclaire de ses rayons naissans.

LIVRE II.

ARGUMENTUM.

I. Phaethon currus solaris imperium ad diem petit; fulmine percussus e cœlo dejicitur; Phaethontis sorores in populos mutatæ. — II. Cycnus mutatur in olorem. — III. Calisto in ursam conversa. — IV. Corvus ex albo niger. — V. Ocyroe mutatur in equam. — VI. Battus in lapidem. — VII. Aglauros in saxum obrigescit. — VIII. Jupiter, sumta tauri specie, Europam rapit.

ARGUMENT.

I. Phaéthon demande pour un jour la conduite du char du Soleil; frappé de la foudre, il est précipité du ciel. Ses sœurs métamorphosées en peupliers. — II. Cycnus changé en cygne. — III. Calisto changée en ourse. — IV. Le corbeau perd la blancheur de son plumage et devient noir. — V. Ocyroé métamorphosée en cavale. — VI. Battus métamorphosé en pierre. — VII. Aglaure changée en rocher. — VIII. Jupiter, sous la forme d'un taureau, enlève Europe.

P. OVIDII NASONIS
METAMORPHOSEON

LIBER SECUNDUS.

I. Regia Solis erat sublimibus alta columnis,
Clara micante auro, flammasque imitante pyropo;
Cujus ebur nitidum fastigia summa tenebat;
Argenti bifores radiabant lumine valvae.
Materiem superabat opus : nam Mulciber illic
Aequora caelarat, medias cingentia terras,
Terrarumque orbem, coelumque, quod imminet orbi,
Caeruleos habet unda Deos; Tritona canorum,
Proteaque ambiguum, balaenarumque prementem
Aegaeona suis immania terga lacertis,
Doridaque, et natas : quarum pars nare videntur,
Pars in mole sedens virides siccare capillos;
Pisce vehi quaedam : facies non omnibus una,
Nec diversa tamen; qualem decet esse sororum.

MÉTAMORPHOSES
DE
P. OVIDE

LIVRE DEUXIÈME.

I. Le palais du Soleil s'élevait sur de hautes colonnes, tout radieux d'or scintillant et de pyrope qui imitait les flammes ; l'ivoire poli en couronnait le faîte, et les doubles battans de sa porte argentée étaient un foyer de lumière. La matière le cédait au travail : là, Vulcain, de son ciseau, avait représenté l'Océan, qui enveloppe la terre, et notre globe et le ciel, qui s'arrondit en voûte autour de l'univers. Là, les flots azurés ont leurs dieux, Triton à la voix harmonieuse, Protée aux formes incertaines, Égéon dont la puissante étreinte presse le dos immense des baleines, Doris et ses filles : celles-ci paraissent nager ; d'autres, assises sur un rocher, font sécher leurs blonds cheveux ; quelques-unes voguent sur des poissons : toutes n'ont pas les mêmes traits ; cependant leurs traits ne sont pas différens, mais tels qu'ils doivent être entre des sœurs. La terre s'y montre chargée d'hommes, de villes, de forêts, de bêtes féroces, de fleuves, de Nymphes et de toutes les divinités champêtres.

Terra viros, urbesque gerit, silvasque, ferasque,
Fluminaque, et Nymphas, et cetera numina ruris.
Hæc super imposita est cœli fulgentis imago;
Signaque sex foribus dextris, totidemque sinistris.
Quo simul acclivo Clymeneia limite proles
Venit, et intravit dubitati tecta parentis;
Protinus ad patrios sua fert vestigia vultus;
Consistitque procul : neque enim propiora ferebat
Lumina. Purpurea velatus veste sedebat
In solio Phœbus, claris lucente smaragdis.
A dextra lævaque, Dies, et Mensis, et Annus,
Seculaque, et positæ spatiis æqualibus Horæ :
Verque novum stabat, cinctum florente corona :
Stabat nuda Æstas, et spicea serta gerebat :
Stabat et Autumnus, calcatis sordidus uvis;
Et glacialis Hiems, canos hirsuta capillos.
Inde loco medius, rerum novitate paventem
Sol oculis juvenem, quibus adspicit omnia, vidit.
« Quæque viæ tibi causa? quid hac, ait, arce petisti,
Progenies, Phaethon, haud inficianda parenti? »
Ille refert : « O lux immensi publica mundi,
Phœbe pater, si das hujus mihi nominis usum,
Nec falsa Clymene culpam sub imagine celat;
Pignora da, genitor, per quæ tua vera propago
Credar; et hunc animis errorem detrahe nostris. »
Dixerat. At genitor circum caput omne micantes

Au dessus s'élève la sphère brillante des cieux : six constellations sont placées à droite, six à gauche. Déjà le fils de Clymène a gravi le sentier qui mène à ce palais : parvenu dans la demeure de celui qu'il n'ose plus regarder comme son père, il porte soudain [ses] pas vers lui ; mais il s'arrête à une certaine distance : [de plus] près, il n'eût pu en soutenir l'éclat. Voilé d'un manteau de pourpre, Phébus était assis sur un trône que de brillantes émeraudes inondaient de leurs feux. A droite et à [gau]che se trouvaient le Jour, le Mois, l'Année, les Siècles, [et] les Heures séparées par des intervalles égaux. Là paraît [le P]rintemps couronné de fleurs nouvelles ; l'Été nu, ten[an]t dans sa main des guirlandes d'épis ; l'Automne, les [pie]ds teints encore des raisins qu'il a foulés ; et le glacia[l H]iver, dont les cheveux blanchis sont hérissés de frim[as]. Au milieu de tant de merveilles, le jeune Phaéthon c[on]temple avec étonnement un spectacle nouveau pour l[ui] : le Soleil l'aperçoit, de cet œil qui embrasse le monde« Quel motif te conduit en ces lieux, dit-il, et qu'y viens-tu chercher, ô mon fils! ô Phaéthon, que ton père ne [s]aurait méconnaître ? » Il répond : « O flambeau qui dispe[nse] le jour à l'immense univers! ô Phébus! ô mon père, [s]i vous me permettez l'usage de ce nom ; si Clymène sous une apparence mensongère, ne cache point sa f[au]te ; vous, l'auteur de mon être, prouvez-moi par un [g]age incontestable que je suis votre fils, et délivrez [m]on cœur du doute qui l'agite. »

Il dit : son père dépose les rayons qui brillent au-

Deposuit radios, priusque accedere jussit :
Amplexuque dato, Nec tu meus esse negari
Dignus es; et Clymie veros, ait, edidit ortus.
Quoque minus dubis, quodvis pete munus, ut illud,
Me tribuente, feras promissis testis adesto
Dis juranda palus, culis incognita nostris. »
Vix bene desierat : urrus rogat ille paternos,
Inque diem alipedu jus et moderamen equorum.
Pœnituit jurasse prem, qui terque quaterque
Concutiens illustre aput, « Temeraria, dixit,
Vox mea facta tua st : utinam promissa liceret
Non dare! confiteo, solum hoc tibi, nate, negarem.
Dissuadere licet : m est tua tuta voluntas.
Magna petis, Phaeton, et quæ nec viribus istis
Munera conveniant nec tam puerilibus annis.
Sors tua mortalis : n est mortale quod optas.
Plus etiam, quam qod Superis contingere fas sit,
Nescius adfectas : plæat sibi quisque licebit,
Non tamen ignifero qisquam consistere in axe
Me valet excepto : vati quoque rector Olympi,
Qui fera terribili jacultur fulmina dextra,
Non agat hos currus : t quid Jove majus habemus?
Ardua prima via est; e qua vix mane recentes
Enitantur equi : medio est altissima cœlo;
Unde mare et terras ipsi mihi sæpe videre

tour de son front, lui ordonne d'approcher davantage, et, le serrant dans ses bras : « Non, tu ne dois pas être désavoué par moi, répondit-il ; Clymène a dit vrai, en te révélant ta naissance ; et pour qu'il ne te reste aucun doute, demande à ton gré un gage de ma tendresse : tu le recevras aussitôt. Qu'il soit témoin de ma promesse, le marais par lequel jurent les dieux, et que mes regards n'ont jamais aperçu. »

A peine a-t-il proféré ces paroles, et Phaéthon demande le char du Soleil et le droit de conduire un seul jour ses rapides coursiers. Son père se repent d'avoir juré. Trois et quatre fois brandissant sa tête radieuse : « Mon serment, dit-il, devient téméraire par ton vœu ; ah ! puissé-je ne pas l'accomplir ! c'est la seule chose, je l'avoue, que je te refuserais, ô mon fils ! Le temps encore permet de te dissuader : ton vœu n'est pas sans danger. Elle est grande, ô Phaéthon ! la tâche où tu aspires ; elle ne convient ni à tes forces ni à ta jeunesse. Le sort te fit mortel, et un mortel n'est point fait pour le rôle que tu ambitionnes : les dieux eux-mêmes ne sauraient y atteindre ; tu l'ignores, et tu oses y prétendre ! Chacun d'eux peut s'exalter à son gré ; mais nul, excepté moi, n'a le droit de s'asseoir sur le char qui répand la flamme : le puissant maître de l'Olympe, lui dont la terrible main lance les foudres dévorantes, ne saurait le conduire ; et cependant qu'avons-nous de plus grand que Jupiter ? La route, à l'entrée de la carrière, est escarpée ; à peine, le matin, mes coursiers rafraîchis par le repos peuvent-ils la gravir : au milieu du ciel, elle est d'une hauteur immense ; vues de ce point, la mer et la terre me font souvent trembler moi-même ; et la peur et l'effroi bouleversent mon âme.

Fit timor, et pavida trepidat formidine pectus:
Ultima prona via est, et eget moderamine certo.
Tunc etiam, quæ me subjectis excipit undis,
Ne ferar in præceps, Tethys solet ipsa vereri.
Adde, quod adsidua rapitur vertigine cœlum;
Sideraque alta trahit, celerique volumine torquet.
Nitor in adversum: nec me, qui cetera, vincit
Impetus: et rapido contrarius evehor orbi.
Finge datos currus: quid agas? poterisne rotatis
Obvius ire polis, ne te citus auferat axis?
Forsitan et lucos illic, urbesque, domosque
Concipias animo, delubraque ditia donis
Esse: per insidias iter est, formasque ferarum:
Utque viam teneas, nulloque errore traharis;
Per tamen adversi gradieris cornua Tauri,
Hæmoniosque arcus, violentique ora Leonis,
Sævaque circuitu curvantem brachia longo
Scorpion, atque aliter curvantem brachia Cancrum.
Nec tibi quadrupedes animosos ignibus illis,
Quos in pectore habent, quos ore et naribus efflant,
In promptu regere est: vix me patiuntur, ut acres
Incaluere animi; cervixque repugnat habenis.
At tu, funesti ne sim tibi muneris auctor,
Nate, cave; dum resque sinit, tua corrige vota.
Scilicet, ut nostro genitum te sanguine credas,

A son déclin, c'est une pente rapide; elle réclame un guide expérimenté. Quand j'y suis parvenu, la déesse qui m'offre un asile au sein des ondes, Téthys, craint toujours de me voir précipité dans les abîmes. Enfin, une éternelle révolution agite le ciel ; elle entraîne les astres jetés dans les profondeurs de l'espace et les fait rouler au sein du plus rapide mouvement : je monte en sens contraire, résistant à la force qui dompte tout ; et mon char, au milieu des corps célestes ainsi emportés, s'avance par une route opposée. Suppose qu'il t'est confié : que feras-tu ? pourras-tu lutter contre ce mouvement des pôles et de l'axe des cieux incessamment agité ? Peut-être ton imagination place là des bocages sacrés, des villes, des maisons, des temples enrichis d'offrandes : au contraire, la route s'ouvre au milieu de monstres épiant ta perte. Quand même tu ne t'égarerais pas un instant, il te faudra marcher à travers les cornes du Taureau tourné du côté de l'orient, l'arc du Centaure d'Hémonie, la gueule menaçante du Lion, les bras redoutables du Scorpion, qui se replient autour d'un long espace, et le Cancer qui couvre l'espace opposé. Mes coursiers, brûlés par le feu dont leurs flancs sont chargés et qu'ils exhalent de leur bouche et de leurs naseaux, ne seront pas dociles à ta main : à peine souffrent-ils la mienne, quand leurs esprits échauffés s'allument : leur tête alors résiste aux rênes. Ah! prends garde : je t'accorderais un funeste présent, ô mon fils ; et puisqu'il en est temps encore, forme des vœux plus sages. Pour te croire issu de mon sang, tu réclames un gage incontestable ; je te le donne en tremblant : ma sollicitude paternelle prouve si tu es mon fils. Tiens, contemple mes traits : plût au ciel que tes yeux pussent pénétrer dans mon âme, et voir à dé-

Pignora certa petis : do pignora certa timendo ;
Et patrio pater esse metu probor : adspice vultus
Ecce meos ; utinamque oculos in pectora posses
Inserere, et patrias intus deprendere curas !
Denique, quidquid habet dives, circumspice, mundus ;
Eque tot ac tantis cœli, terræque, marisque
Posce bonis aliquid : nullam patiere repulsam.
Deprecor hoc unum ; quod vero nomine pœna,
Non honor est : pœnam, Phaethon, pro munere, poscis.
Quid mea colla tenes blandis, ignare, lacertis ?
Ne dubita, dabitur, Stygias juravimus undas,
Quodcumque optaris : sed tu sapientius opta. »
FINIERAT monitus : dictis tamen ille repugnat ;
Propositumque tenet ; flagratque cupidine currus.
Ergo, qua licuit, genitor cunctatus, ad altos
Deducit juvenem, Vulcania munera, currus.
Aureus axis erat, temo aureus, aurea summæ
Curvatura rotæ : radiorum argenteus ordo.
Per juga chrysolithi, positæque ex ordine gemmæ
Clara repercusso reddebant lumina Phœbo.
Dumque ea magnanimus Phaethon miratur, opusque
Perspicit ; ecce vigil rutilo patefecit ab ortu
Purpureas Aurora fores, et plena rosarum
Atria : diffugiunt stellæ ; quarum agmina cogit
Lucifer, et cœli statione novissimus exit.

couvert les soucis qui la déchirent! Enfin, considère à loisir les richesses que renferme le monde : parmi tous les trésors du ciel, de la terre et de la mer, choisis et demande, tu n'éprouveras pas de refus. Si je reste inexorable pour une seule faveur, c'est qu'à vrai dire, elle est un châtiment et non un honneur : oui, c'est un châtiment, Phaéthon, et non une grâce que tu demandes. Insensé, pourquoi me presser dans tes bras chéris? garde-toi de douter : j'ai juré par les flots du Styx, tes vœux seront remplis; puissent-ils être plus sages! »

Tels sont ses derniers avis. Phaéthon, rébelle à la voix d'un père, persiste dans sa résolution et brûle de monter dans le char. Ainsi, tant qu'il peut, Apollon résiste; enfin il conduit son fils auprès du superbe char, présent de Vulcain : l'essieu et le timon étaient en or; la roue se terminait par un pourtour d'or, où des rayons d'argent aboutissaient en ordre : semés sur le joug, des chrysolithes et des pierreries disposées avec art réfléchissaient le vif éclat des rayons du Soleil. L'ambitieux Phaéthon admire la beauté et le fini de l'ouvrage. Cependant, à l'orient azuré, la vigilante Aurore ouvre les portes pourprées de son palais jonché de roses; les étoiles fuient et se pressent en ordre autour de Lucifer : parmi les corps célestes, il disparaît le dernier. Apollon voit la terre et le ciel se couvrir de rubis, et la lune s'effacer jusqu'aux extrémités de son disque : aussitôt il commande aux Heures

At pater ut terras, mundumque rubescere vidit,
Cornuaque extremae velut evanescere Lunae,
Jungere equos Titan velocibus imperat Horis.
Jussa Deae celeres peragunt; ignemque vomentes,
Ambrosiae succo saturos, praesepibus altis
Quadrupedes ducunt; adduntque sonantia frena.
Tum pater ora sui sacro medicamine nati
Contigit; et rapidae fecit patientia flammae;
Imposuitque comae radios, praesagaque luctus
Pectore sollicito repetens suspiria, dixit:
« Si potes hic saltem monitis parere paternis;
Parce, puer, stimulis; et fortius utere loris.
Sponte sua properant: labor est inhibere volentes:
Nec tibi directos placeat via quinque per arcus.
Sectus in obliquum est lato curvamine limes,
Zonarumque trium contentus fine, polumque
Effugito australem, junctamque aquilonibus Arcton.
Hac fit iter; manifesta rotae vestigia cernes.
Utque ferant aequos et coelum et terra calores,
Nec preme, nec summum molire per aethera currum.
Altius egressus, coelestia tecta cremabis;
Inferius, terras: medio tutissimus ibis.
Neu te dexterior tortum declinet in Anguem,
Neve sinisterior pressam rota ducat ad Aram;
Inter utrumque tene: fortunae cetera mando;

agiles d'atteler ses coursiers. Les promptes déesses exécutent ses ordres, détachent de leur crèche les coursiers vomissant la flamme et saturés d'ambroisie, pour les soumetre au frein retentissant. Alors, le dieu du jour arrose légèrement d'un céleste élixir le front de son fils, afin qu'il puisse supporter la rapide atteinte du feu, et couronne sa tête d'un diadème de rayons. Présages de deuil, des soupirs redoublés s'échappent de son âme inquiète ; il s'écrie : « Puisses-tu maintenant du moins obéir aux conseils d'un père ! fais rarement usage de l'aiguillon, ô mon fils ! ta main doit plutôt tenir vigoureusement les rênes. D'eux-mêmes, ces coursiers précipitent leur course ; la difficulté est de modérer leur ardeur. Évite de diriger ta route le long de la ligne qui coupe les cinq zônes. Tracé en ligne oblique et formant une large courbe, un sentier s'ouvre, circonscrit dans les limites des trois zônes du milieu ; fuis le pôle austral, ainsi que l'Ourse unie aux aquilons, et marche dans ce sentier : les roues de mon char y ont laissé une visible empreinte. Si tu veux dispenser au ciel et à la terre d'égales chaleurs, garde-toi de trop abaisser ton char, ou de le pousser trop haut : trop élevé, tu embraseras les demeures célestes ; trop bas, tu embraseras la terre ; le chemin le plus sûr est entre les deux extrêmes. Prends soin que ton char ne t'emporte ni trop à droite dans les nœuds du Serpent, ni trop à gauche vers la région inclinée de l'Autel. Reste à une égale distance de ces deux constellations ; la fortune fera le reste : puisse-t-elle se montrer propice et veiller, mieux que toi, sur tes jours ! Tandis que ma voix t'adresse ces conseils, sur les limites posées aux confins de l'Hespérie est tombé le voile de la nuit humide ; le délai n'est plus permis, la terre

Quæ juvet, et melius, quam tu tibi, consulat, opto.
Dum loquor, Hesperio positas in litore metas
Humida nox tetigit: non est mora libera nobis:
Poscimur: effulget tenebris Aurora fugatis.
Corripe lora manu : vel, si mutabile pectus
Est tibi, consiliis, non curribus, utere nostris,
Dum potes, et solidis etiamnum sedibus adstas;
Dumque male optatos nondum premis inscius axes.
Quæ tutus spectes, sine me dare lumina terris. »

OCCUPAT ille levem juvenili corpore currum;
Statque super; manibusque datas contingere habenas
Gaudet; et invito grates agit inde parenti.

INTEREA volucres Pyroeis, Eous, et Æthon,
Solis equi, quartusque Phlegon, hinnitibus auras
Flammiferis implent, pedibusque repagula pulsant.
Quæ postquam Tethys, fatorum ignara nepotis,
Reppulit, et facta est immensi copia mundi,
Corripuere viam, pedibusque per aera motis
Obstantes findunt nebulas, pennisque levati
Prætereunt ortos iisdem de partibus Euros.
Sed leve pondus erat; nec quod cognoscere possent
Solis equi; solitaque jugum gravitate carebat.
Utque labant curvæ justo sine pondere naves,
Perque mare instabiles nimia levitate feruntur;
Sic onere insueto vacuos dat in aera saltus,

nous attend ; le flambeau de l'Aurore a chassé les ténèbres. De la main saisis les rênes ; ou plutôt, si ton cœur sait changer, fais usage de mes avis et non de mon char. Tu le peux ; tes pieds foulent encore un plancher solide, et tu ne roules pas encore dans le char où t'appelle un désir insensé. Content de jouir de la lumière sans le moindre danger, laisse-moi la distribuer à l'univers. »

Phaéthon, avec toute la fougue de la jeunesse, sur le char léger s'élance et s'y tient fièrement debout ; il se plaît à toucher les rênes confiées à ses mains, et rend grâces à son père qui lui cède à regret.

Cependant les rapides coursiers du Soleil, Pyroéis, Eoüs, Éthon et Phlégon, tous quatre vomissant la flamme, font résonner l'air de leurs hennissemens : leurs pieds frappent les barrières. A peine Téthys, ignorant la destinée de son petit-fils, les a-t-elle abattues pour leur ouvrir un champ libre dans l'immensité des cieux, soudain ils prennent leur essor : balancés dans les airs, leurs pieds déchirent les nues qui les arrêtent ; et, portés sur des ailes, ils devancent les vents sortis de la même région. Mais le char était léger, les coursiers ne pouvaient le reconnaître ; le joug n'avait plus son poids ordinaire. Voyez vaciller un vaisseau qui n'a pas le lest convenable : il erre sur les ondes, sans cesse ballotté à cause de sa trop grande légèreté ; tel, privé de son poids accoutumé, le char bondit au haut des airs : à ses profondes se-

Succutiturque alte, similisque est currus inani.
Quod simul ac sensere, ruunt, tritumque relinquunt
Quadrijugi spatium, nec, quo prius, ordine currunt.
Ipse pavet; nec qua commissas flectat habenas,
Nec scit qua sit iter; nec, si sciat, imperet illis.
Tum primum radiis gelidi caluere Triones,
Et vetito frustra tentarunt æquore tingui.
Quæque polo posita est glaciali proxima Serpens,
Frigore pigra prius, nec formidabilis ulli,
Incaluit; sumsitque novas fervoribus iras.
Te quoque turbatum memorant fugisse, Boote,
Quamvis tardus eras, et te tua plaustra tenebant.
Ut vero summo despexit ab æthere terras
Infelix Phaethon, penitus penitusque jacentes;
Palluit, et subito genua intremuere timore;
Suntque oculis tenebræ per tantum lumen obortæ.
Et jam mallet equos nunquam tetigisse paternos;
Jamque agnosse genus piget, et valuisse rogando:
Jam Meropis dici cupiens, ita fertur, ut acta
Præcipiti pinus Borea, cui victa remisit
Frena suus rector, quam Dis, votisque reliquit.
Quid faciat? multum cœli post terga relictum;
Ante oculos plus est; animo metitur utrumque.
Et modo, quos illi fato contingere non est,
Prospicit occasus: interdum respicit ortus;

cousses, on eût dit un char vide. Les coursiers l'ont bientôt remarqué : ils précipitent leurs pas, abandonnent le sentier battu et ne courent plus dans le même ordre. Phaéthon frémit : de quel côté tourner les rênes à ses soins commises ? il ne sait : il ignore aussi où est sa route ; et quand il le saurait, pourrait-il commander aux coursiers ? Alors, pour la première fois, aux rayons du soleil s'échauffèrent les Trions toujours glacés ; ils voulurent, mais en vain, se plonger dans les flots, qui leur sont interdits. Placé près du pôle glacial, le Serpent, par le froid jusque-là engourdi et jamais redoutable, s'échauffe alors et puise dans la chaleur une rage nouvelle. Toi aussi, troublé, dit-on, tu pris la fuite, ô Bouvier, malgré ta lenteur et quoique occupé de ton chariot. Du haut du ciel, le malheureux Phaéthon a vu la terre au loin s'étendre sans horizon ; il pâlit, ses genoux tremblent d'une terreur soudaine ; et sur ses yeux, dans un océan de lumière, les ténèbres se sont épaissies. Oh ! qu'il voudrait n'avoir jamais guidé les coursiers de son père ! qu'il regrette de connaître son origine et d'avoir triomphé par ses prières ! il aimerait bien mieux être appelé fils de Mérops. Il erre, tel qu'un vaisseau emporté par le souffle furieux de Borée, quand le pilote vaincu laisse le gouvernail, se confiant aux dieux et à la prière. Que fera-t-il ? derrière lui, un grand espace des cieux déjà parcouru ; devant lui, un espace plus grand encore : sa pensée les mesure l'un et l'autre. Tantôt ce couchant que le destin ne lui permet pas d'atteindre appelle son regard ; tantôt il le reporte vers l'orient. Quel parti prendre ? il l'ignore et reste immobile d'effroi : il n'abandonne pas le frein et ne peut le retenir ; il ne sait plus le nom des coursiers. Épars çà et là dans

Quidque agat ignarus, stupet; et nec frena remittit,
Nec retinere valet; nec nomina novit equorum.
Sparsa quoque in vario passim miracula coelo,
Vastarumque videt trepidus simulacra ferarum.
Est locus, in geminos ubi brachia concavat arcus
Scorpios; et cauda flexisque utrimque lacertis,
Porrigit in spatium signorum membra duorum.
Hunc puer ut nigri madidum sudore veneni
Vulnera curvata minitantem cuspide vidit;
Mentis inops, gelida formidine lora remisit.
Quae postquam summum tetigere jacentia tergum,
Exspatiantur equi; nulloque inhibente per auras
Ignotae regionis eunt; quaque impetus egit,
Hac sine lege ruunt; altoque sub aethere fixis
Incursant stellis, rapiuntque per avia currum:
Et modo summa petunt, modo per decliva viasque
Praecipites spatio terrae propiore feruntur:
Inferiusque suis fraternos currere Luna
Admiratur equos; ambustaque nubila fumant.
Corripitur flammis, ut quaeque altissima, tellus;
Fissaque agit rimas, et succis aret ademtis.
Pabula canescunt; cum frondibus uritur arbos;
Materiamque suo praebet seges arida damno.
Parva queror; magnae pereunt cum moenibus urbes;
Cumque suis totas populis incendia gentes

les diverses régions du ciel, mille prodiges frappent sa vue, et des monstres, à la taille colossale, le glacent de frayeur.

Il est un lieu où, en deux arcs concaves, s'arrondissent les bras du Scorpion : sa queue et ses pinces flexibles couvrent l'espace de deux signes : enflé d'un noir venin qui se fait jour à travers ses pores, et prêt à donner la mort de son dard recourbé, il s'offre aux yeux de Phaéthon : celui-ci, hors de lui-même, frissonnant d'épouvante, lâche les rênes. Dès que les coursiers les ont senties flotter sur leurs flancs, ils se donnent champ libre. Dégagés du frein, ils se jettent dans des régions de l'air jusqu'alors inconnues et se précipitent aveuglément où leur impétuosité les entraîne ; ils bondissent jusqu'aux astres, disséminés dans les célestes espaces, emportant le char à travers les abîmes. Tantôt ils s'élancent au haut de l'empyrée ; tantôt, de précipice en précipice, ils tombent dans les régions plus voisines de la terre. La Lune voit avec surprise au dessous de ses coursiers courir ceux de son frère ; les nuages embrasés s'exhalent en fumée, le feu dévore les points les plus élevés de la terre, de larges fentes l'entr'ouvrent, ses sucs s'épuisent et ses flancs se dessèchent, les pâturages flétris blanchissent, l'arbre périt avec son feuillage brûlé et les moissons arides fournissent l'aliment de leur ruine au feu qui les détruit.

Mais les désastres que je viens de déplorer sont encore légers : de grandes villes s'écroulent avec leurs édifices, des

In cinerem vertunt : silvæ cum montibus ardent.
Ardet Athos, Taurusque Cilix, et Tmolus, et OEte;
Et nunc sicca, prius celeberrima fontibus, Ide;
Virgineusque Helicon, et nondum OEagrius Hæmos.
Ardet in immensum geminatis ignibus Ætne,
Parnassusque biceps, et Eryx, et Cynthus, et Othrys,
Et tandem Rhodope nivibus caritura, Mimasque,
Dindymaque, et Mycale, natusque ad sacra Cithæron.
Nec prosunt Scythiæ sua frigora : Caucasus ardet,
Ossaque cum Pindo, majorque ambobus Olympus;
Aeriæque Alpes, et nubifer Apenninus.

Tunc vero Phaethon cunctis e partibus orbem
Adspicit accensum; nec tantos sustinet æstus :
Ferventesque auras, velut e fornace profunda,
Ore trahit, currusque suos candescere sentit.
Et neque jam cineres, ejectatamque favillam
Ferre potest; calidoque involvitur undique fumo;
Quoque eat, aut ubi sit, picea caligine tectus,
Nescit; et arbitrio volucrum raptatur equorum.
Sanguine tum credunt in corpora summa vocato,
Æthiopum populos nigrum traxisse colorem.
Tum facta est Libye, raptis humoribus æstu,
Arida; tum Nymphæ passis fontesque, lacusque

peuples et des pays entiers sont changés par l'incendie en un monceau de cendres, les forêts et les montagnes qu'elles couvrent deviennent la proie des flammes : elles dévorent l'Athos, le Taurus qui coupe la Cilicie, le Tmolus, l'OEta, l'Ida maintenant aride, et jusqu'alors célèbre par des sources fécondes; l'Hélicon, séjour des chastes Muses, et l'Hémus auquel OEagre n'avait pas encore donné son nom. Les feux du ciel augmentent sans mesure ceux que nourrit l'Etna ; il s'allume ainsi que le Parnasse au double front, et l'Eryx et le Cynthe et l'Othrys et le Rhodope libre enfin de ses neiges, et le Mimas et le Dindyme et le Mycale et le Cithéron, destiné aux fêtes de Bacchus. La Scythie ne trouve point une sauvegarde dans ses frimas; les flammes envahissent le Caucase, l'Ossa, le Pinde et l'Olympe qui les efface tous les deux, et les Alpes voisines des plaines de l'air, et les Apennins dont la cime porte les nues.

Phaéthon aux quatre coins du monde voit régner l'incendie et ne peut en soutenir les violentes atteintes : il respire un air embrasé, comme s'il sortait d'une fournaise profonde, et voit son char blanchi par les flammes. Déjà les cendres et les étincelles, qui volent jusqu'à lui, ont épuisé ses forces; une fumée ardente l'enveloppe de toutes parts. Où va-t-il? où est-il? il ne peut le découvrir, au milieu de l'épais brouillard qui l'enveloppe, et se laisse emporter au gré des agiles coursiers. Alors, dit-on, le sang attiré à la surface du corps donna aux peuples d'Éthiopie une couleur d'ébène : la Libye, dépouillée de ses sources par cet embrasement, devint aride. Les Nymphes, les cheveux épars, pleurèrent leurs fontaines et leurs lacs : en vain la Béotie cherche Dircé ; Argos, Amymone; Éphyre, les sources de Pi-

Deflevere comis : quaerit Boeotia Dircen,
Argos Amymonen, Ephyre Pirenidas undas.
Nec sortita loco distantes flumina ripas
Tuta manent : mediis Tanais fumavit in undis,
Peneosque senex, Teuthranteusque Caicus,
Et celer Ismenos, cum Psophaico Erymantho,
Arsurusque iterum Xanthus, flavusque Lycormas,
Quique recurvatis ludit Maeandros in undis;
Mygdoniusque Melas, et Taenarius Eurotas.
Arsit et Euphrates Babylonius, arsit Orontes,
Thermodonque citus, Gangesque, et Phasis, et Ister.
Aestuat Alpheos : ripae Spercheides ardent;
Quodque suo Tagus amne vehit, fluit ignibus, aurum :
Et quae Maeonias celebrarant carmine ripas,
Flumineae volucres medio caluere Caystro.
Nilus in extremum fugit perterritus orbem,
Occuluitque caput, quod adhuc latet : ostia septem
Pulverulenta vacant, septem sine flumine valles.
Fors eadem Ismarios Hebrum cum Strymone siccat,
Hesperiosque amnes, Rhenum, Rhodanumque, Padumque,
Cuique fuit rerum promissa potentia, Thybrin.
Dissilit omne solum; penetratque in Tartara rimis
Lumen, et infernum terret cum conjuge Regem.
Et mare contrahitur; siccaeque est campus arenae,
Quod modo pontus erat; quosque altum texerat aequor,

rène. Les fleuves dont la nature a séparé les rives par un large lit ne sont pas à l'abri : le Tanaïs voit fumer ses ondes, ainsi que le vieux Pénée et le Caïcus, voisin du mont Teuthrante, et le rapide Ismenus et l'Érymanthe, qui baigne Psophis; et le Xanthe destiné à un nouvel embrasement, et le blond Lycormas, et le Méandre qui se joue dans ses bords sinueux, et le Mélas que boivent les Mygdons, et l'Eurotas qui baigne le Ténare. Alors s'enflammèrent l'Euphrate, orgueil de Babylone, et l'Oronte et l'impétueux Thermodon et le Gange et le Phasis et l'Ister. L'Alphée voit ses ondes bouillir, et le Sperchius ses rivages en feu : l'or que le Tage roule dans ses flots, coule fondu par la flamme; et dans la Méonie, sur les rives mêmes qu'ils faisaient retentir de leurs chants, les oiseaux qui peuplent le Caystre périssent au milieu de ses ondes brûlantes. Le Nil épouvanté s'enfuit aux confins du monde : il cache sa tête, dès-lors toujours cachée ; les sept bouches du fleuve, creusées dans le sable, ne portent plus à sept vallées le bienfait de ses eaux. Le même incendie met à sec, autour de l'Ismarus, l'Hèbre et le Strymon; et dans l'Hespérie, le Rhin, le Rhône, le Pô et le fleuve appelé à tenir l'univers sous ses lois, le Tibre. Partout, la terre est sillonnée de mille fentes, au travers desquelles pénètre jusqu'au Tartare la clarté du jour, qui fait pâlir d'effroi le tyran des Ombres et sa compagne. La mer se resserre; des plaines de sable aride s'étendent là où naguère se promenaient les flots : jusqu'alors cachées sous les eaux, des montagnes surgissent et augmentent le nombre des Cyclades éparses çà et là. Les poissons se réfugient au fond des abîmes; les dauphins n'osent plus élever au dessus des flots leur croupe recourbée, ni,

Exsistunt montes, et sparsas Cycladas augent.
Ima petunt pisces; nec se super æquora curvi
Tollere consuetas audent delphines in auras.
Corpora phocarum summo resupina profundo
Exanimata jacent: ipsum quoque Nerea fama est,
Doridaque, et natas, tepidis latuisse sub antris.
Ter Neptunus aquis cum torvo brachia vultu
Exserere ausus erat: ter non tulit aeris æstus.
Alma tamen Tellus, ut erat circumdata ponto,
Inter aquas pelagi, contractosque undique fontes,
Qui se condiderant in opacæ viscera matris,
Sustulit omniferos collo tenus arida vultus;
Opposuitque manum fronti; magnoque tremore
Omnia concutiens paulum subsedit; et infra,
Quam solet esse, fuit: siccaque ita voce locuta est:
« Si placet hoc, meruique, quid, o, tua fulmina cessant,
Summe Deum? liceat periturae viribus ignis,
Igne perire tuo; clademque auctore levare.
Vix equidem fauces hæc ipsa in verba resolvo
(Presserat ora vapor), tostos en adspice crines,
Inque oculis tantum, tantum super ora favillæ.
Hosne mihi fructus, hunc fertilitatis honorem
Officiique refers, quod adunci vulnera aratri,
Rastrorumque fero, totoque exerceor anno?
Quod pecori frondes, alimentaque mitia, fruges,

suivant leur coutume, bondir dans les airs; les phoques, couchés sur leur dos, flottent sans vie à la surface de la mer. Nérée lui-même, dit-on, et Doris et ses filles se cachèrent dans leurs antres brûlans. Trois fois Neptune, le front menaçant, voulut montrer ses bras au dessus des eaux ; trois fois il ne put supporter le contact ardent de l'air. Cependant la Terre, qu'entoure l'océan, placée entre les eaux de la mer et les sources rétrécies des fleuves, qui s'étaient cachés dans les entrailles de leur mère inaccessible à l'incendie, élève au dessus des flots, jusqu'au cou, sa tête naguère si féconde et maintenant aride. Elle met sa main devant son front ; par une forte secousse qui l'ébranle jusqu'en ses fondemens, elle s'abaisse d'un degré au dessous de sa place ordinaire dans la sphère des mondes, et d'une voix altérée elle exhale ces plaintes :

« Si telle est ta volonté, si j'ai mérité mon malheur, pourquoi ta foudre dort-elle, souverain maître des dieux ? Destinée à périr par les flammes, puissé-je périr par tes feux ! succomber sous les coups d'un père serait pour moi une consolation. A peine ma bouche peut-elle proférer ces paroles (la chaleur étouffait sa voix) : tiens, regarde mes cheveux consumés par la flamme, et mes yeux et ma bouche inondés d'étincelles. Est-ce là ma récompense ? est-ce ainsi que tu me paies de ma fertilité et de mes peines ? moi qui laisse le soc aigu et le rateau déchirer mon sein ; moi qui souffre mille travaux durant toute l'année ; moi dont la main dispense aux troupeaux le feuillage, aux mortels une nourriture bienfaisante et mille productions,

Humano generi, vobis quod tura ministro?
Sed tamen exitium fac me meruisse : quid undæ,
Quid meruit frater? cur illi tradita sorte
Æquora decrescunt, et ab æthere longius absunt?
Quod si nec fratris, nec te mea gratia tangit;
At cœli miserere tui : circumspice utrumque;
Fumat uterque polus : quos si vitiaverit ignis,
Atria vestra ruent : Atlas en ipse laborat;
Vixque suis humeris candentem sustinet axem.
Si freta, si terræ pereunt, si regia cœli :
In chaos antiquum confundimur : eripe flammis,
Si quid adhuc superest; et rerum consule summæ. »
Dixerat hæc Tellus : neque enim tolerare vaporem
Ulterius potuit, nec dicere plura; suumque
Rettulit os in se, propioraque Manibus antra.
At Pater omnipotens Superos testatus, et ipsum
Qui dederat currus, nisi opem ferat, omnia fato
Interitura gravi; summam petit arduus arcem,
Unde solet latis nubes inducere terris;
Unde movet tonitrus, vibrataque fulmina jactat.
Sed neque, quas posset terris inducere, nubes
Tunc habuit; nec, quos cœlo dimitteret, imbres.
Intonat : et dextra libratum fulmen ab aure
Misit in aurigam; pariterque animaque rotisque
Expulit, et sævis compescuit ignibus ignes.

à vous tous l'encens. Suppose que j'ai mérité ce désastre : les eaux et ton frère l'ont-ils mérité? Pourquoi, sous son sceptre placées par l'arrêt du destin, les mers rétrécies voient-elles leurs flots refoulés si loin du céleste parvis? Si nous ne pouvons te toucher, ni ton frère ni moi, songe du moins au ciel qui t'a pour maître. Regarde de l'un à l'autre bout, aux deux pôles s'élève la trace fumante de l'incendie. Si le feu les consume, ton palais croulera; regarde, Atlas lui-même chancèle: à peine ses épaules soutiennent l'axe du monde blanchi par la flamme. Si les mers, la terre et le palais des cieux périssent, nous retombons dans l'antique chaos: dérobe aux ravages du feu ce qu'il respecte encore, et veille au salut de l'univers. » Elle dit, et, ne pouvant supporter la chaleur plus long-temps ni parler davantage, elle retire sa tête dans son propre sein et la cache au fond des antres plus voisins des Ombres.

Le suprême arbitre du monde prend à témoin les dieux et celui-là même dont le char a été confié à Phaéthon, que tout, s'il ne prévient ce désastre, va succomber au plus cruel destin. Il s'élance au faîte des célestes demeures, d'où il se plaît à répandre au loin les nuages autour de notre globe, à exciter le fracas du tonnerre, à balancer et à jeter la foudre. Alors, plus de nuages dont il puisse envelopper la terre; plus de torrens qu'il puisse faire descendre du ciel. Il tonne: par sa main balancée à la hauteur de son front, la foudre va frapper l'imprudent conducteur, lui ravit à la fois le souffle et le char et dans la flamme éteint les ravages de l'incendie. La frayeur égare les coursiers, ils bondissent en sens

Consternantur equi; et saltu in contraria facto
Colla jugo eripiunt, abruptaque lora relinquunt.
Illic frena jacent, illic temone revulsus
Axis; in hac radii fractarum parte rotarum:
Sparsaque sunt late laceri vestigia currus.
At Phaethon, rutilos flamma populante capillos,
Volvitur in praeceps, longoque per aera tractu
Fertur; ut interdum de coelo stella sereno,
Etsi non cecidit, potuit cecidisse videri.
Quem procul a patria diverso maximus orbe
Excipit Eridanus, fumantiaque abluit ora.
NAIDES Hesperiae trifida fumantia flamma
Corpora dant tumulo, signantque hoc carmine saxum:
« Hic situs est Phaethon, currus auriga paterni;
Quem si non tenuit, magnis tamen excidit ausis. »
Nam pater obductos luctu miserabilis aegro
Condiderat vultus; et, si modo credimus, unum
Isse diem sine Sole ferunt : incendia lumen
Praebebant; aliquisque malo fuit usus in illo.
At Clymene, postquam dixit quaecumque fuerunt
In tantis dicenda malis, lugubris, et amens,
Et laniata sinus, totum percensuit orbem;
Exanimesque artus primo, mox ossa requirens,
Repperit ossa tamen peregrina condita ripa,
Incubuitque loco; nomenque in marmore lectum

contraire, dérobent leur tête au joug, brisent les rênes et s'en délivrent : ici gît le frein ; là, l'essieu arraché du timon ; ailleurs, les rayons des roues fracassées ; plus loin, les débris épars du char qui vole en éclats. Phaéthon roule dans un torrent de flammes, elles dévorent sa blonde chevelure : à travers les plaines de l'air, un long sillon de lumière marque sa chute ; ainsi quelquefois, sous un ciel sans nuage, une étoile tombe, ou semble tomber. Loin de sa patrie, dans l'hémisphère opposé, le vaste Éridan le reçoit et lave dans les flots son visage fumant.

Les Naïades de l'Hespérie déposent dans un tombeau son corps noirci par la triple empreinte des feux de la foudre, et gravent ces vers sur la pierre : « Ci-gît Phaéthon, conducteur du char de son père ; s'il ne put le gouverner, il succomba du moins après une noble tentative. » Son père, plongé dans la douleur, couvrit son front d'un voile de deuil. Si nous devons en croire la renommée, un jour s'écoula sans soleil et n'eut d'autre clarté que les lueurs de l'incendie : ainsi ce désastre eut son utilité. Clymène d'abord exhale toutes les plaintes que peut inspirer une pareille catastrophe ; puis, en habits de deuil, hors d'elle-même et se meurtrissant le sein, elle parcourt l'univers ; elle cherche les restes inanimés, ou du moins les os de son fils : elle ne trouve que ses os ensevelis sur une côte étrangère. Là, elle se prosterne, baigne de larmes le marbre où le nom de Phaéthon est gravé, et contre son sein découvert le presse avec tendresse. Les Héliades lui offrent, avec le même amour,

Perfudit lacrymis, et aperto pectore fovit :
Nec minus Heliades fletus, et, inania morti
Munera, dant lacrymas; et caesae pectora palmis,
Non auditurum miseras Phaethonta querelas,
Nocte dieque vocant; adsternunturque sepulcro.
Luna quater junctis implerat cornibus orbem :
Illae more suo, nam morem fecerat usus,
Plangorem dederant : e queis Phaetusa sororum
Maxima, quum vellet terrae procumbere, questa est
Diriguisse pedes : ad quam conata venire
Candida Lampetie, subita radice retenta est.
Tertia, quum crinem manibus laniare pararet,
Avellit frondes : haec stipite crura teneri,
Illa dolet fieri longos sua brachia ramos.
Dumque ea mirantur; complectitur inguina cortex;
Perque gradus uterum, pectusque, humerosque, manusque
Ambit; et exstabant tantum ora vocantia matrem.
Quid faciat mater, nisi, quo trahat impetus illam,
Huc eat, atque illuc; et, dum licet, oscula jungat?
Non satis est : truncis avellere corpora tentat;
Et teneros manibus ramos abrumpere : at inde
Sanguineae manant, tanquam de vulnere, guttae.
« Parce, precor, mater, quaecumque est saucia clamat;
Parce, precor; nostrum laniatur in arbore corpus :
Jamque vale. » Cortex in verba novissima venit.

leur deuil et le vain tribut de leurs larmes : elles aussi, de leurs mains se déchirent le sein. Phaéthon ne peut entendre leurs voix lamentables ; et cependant, nuit et jour, elles l'appellent et restent penchées sur sa tombe. Quatre fois, la lune avait vu les extrémités de son croissant se rejoindre dans sa révolution ; les filles du Soleil, suivant leur coutume (car la douleur était devenue une habitude pour elles), faisaient entendre de lugubres clameurs, lorsque Phaétuse, la plus âgée de toutes, voulant se prosterner, se plaignit que ses pieds n'étaient plus flexibles. Empressée d'accourir auprès d'elle, Lampétie au teint d'albâtre sent tout à coup un lien qui l'enchaîne à la terre. Une troisième, au moment où sa main veut arracher ses cheveux, ne détache plus de sa tête que des feuilles : l'une se plaint de ses jambes changées en un tronc immobile, l'autre de ses bras allongés en rameaux. Tandis qu'elles s'étonnent, l'écorce se plie en ceinture autour de leurs flancs, et, par degrés, emprisonne leur poitrine, leurs épaules, leurs bras : hors de ces envahissemens restait seulement la bouche, qui répétait le nom de leur mère. Que peut-elle, si ce n'est courir çà et là, où son trouble l'emporte ; et, pendant qu'il en est temps encore, unir ses baisers à ceux de ses filles ? C'est trop peu ; elle essaie de retirer leur corps du sein du tronc, de briser avec ses mains des branches encore tendres ; mais il en tombe des gouttes de sang, comme d'une blessure. « Arrête ! je t'en conjure, ô ma mère ! » s'écrie chacune de ses filles en se sentant blessée ; « arrête ! je t'en conjure ; dans cet arbre, c'est notre corps que tu déchires : adieu. » L'écorce couvre ces dernières paroles ; de là, les larmes qu'elle distille et qui, dur-

Inde fluunt lacrymæ; stillataque sole rigescunt
De ramis electra novis; quæ lucidus amnis
Excipit, et nuribus mittit gestanda Latinis.

II. Adfuit huic monstro proles Stheneleia Cycnus;
Qui tibi materno quamvis a sanguine junctus,
Mente tamen, Phaethon, propior fuit: ille relicto,
Nam Ligurum populos, et magnas rexerat urbes,
Imperio, ripas virides amnemque querelis
Eridanum implerat, silvamque sororibus auctam:
Quum vox est tenuata viro; canæque capillos
Dissimulant plumæ; collumque e pectore longum
Porrigitur, digitosque ligat junctura rubentes:
Penna latus vestit; tenet os sine acumine rostrum:
Fit nova Cycnus avis, nec se cœloque, Jovique
Credit, ut injuste missi memor ignis ab illo,
Stagna petit, patulosque lacus; ignemque perosus,
Quæ colat, elegit contraria flumina flammis.
Squalidus interea genitor Phaethontis, et expers
Ipse sui decoris, qualis, quum deficit orbem,
Esse solet; lucemque odit, seque ipse, diemque;
Datque animum in luctus; et luctibus adjicit iram;
Officiumque negat mundo. « Satis, inquit, ab ævi
Sors mea principiis fuit irrequieta; pigetque
Actorum sine fine mihi, sine honore, laborum.
Quilibet alter agat portantes lumina currus.

cies par le soleil, tombent en rayons d'électre de leurs branches naissantes : le fleuve les recueille dans ses eaux limpides et les porte aux femmes du Latium, qui en font leur parure.

II. Ce prodige s'opéra sous les yeux de Cycnus, fils de Sthénélus : le sang de ta mère vous unissait, ô Phaéthon ! mais l'amitié forma entre vous un lien plus étroit. Dégoûté de l'empire (car les peuples de la Ligurie et de florissantes cités obéissaient jadis à ses lois), il avait fait redire ses accens plaintifs aux bords rians de l'Éridan, à ses ondes et aux arbres dont ses sœurs venaient d'augmenter le nombre. Sa voix d'homme devient grêle; des plumes blanches remplacent ses cheveux; du milieu de sa poitrine un long cou s'élance et une membrane de pourpre unit ses doigts : le duvet couvre ses flancs; sa bouche fait place à un bec arrondi. Cycnus est changé en un oiseau jusqu'alors inconnu, il ne se confie ni aux airs ni à Jupiter : dans son cœur vit le souvenir des feux injustement lancés par le maître du monde : il habite les étangs et les vastes lacs; sa haine pour le feu lui fait choisir une demeure dans l'élément contraire.

Cependant le Soleil livide, dépouillé de son éclat, tel enfin qu'il est durant une éclipse, poursuit de sa haine et la lumière et lui-même et le jour. Son âme s'abandonne à la douleur; à la douleur se joint la colère. Il refuse son ministère à l'univers : « C'en est assez, dit-il : depuis la naissance des temps mes destins sont agités; je ne veux plus de travaux, pour moi sans terme et sans honneur. Qu'un autre conduise le char qui porte la lumière : s'il ne se présente personne, si tous les dieux s'avouent impuissans, que notre fier tyran le conduise

Si nemo est, omnesque Dei non posse fatentur;
Ipse agat; ut saltem, dum nostras tentat habenas,
Orbatura patres aliquando fulmina ponat.
Tum sciet, ignipedum vires expertus equorum,
Non meruisse necem, qui non bene rexerit illos. »
Talia dicentem circumstant omnia Solem
Numina; neve velit tenebras inducere rebus,
Supplice voce rogant : missos quoque Jupiter ignes
Excusat, precibusque minas regaliter addit.
Colligit amentes, et adhuc terrore paventes
Phœbus equos; stimuloque domans et verbere sævit :
Sævit enim, natumque objectat, et imputat illis.

III. At pater omnipotens ingentia mœnia cœli
Circuit; et, ne quid labefactum viribus ignis
Corruat, explorat : quæ postquam firma, suique
Roboris esse videt; terras, hominumque labores
Perspicit. Arcadiæ tamen est impensior illi
Cura suæ; fontesque, et nondum audentia labi
Flumina restituit; dat terræ gramina, frondes
Arboribus; læsasque jubet revirescere silvas.
Dum redit, itque frequens, in virgine Nonacrina
Hæsit, et accepti caluere sub ossibus ignes.
Non erat hujus opus lanam mollire trahendo;
Nec positu variare comas : ubi fibula vestem,
Vitta coercuerat neglectos alba capillos,

lui-même; du moins, pendant qu'il essaiera de tenir mes rênes, il déposera sa foudre, qui ravit les enfans à leurs pères. Il saura, après avoir éprouvé la fougue de mes coursiers enflammés, qu'il ne mérita pas un horrible trépas, celui qui ne put leur commander en maître. »

A ces mots, autour de lui se pressent tous les dieux ; d'une voix suppliante, ils le conjurent de ne point plonger l'univers dans les ténèbres. Jupiter lui-même s'excuse d'avoir lancé ses feux ; mais aux prières il ajoute royalement la menace. Phébus rassemble ses coursiers encore hors d'eux-mêmes et tout haletans de frayeur : pour les dompter, l'aiguillon et le fouet servent d'instrument à son courroux, qui leur reproche et leur impute la mort de son fils.

III. Le souverain maître du monde promène son regard autour de la vaste enceinte des cieux ; il examine si, ébranlés sur leurs fondemens par l'action puissante du feu, ils ne menacent point de crouler. Quand il les voit inébranlables et dans toute leur stabilité primitive, il contemple la terre et les désastres causés aux humains par cet embrasement. Sa chère Arcadie surtout appelle ses soins; il rend un libre cours aux fontaines et aux fleuves, qui n'osaient encore couler ; il pare la terre de gazon, les arbres de feuillage, et commande aux bois flétris de reprendre leur robe de verdure. Tandis qu'il va et qu'il revient sans cesse, son œil s'attache sur une Nymphe de Nonacris : reçu dans son sein, l'amour le consume de tous ses feux. Elle ne s'occupait ni à filer la laine docile sous ses doigts, ni à varier par mille formes l'édifice de ses cheveux : dès qu'une

Et modo læve manu jaculum, modo sumserat arcum,
Miles erat Phœbes; nec Mænalon attigit ulla
Gratior hac Triviæ: sed nulla potentia longa est.
Ulterius medio spatium sol altus habebat;
Quum subit illa nemus, quod nulla ceciderat ætas.
Exuit hic humero pharetram, lentosque retendit
Arcus; inque solo, quod texerat herba, jacebat;
Et pictam posita pharetram cervice premebat.
Jupiter ut vidit fessam, et custode vacantem,
« Hoc certe conjux furtum mea nesciet, inquit;
Aut si rescierit; sunt o, sunt jurgia tanti? »

PROTINUS induitur faciem cultumque Dianæ:
Atque ait: « O comitum, virgo, pars una mearum,
In quibus es venata jugis? » De cespite virgo
Se levat; et, « Salve numen, me judice, dixit,
Audiat ipse licet, majus Jove. » Ridet, et audit;
Et sibi præferri se gaudet, et oscula jungit,
Nec moderata satis, nec sic a virgine danda.
Qua venata foret silva narrare parantem
Impedit amplexu; nec se sine crimine prodit.
Illa quidem contra, quantum modo femina possit,
Adspiceres utinam, Saturnia, mitior esses!
Illa quidem pugnat: sed quæ superare puella,
Quisve Jovem poterat? superum petit æthera victor

agrafe avait fixé les plis de sa robe, et une bandelette blanche sa chevelure négligemment nouée ; s'armant tantôt du javelot, tantôt de l'arc, elle marchait sur les pas de Diane. Jamais le Ménale ne vit de nymphe plus chère à cette déesse ; mais quelle faveur est durable ? Le Soleil, sur son trône élevé dans les airs, avait franchi la limite qui marque la moitié de sa course, quand la Nymphe entra dans une forêt que la hache n'avait jamais frappée. Elle dépose le carquois suspendu à son épaule, détend son arc flexible et se couche sur la terre tapissée de gazon : sa tête appesantie repose sur le carquois peint de mille couleurs. Jupiter la voit fatiguée et sans garde. « Mon épouse, dit-il, ignorera ce larcin ; dût-elle en être instruite, que m'importe sa querelle jalouse ? »

Tout à coup, prenant les traits et le costume de Diane : « Jeune Nymphe, dit-il, l'une de mes compagnes, sur quels monts as-tu chassé ? » Elle se soulève sur le gazon : « Salut, dit-elle, divinité à mes yeux plus puissante que Jupiter ; oui, j'oserais l'affirmer en sa présence. » Le dieu sourit en l'écoutant, il aime à se voir préférer à lui-même : il l'embrasse, ses baisers peu modestes n'annoncent point la bouche d'une vierge. Au moment où elle s'apprête à raconter dans quelle forêt elle a chassé, il la presse dans ses bras et se décèle par un crime. Elle résiste, autant du moins que le peut une femme. Plût au ciel que cette lutte, ô Junon, se fût engagée sous tes yeux ! Tu aurais été fléchie. La Nymphe combat ; mais quelle vierge, quel homme peut triompher de Jupiter ? Il remonte vainqueur aux célestes demeures. Elle maudit la forêt témoin de son déshonneur ; en la quittant, peu s'en faut qu'elle n'oublie

Jupiter : huic odio nemus est, et conscia silva;
Unde, pedem referens, pæne est oblita pharetram
Tollere cum telis, et, quem suspenderat, arcum.
Ecce, suo comitata choro Dictynna per altum
Mænalon ingrediens, et cæde superba ferarum,
Adspicit hanc, visamque vocat : clamata refugit,
Et timuit primo, ne Jupiter esset in illa.
Sed postquam pariter Nymphas incedere vidit,
Sensit abesse dolos; numerumque accessit ad harum
Heu quam difficile est, crimen non prodere vultu!
Vix oculos attollit humo; nec, ut ante solebat,
Juncta Deæ lateri, nec toto est agmine prima :
Sed silet; et læsi dat signa rubore pudoris.
Et, nisi quod virgo est, poterat sentire Diana
Mille notis culpam : Nymphæ sensisse feruntur.
Orbe resurgebant lunaria cornua nono;
Quum Dea venatrix, fraternis languida flammis,
Nacta nemus gelidum, de quo cum murmure labens
Ibat, et attritas versabat rivus arenas.
Ut loca laudavit, summas pede contigit undas :
His quoque laudatis, « Procul est, ait, arbiter omnis :
« Nuda superfusis tinguamus corpora lymphis. »
Parrhasis erubuit : cunctæ velamina ponunt :
Una moras quærit : dubitanti vestis adempta est;
Qua posita, nudo patuit cum corpore crimen.

d'emporter son carquois, ses flèches et l'arc qu'elle avait suspendu.

Escortée des Nymphes qui l'accompagnent en chœur, Diane gravit les hauteurs du Ménale, fière du carnage des victimes qu'elle vient de frapper. Elle aperçoit la Nymphe et l'appelle, Calisto recule et craint d'abord que Jupiter ne soit caché sous les traits de la déesse; mais quand elle voit les Nymphes marcher à ses côtés, elle ne craint plus de piège et se mêle au cortège. Hélas! qu'il est difficile de ne point laisser paraître sur le front la conscience du crime! A peine lève-t-elle les yeux; elle n'ose plus, comme autrefois, prendre rang à côté de la déesse, ni marcher à la tête de ses compagnes. Elle se tait, et son visage, qui rougit, révèle la tache imprimée à sa pudeur. Diane, si elle n'avait pas été vierge, eût pu remarquer mille vestiges de sa honte; les Nymphes les remarquèrent, dit-on. Le croissant de Phébé se levait sur l'horizon pour la neuvième révolution, lorsque la déesse qui préside à la chasse, épuisée par les rayons de son frère, porta ses pas dans un bocage fraîchement ombragé, d'où s'échappait avec un léger murmure un ruisseau roulant sur le sable mis en poudre. Elle admire la beauté du site, et de ses pieds effleure la surface de l'eau; après en avoir aussi admiré la limpidité, elle s'écrie: « Ici, point de témoins; dépouillons nos vêtemens et plongeons-nous dans l'onde. » La sœur de Parrhasis rougit : déjà tous les voiles sont tombés, seule elle diffère encore. Tandis qu'elle hésite, ses compagnes détachent ses vêtemens: son déshonneur paraît au grand jour. Interdite, elle veut de sa main en voiler la trace: « Fuis

Attonitæ, manibusque uterum celare volenti,
« I procul hinc, dixit, nec sacros pollue fontes, »
Cynthia : deque suo jussit secedere cœtu.
Senserat hoc olim magni matrona Tonantis,
Distuleratque graves in idonea tempora pœnas.
Causa moræ nulla est : et jam puer Arcas, id ipsum
Indoluit Juno, fuerat de pellice natus.
Quo simul obvertit sævam cum lumine mentem;
« Scilicet hoc unum restabat, adultera, dixit,
Ut fecunda fores; fieretque injuria partu
Nota, Jovisque mei testatum dedecus esset.
Haud impune feres : adimam tibi nempe figuram;
Qua tibi, quaque places nostro importuna marito. »

Dixit : et, adversa prensis a fronte capillis,
Stravit humi pronam : tendebat brachia supplex;
Brachia cœperunt nigris horrescere villis,
Curvarique manus, et aduncos crescere in ungues,
Officioque pedum fungi; laudataque quondam
Ora Jovi, lato fieri deformia rictu.
Neve preces animos, et verba potentia flectant,
Posse loqui eripitur : vox iracunda, minaxque,
Plenaque terroris rauco de gutture fertur.
Mens antiqua tamen facta quoque mansit in ursa;
Adsiduoque suos gemitu testata dolores,

loin de nous! lui dit la déesse du Cynthe; crains de profaner cette onde sacrée!» Et elle lui ordonne de quitter les rangs des Nymphes, ses compagnes.

Depuis long-temps, l'épouse du puissant maître du tonnerre connaissait ce nouvel affront; mais elle avait différé sa terrible vengeance jusqu'au moment propice. Maintenant le délai n'est plus permis : Arcas déjà, et c'est ce qui allume le courroux de Junon, a reçu le jour d'une rivale : sur cet enfant se fixent à la fois et son regard et son âme irritée : « Oui, s'écria-t-elle, il te manquait encore d'être féconde, infâme adultère, de mettre au monde un fils pour divulguer mon déshonneur et donner la preuve authentique du crime de Jupiter, qui doit m'appartenir tout entier. Ce ne sera pas impunément : je te ravirai cette beauté dont tu es éprise et qui allume au cœur de mon époux une flamme importune. »

A ces mots, se plaçant devant elle, Junon la saisit par les cheveux et la renverse brusquement à terre : Calisto suppliante lui tend les bras. A l'instant, ses bras sont noircis de soies hérissées, ses mains armées d'ongles aigus se recourbent et lui servent de pieds ; sa bouche, qu'admira Jupiter, s'ouvre large et hideuse : pour que la prière, aux accens qui désarment, ne fléchisse pas son âme, Junon lui ravit la parole; une voix où respire la colère, la menace et la terreur, s'exhâle en murmurant de son gosier. Cependant, ses anciennes affections vivent, alors même qu'elle est changée en ourse : de continuels gémissemens attestent sa douleur. Sous leur forme nouvelle, ses mains s'élèvent vers les astres qui brillent au ciel ; sa voix ne peut plus

Qualescumque manus ad cœlum et sidera tollit;
Ingratumque Jovem, nequeat quum dicere, sentit.
Ah! quoties, sola non ausa quiescere silva,
Ante domum, quondamque suis erravit in agris!
Ah! quoties per saxa canum latratibus acta est,
Venatrixque metu venantum territa fugit!
Sæpe feris latuit visis, oblita quid esset;
Ursaque conspectos in montibus horruit ursos;
Pertimuitque lupos, quamvis pater esset in illis.
Ecce Lycaoniæ proles ignara parentis,
Arcas adest, ter quinque fere natalibus actis:
Dumque feras sequitur, dum saltus eligit aptos,
Nexilibusque plagis silvas Erymanthidas ambit;
Incidit in matrem; quæ restitit Arcade viso,
Et cognoscenti similis fuit: ille refugit;
Immotosque oculos in se sine fine tenentem
Nescius extimuit; propiusque accedere aventi
Vulnifico fuerat fixurus pectora telo.
Arcuit omnipotens, pariterque ipsosque nefasque
Sustulit; et celeri raptos per inania vento
Imposuit cœlo, vicinaque sidera fecit.

INTUMUIT Juno, postquam inter sidera pellex
Fulsit; et ad canam descendit in æquora Tethyn,
Oceanumque senem; quorum reverentia movit
Sæpe Deos; causamque viæ scitantibus infit:

reprocher à Jupiter son ingratitude, elle ne la sent pas moins dans son cœur. Que de fois, n'osant se reposer seule dans la forêt, n'erra-t-elle pas devant la demeure et dans les champs qui lui appartinrent jadis! Que de fois ne fut-elle point poursuivie à travers les rochers par les cris d'une meute! ancienne chasseresse, la crainte précipite ses pas devant des chasseurs ; souvent elle se cache à la vue des bêtes fauves, oubliant ce qu'elle est : ourse, elle frissonne devant les ours qui couvrent les montagnes ; elle craint les loups, quoique son père se trouve parmi eux.

Cependant, sans connaître sa mère sortie du sang de Lycaon, Arcas paraît comptant presque trois lustres. Tandis qu'il poursuit les hôtes des forêts, tandis qu'il choisit les bois les plus favorables et jette ses filets sur les bosquets d'Érymanthe, il rencontre sa mère. Elle s'arrête à sa vue et semble le reconnaître : de son côté, il rebrousse chemin. Les yeux de l'ourse, toujours immobiles, s'attachent sur lui. Arcas ne la reconnaît pas ; il tremble, et comme elle veut s'approcher davantage, il s'apprête à plonger dans son sein un dard meurtrier. Le tout-puissant maître des cieux pare le danger, les enlève l'un et l'autre et prévient le coup parricide. Un vent rapide les emporte à travers les espaces et les place dans le ciel où ils forment deux constellations voisines.

Junon, indignée de voir sa rivale briller parmi les astres, descend dans la mer écumante, séjour de Téthys et du vieil Océan, que les dieux eux-mêmes révèrent. Ils s'informent des motifs de sa visite : « Vous me demandez, répond-elle, pourquoi, reine des dieux

« Quæritis, æthereis quare regina Deorum
Sedibus huc adsim? pro me tenet altera cœlum.
Mentiar, obscurum nisi nox quum fecerit orbem,
Nuper honoratas summo, mea vulnera, cœlo
Videritis stellas illic, ubi circulus axem
Ultimus extremum spatioque brevissimus ambit.
Est vero, cur quis Junonem lædere nolit,
Offensamque tremat, quæ prosim sola nocendo?
En ego quantum egi! quam vasta potentia nostra est!
Esse hominem vetui; facta est Dea: sic ego pœnas
Sontibus impono; sic est mea magna potestas.
Vindicet antiquam faciem, vultusque ferinos
Detrahat; Argolica quod in ante Phoronide fecit.
Cur non et pulsa ducat Junone, meoque
Collocet in thalamo, socerumque Lycaona sumat?
At vos, si læsæ contemtus tangit alumnæ,
Gurgite cæruleo septem prohibete Triones;
Sideraque in cœlo, stupri mercede, recepta
Pellite; ne puro tinguatur in æquore pellex. »

IV. Di maris adnuerant : habili Saturnia curru
Ingreditur liquidum pavonibus aëra pictis;
Tam nuper pictis cæso pavonibus Argo,
Quam tu nuper eras, quum candidus ante fuisses,
Corve loquax, subito nigrantes versus in alas.
Nam fuit hæc quondam niveis argentea pennis

dans l'empyrée, je suis venue près de vous? Une autre occupe mon trône dans les cieux. Puissé-je être convaincue d'imposture si, au moment où la nuit couvrira l'univers de ténèbres, vous ne voyez (et c'est là ce qui déchire mon cœur) des étoiles nouvellement reçues dans le ciel paraître à l'endroit où un cercle lointain, placé à l'extrémité de l'axe du monde, l'entoure de son étroit circuit. Est-il un homme qui n'ose insulter Junon ou qui redoute sa haine, lorsque seule je sers en voulant nuire? Voilà ce qu'a produit ma colère: oh! que ma puissance est grande! Je n'ai pas voulu qu'elle restât mortelle, et la voilà déesse! C'est ainsi que je punis les coupables; tant mon pouvoir est terrible! Eh bien! que Jupiter lui rende son ancienne beauté; qu'il lui ôte cette forme qui la range parmi les animaux, comme il fit autrefois pour la sœur de Phoronée qu'Argos avait vue naître. Pourquoi ne l'épouserait-il pas, après avoir chassé Junon? pourquoi ne la recevrait-il pas dans ma couche, et ne prendrait-il pas Lycaon pour beau-père? Mais vous, si l'injure faite à celle dont vous avez nourri l'enfance vous touche, fermez vos flots d'azur aux sept Trions; repoussez une constellation placée par l'infamie au céleste séjour: que vos chastes eaux ne baignent pas une vile adultère! »

IV. Les dieux de la mer font un signe approbateur: la fille de Saturne s'élance dans l'océan des airs, portée sur son char rapide que traînent des paons dont les plumes, teintes du sang d'Argus, brillent de riches couleurs; depuis l'époque récente où toi-même, ô corbeau, tu perdis tout à coup par un babil insatiable ton ancienne blancheur, pour te couvrir d'ailes d'ébène. Jadis

Ales, ut æquaret totas sine labe columbas;
Nec servaturis vigili Capitolia voce
Cederet anseribus; nec amanti flumina cycno.
Lingua fuit damno : lingua faciente loquaci,
Cui color albus erat, nunc est contrarius albo.

Pulchrior in tota, quam Larissæa Coronis,
Non fuit Hæmonia : placuit tibi, Delphice, certe,
Dum vel casta fuit, vel inobservata : sed ales
Sensit adulterium Phœbeius; utque latentem
Detegeret culpam non exorabilis index,
Ad dominum tendebat iter; quem garrula motis
Consequitur pennis, scitetur ut omnia cornix.
Auditaque viæ causa, « Non utile carpis,
Inquit, iter : ne sperne meæ præsagia linguæ.
Quid fuerim, quid simque, vide; meritumque require :
Invenies nocuisse fidem : nam tempore quodam
Pallas Erichthonium, prolem sine matre creatam,
Clauserat Actæo texta de vimine cista;
Virginibusque tribus, gemino de Cecrope natis,
Hanc legem dederat, sua ne secreta viderent.
Abdita fronde levi densa speculabar ab ulmo,
Quid facerent : commissa duæ sine fraude tuentur,
Pandrosos, atque Herse; timidas vocat una sorores
Aglauros, nodosque manu diducit; at intus
Infantemque vident, adporrectumque draconem.

le plumage de cet oiseau, blanc comme l'argent et la neige, ne le cédait ni au duvet sans tache des colombes, ni à l'oiseau dont la vigilante voix devait sauver le Capitole, ni au cygne, qui se plaît dans les eaux. Sa langue le perdit, et son bavardage fit succéder à sa blancheur primitive la couleur opposée.

L'Hémonie entière n'avait pas de beauté plus célèbre que Coronis, née à Larisse : elle te plut, dieu de Delphes, du moins tant qu'elle fut chaste ou que tu ne remarquas pas ses infidélités; mais elles n'échappèrent pas à l'oiseau de Phébus. Inexorable révélateur, il allait dévoiler à son maître un coupable mystère; près de lui arrive, portée sur ses ailes, l'indiscrète corneille qui veut tout apprendre. Instruite du sujet de son voyage : « Tu ne suis pas la route convenable, dit-elle : ne va pas mépriser les prédictions de ma langue. Considère ce que j'ai été, ce que je suis ; apprends comment j'ai mérité mon sort : mon malheur, tu le verras, est né de ma fidélité. Jadis, Pallas avait renfermé dans une corbeille tissue avec l'osier de l'Attique Erichthon venu au monde sans mère, et l'avait confié aux trois filles du double Cécrops, en leur prescrivant de ne jamais pénétrer son secret. Cachée sous le léger feuillage d'un ormeau touffu, j'épiais leurs actions : deux laissent exactement fermée la corbeille commise à leurs soins; c'étaient Herse et Pandrose : la troisième, Aglaure se moque de ses timides sœurs, et de sa main détache les nœuds de la corbeille où elles voient un enfant et un serpent couché près de lui. Je rapporte cette action à la déesse : pour prix de mon zèle, la protection de Minerve m'est, dit-on, ravie, et je cède ma place à l'oiseau de la nuit. Mon

Acta deæ refero : pro quo mihi gratia talis
Redditur, ut dicar tutela pulsa Minervæ;
Et ponar post noctis avem : mea pœna volucres
Admonuisse potest, ne voce pericula quærant.
At puto, non ultro, nec quidquam tale rogantem
Me petiit : ipsa licet hoc ex Pallade quæras :
Quamvis irata est, non hoc irata negabit.
Nam me Phocaica clarus tellure Coroneus,
Nota loquor, genuit; fueramque ego regia virgo;
Divitibusque procis, ne me contemne, petebar.
Forma mihi nocuit : nam quum per litora lentis
Passibus, ut soleo, summa spatiarer arena,
Vidit, et incaluit pelagi Deus : utque precando
Tempora cum blandis consumsit inania verbis;
Vim parat, et sequitur : fugio, densumque relinquo
Litus, et in molli nequicquam lassor arena.
Inde Deos, hominesque voco; nec contigit ullum
Vox mea mortalem : mota est pro virgine virgo,
Auxiliumque tulit ; tendebam brachia cœlo;
Brachia cœperunt levibus nigrescere pennis.
Rejicere ex humeris vestem molibar; at illa
Pluma erat; inque cutem radices ederat imas.
Plangere nuda meis conabar pectora palmis :
Sed neque jam palmas, nec pectora nuda gerebam.
Currebam; nec, ut ante, pedes retinebat arena :

châtiment doit apprendre au peuple ailé à ne point se compromettre par une langue indiscrète. Ce n'est pas à ma prière, ni en cédant à d'importunes instances qu'elle me choisit ; vous pouvez le lui demander à elle-même : malgré son courroux, elle ne saurait me démentir. Au sein de la Phocide, l'illustre Coronée me donna l'être : ma naissance est connue, je sors d'un sang royal ; de riches prétendans briguèrent ma main, garde-toi de me mépriser. Ma beauté fit mon malheur : sur le rivage de la mer, selon ma coutume, j'imprimais lentement à la surface du sable l'empreinte de mes pas. Le dieu des flots me vit et brûla d'une vive flamme ; long-temps il employa les prières : ses douces paroles s'épuisèrent en vain. Alors il a recours à la violence et me poursuit : je fuis, j'abandonne le terrain solide, et je me consume en fatigues inutiles sur le sable qui cède sous mes pas. J'invoque les dieux et les hommes : ma voix ne rencontre point d'âme sensible ; une vierge seule eut pitié d'une vierge et vint à mon secours. J'élevai mes bras au ciel, je les sentis se couvrir légèrement d'un noir duvet ; j'essayai de repousser mes vêtemens loin de mes épaules, ils étaient devenus des plumes, qui avaient jeté sous ma peau des racines profondes ; je voulus de mes mains battre mon sein découvert, je n'avais plus ni mains ni sein découvert. Je courais, et le sable ne retenait plus mes pas, comme auparavant ; je m'élevais à la surface de la terre : bientôt mon essor m'emporte à travers les plaines de l'air, et je deviens la compagne irréprochable de Minerve. Mais qu'importe cet honneur, si, changée en oiseau pour un crime horrible, Nyctimène me remplace ? Eh quoi ! l'attentat dont Lesbos retentit n'est point parvenu jusqu'à vous ? vous ignorez qu'elle a

Sed summa tollebar humo : mox acta per auras
Evehor, et data sum comes inculpata Minervæ.
Quid tamen hoc prodest, si diro facta volucris
Crimine Nyctimene, nostro successit honori?
An, quæ per totam res est notissima Lesbon,
Non audita tibi est, patrium temerasse cubile
Nyctimenen? avis illa quidem; sed conscia culpæ,
Conspectum lucemque fugit, tenebrisque pudorem
Celat : et a cunctis expellitur æthere toto. »
Talia dicenti, « Tibi, ait, revocamina, corvus,
Sint, precor, ista malo : nos vanum spernimus omen. »
Nec cœptum dimittit iter : dominoque jacentem
Cum juvene Hæmonio vidisse Coronida narrat.
Laurea delapsa est, audito crimine, amanti;
Et pariter vultusque Deo, plectrumque, colorque
Excidit : utque animus tumida fervebat ab ira;
Arma adsueta rapit; flexumque a cornibus arcum
Tendit; et illa suo toties cum pectore juncta
Indevitato trajecit pectora telo.
Icta dedit gemitum, tractoque a vulnere ferro
Candida pœniceo perfudit membra cruore;
Et dixit : « Potui pœnas tibi, Phœbe, dedisse;
Sed peperisse prius : duo nunc moriemur in una. »
Hactenus; et pariter vitam cum sanguine fudit :
Corpus inane animæ frigus letale sequutum est.

souillé la couche paternelle? Elle est oiseau à présent; mais la conscience de sa faute lui fait fuir la vue des hommes et la clarté du jour : elle cache sa honte dans les ténèbres, et, partout poursuivie, elle est bannie des célestes régions. »

Elle dit; le corbeau lui répond : « Puissent tes sinistres paroles n'être funestes qu'à toi! Je dédaigne tes vains présages...... » Sans quitter sa première route, il court raconter à son maître qu'il a vu Coronis dans les bras d'un jeune Thessalien. A la nouvelle de ce crime, le dieu, qui la chérit, laisse tomber sa couronne de laurier; en même temps ses traits changent, le luth s'échappe de ses mains, il pâlit; au fond de son cœur fermente un courroux bouillonnant, il saisit ses armes favorites, tend son arc recourbé et d'un trait inévitable frappe le sein qu'il pressa tant de fois contre son sein. Coronis blessée pousse un gémissement et retire le fer de sa blessure : des flots de sang rougissent ses membres d'albâtre. Elle s'écrie : « Puissé-je avoir assouvi ta vengeance, ô Phébus! mais j'aurais voulu d'abord être mère : maintenant, en me frappant seule, la mort immole deux victimes. » A ces mots, sa vie s'échappe avec son sang ; dans son corps inanimé circule le froid de la mort. Un repentir hélas! tardif reproche à son amant sa cruelle vengeance : il se maudit lui-même d'avoir prêté l'oreille à une fatale

Pœnitet heu! sero pœnæ crudelis amantem;
Seque, quod audierit, quod sic exarserit, odit:
Odit avem, per quam crimen causamque dolendi
Scire coactus erat; nervumque, arcumque, manumque
Odit, cumque manu, temeraria tela, sagittas:
Collapsamque fovet; seraque ope vincere fata
Nititur; et medicas exercet inaniter artes.
Quæ postquam frustra tentata, rogumque parari
Vidit, et arsuros supremis ignibus artus;
Tum vero gemitus, neque enim cœlestia tingui
Ora licet lacrymis, alto de corde petitos
Edidit: haud aliter, quam quum, spectante juvenca,
Lactentis vituli, dextra libratus ab aure,
Tempora discussit claro cava malleus ictu.
Ut tamen ingratos in pectora fudit odores,
Et dedit amplexus, injustaque justa peregit;
Non tulit in cineres labi sua Phœbus eosdem
Semina: sed natum flammis uteroque parentis
Eripuit; geminique tulit Chironis in antrum:
Sperantemque sibi non falsæ præmia linguæ,
Inter aves albas vetuit considere corvum.

V. Semifer interea divinæ stirpis alumno
Lætus erat; mixtoque oneri gaudebat honore.
Ecce venit rutilis humeros protecta capillis
Filia Centauri; quam quondam Nympha Chariclo,

révélation, d'avoir cédé à son brûlant courroux ; il maudit l'oiseau qui lui a fait connaître la faute de Coronis et le sujet de son indignation ; il maudit la corde de son arc, son arc lui-même, sa main et avec elle les flèches qu'elle a témérairement lancées. Il relève Coronis, la réchauffe contre son sein et, par des secours tardifs, tente de triompher du destin : il épuise en vain les ressources de l'art dont il est père. Ses efforts sont inutiles : il voit s'apprêter le bûcher et briller la flamme qui doit dévorer les restes de son amante. Alors des gémissemens (car les larmes ne peuvent baigner le visage d'un dieu) s'exhalent de son cœur : ainsi gémit une génisse, lorsque sous ses yeux le marteau, lancé d'un bras vigoureux, tombe avec fracas et brise la tête du jeune taureau qu'elle nourrit de son lait. Après avoir répandu sur le sein de sa victime un parfum qui ne saurait plaire à son ombre, après lui avoir donné ses derniers embrassemens et s'être acquitté des devoirs commandés par un injuste trépas, Phébus ne peut permettre que le même feu réduise en cendres le fruit de son amour ; il le retire des flammes et du sein de sa mère, pour le porter dans l'antre du double Chiron : par son ordre, le corbeau, qui attend une récompense pour son fidèle récit, n'est plus au nombre des oiseaux distingués par la blancheur de leur plumage.

V. Le monstre cependant se réjouissait d'avoir un nourrisson d'une tige divine ; l'honneur inhérent à sa tâche faisait son orgueil. Tout à coup arrive, ses blonds cheveux flottant sur ses épaules, la fille du Centaure qu'autrefois la nymphe Chariclo enfanta sur

Fluminis in rapidi ripis enixa, vocavit
Ocyrhoen : non hæc artes contenta paternas
Edidicisse fuit : fatorum arcana canebat.
Ergo ubi vaticinos concepit mente furores,
Incaluitque Deo, quem clausum pectore habebat,
Adspicit infantem; « Totique salutifer orbi
Cresce, puer, dixit : tibi se mortalia sæpe
Corpora debebunt : animas tibi reddere ademtas
Fas erit; idque semel Dis indignantibus ausus,
Posse dare hoc iterum flamma prohiberis avita :
Eque Deo corpus fies exsangue; Deusque,
Qui modo corpus eras; et bis tua fata novabis.
Tu quoque, care pater, non jam mortalis, et ævis
Omnibus ut maneas, nascendi lege creatus,
Posse mori cupies tum, quum cruciabere diræ
Sanguine serpentis, per saucia membra recepto :
Teque ex æterno patientem numina mortis
Efficient; triplicesque Deæ tua fila resolvent. »
Restabat fatis aliquid : suspirat ab imis
Pectoribus, lacrymæque genis labuntur obortæ :
Atque ita, « Prævertunt, inquit, me fata; vetorque
Plura loqui; vocisque meæ præcluditur usus.
Non fuerant artes tanti, quæ numinis iram
Contraxere mihi; mallem nescisse futura.
Jam mihi subduci facies humana videtur;

les rives d'un fleuve rapide et qu'elle nomma Ocyrhoë. Elle ne se contenta pas d'apprendre les secrets de son père : sa voix révélait les arrêts du destin. A peine a-t-elle conçu dans son âme une fureur prophétique ; à peine, échauffée par le dieu qu'elle portait dans son cœur, a-t-elle vu l'enfant : « Pour le salut du monde, grandis, jeune enfant ! s'écrie-t-elle : souvent les mortels te devront l'existence. Il te sera donné de rallumer le flambeau d'une vie éteinte ; mais pour l'avoir tenté une fois, malgré les dieux courroucés, la flamme de ton aïeul t'empêchera de le tenter encore : dieu, tu deviendras un corps inanimé, puis dieu en quittant une dépouille mortelle ; et deux fois tu verras renaître tes destins. Toi aussi, mon père chéri, toi qui n'es plus mortel et que le sort a doté d'une vie qui doit se prolonger dans tous les temps, tu désireras pouvoir mourir, lorsque le sang d'un serpent cruel, se faisant jour dans ton corps à travers une blessure, sera pour toi une source de douleurs. Immortel, les dieux te rendront sujet à la mort, et les trois Parques trancheront le fil de tes jours. »

Il lui restait d'autres mystères à dévoiler : elle pousse un soupir du fond de son âme, et des larmes sillonnent ses joues. « Les destins m'arrêtent, dit-elle ; je ne puis parler davantage, ma voix étouffée m'abandonne. Mon art devait-il m'attirer ainsi le courroux des dieux ? Oh ! qu'il eût mieux valu ignorer l'avenir ! déjà la forme humaine semble m'être ravie, déjà l'herbe me plaît pour nourriture, déjà un mouvement irrésistible m'entraîne dans la vaste plaine : mon corps, comme celui de mon père,

Jam cibus herba placet; jam latis currere campis
Impetus est; in equam, cognataque corpora vertor.
Tota tamen quare? pater est mihi nempe biformis. »
Talia dicenti pars est extrema querelæ
Intellecta parum; confusaque verba fuere :
Mox nec verba quidem, nec equæ sonus ille videtur,
Sed simulantis equam; parvoque in tempore certos
Edidit hinnitus, et brachia movit in herbas.
Tum digiti coeunt, et quinos adligat ungues
Perpetuo cornu levis ungula : crescit et oris,
Et colli spatium : longæ pars maxima pallæ
Cauda fit : utque vagi crines per colla jacebant,
In dextras abiere jubas : pariterque novata est
Et vox, et facies : nomen quoque monstra dedere.

VI. FLEBAT, opemque tuam frustra Philyreius heros,
Delphice, poscebat; nam nec rescindere magni
Jussa Jovis poteras ; nec, si rescindere posses,
Tunc aderas : Elin, Messaniaque arva colebas.
Illud erat tempus, quo te pastoria pellis
Texit; onusque fuit dextræ silvestris oliva;
Alterius, dispar septenis fistula cannis.
Dumque amor est curæ, dum te tua fistula mulcet,
Incustoditæ Pylios memorantur in agros
Processisse boves : videt has Atlantide Maia
Natus; et arte sua silvis occultat abactas.

prend la forme du cheval. Pourquoi la métamorphose est-elle complète chez moi, tandis qu'il n'est cheval qu'à demi ?» Telles sont ses plaintes, mais ses dernières paroles paraissent à peine intelligibles ; ce n'étaient que des paroles confuses. Bientôt ce ne furent plus des paroles, ce n'étaient pas même les hennissemens d'une cavale, mais une voix qui cherchait à les imiter : peu d'instans après, elle pousse de véritables hennissemens ; ses bras foulent l'herbe, ses doigts adhèrent et ses ongles réunis forment la solide corne de son léger sabot, sa bouche et son cou s'agrandissent, les plis flottans de sa robe se changent en queue, ses cheveux épars forment la crinière qui flotte à droite sur son cou : elle prend une voix et une forme nouvelle, et tire un nouveau nom de ce prodigieux changement.

VI. Fondant en larmes, le fils de Philyra implorait en vain ton secours, dieu de Delphes. Tu ne pouvais enfreindre les ordres du puissant Jupiter; et quand tu l'aurais pu, tu n'étais point près de lui : tu vivais dans les plaines de l'Élide et de la Messénie. Alors, tu étais revêtu d'une peau de berger ; ta main droite portait une branche d'olivier sauvage, et la gauche une flûte formée de sept chalumeaux d'inégale grandeur. Tout entier à l'amour, tu te charmais toi-même aux sons du chalumeau, lorsque des génisses s'avancèrent, dit-on, sans gardiens dans les champs de Pylos. Le fils de Maïa les voit, et, grâce à son adresse, les dérobe et les cache au fond des bois. Ce larcin ne fut remarqué de personne, excepté d'un vieillard connu dans les cam-

Senserat hoc furtum nemo, nisi notus in illo
Rure senex; Battum vicinia tota vocabant.
Divitis hic saltus herbosaque pascua Nelei,
Nobiliumque greges custos servabat equarum.
Hunc timuit, blandaque manu seduxit; et illi,
« Quisquis es, hospes, ait, si forte armenta requiret
Hæc aliquis, vidisse nega : neu gratia facto
Nulla rependatur, nitidam cape præmia vaccam. »
Et dedit : accepta, voces has reddidit hospes :
« Tutus eas ; lapis iste prius tua furta loquatur. »
Et lapidem ostendit : simulat Jove natus abire.
Mox redit : et, versa pariter cum voce figura,
« Rustice, vidisti si quas hoc limite, dixit,
Ire boves, fer opem furtoque silentia deme :
Juncta suo pretium dabitur tibi femina tauro. »
At senior, postquam merces geminata, « Sub illis
Montibus, inquit, erunt : » et erant sub montibus illis.
Risit Atlantiades ; et, « Me mihi, perfide, prodis?
Me mihi prodis? » ait ; perjuraque pectora vertit
In durum silicem, qui nunc quoque dicitur Index :
Inque nihil merito vetus est infamia saxo.

   VII. Hinc se sustulerat paribus Caducifer alis ;
Munychiosque volans agros, gratamque Minervæ
Despectabat humum, cultique arbusta Lycei.
Illa forte die castæ de more puellæ

pagnes voisines : on l'appelait Battus. Il était chargé de garder les bois, les gras pâturages du riche Nélée et les troupeaux de ses nobles cavales. Mercure le redoute ; d'une main caressante il le tire à part et lui dit : « Qui que tu sois, étranger ! si l'on réclame ces troupeaux, réponds que tu ne les as point vus. Un tel service ne doit pas rester sans récompense ; reçois donc cette belle génisse. » Il la lui donne ; l'étranger l'accepte en ajoutant : « Retire-toi sans crainte ; cette pierre, plutôt que moi, révèlera ton larcin. » En même temps, il lui montre une pierre. Le fils de Jupiter feint de s'éloigner, bientôt il revient avec une voix et une figure nouvelle. « Berger, dit-il, as-tu vu des génisses errer autour de ces campagnes ? viens à mon aide et découvre-moi le mystère qui cache un larcin : tu recevras pour récompense une génisse et son taureau. » Le vieillard, gagné par l'appât d'un salaire double, lui répond : « Vous les trouverez derrière ces montagnes. » Elles y étaient en effet. Le petit-fils d'Atlas rit aux éclats : « Perfide, tu me trahis, et c'est à moi-même que tu me livres ! » s'écria-t-il ; et il change le parjure en une pierre dure qu'aujourd'hui même on appelle pierre de touche. Depuis ces temps lointains elle est marquée d'une tache d'infamie qu'elle n'a point méritée.

VII. De Pylos, le dieu du caducée prend son essor, porté sur ses ailes qu'agite un mouvement égal : dans son vol, ses regards découvrent les champs de Munychie, la contrée chérie de Minerve, et les arbustes que des soins assidus entretiennent sur le Lycée. Ce jour-là,

Vertice supposito festas in Palladis arces
Pura coronatis portabant sacra canistris.
Inde revertentes Deus adspicit ales; iterque
Non agit in rectum, sed in orbem curvat eumdem.
Ut volucris visis rapidissima miluus extis,
Dum timet, et densi circumstant sacra ministri,
Flectitur in gyrum; nec longius audet abire;
Spemque suam motis avidus circumvolat alis:
Sic super Actaeas agilis Cyllenius arces
Inclinat cursus; et easdem circinat auras.
Quanto splendidior, quam cetera sidera, fulget
Lucifer; et quanto, te, Lucifer, aurea Phœbe;
Tanto virginibus praestantior omnibus Herse
Ibat; eratque decus pompae, comitumque suarum.
Obstupuit forma Jove natus; et aethere pendens
Non secus exarsit, quam quum balearica plumbum
Funda jacit: volat illud, et incandescit eundo,
Et, quos non habuit, sub nubibus invenit ignes.
Vertit iter; cœloque petit diversa relicto;
Nec se dissimulat: tanta est fiducia formae!
Quae quanquam justa est, cura tamen adjuvat illam;
Permulcetque comas; chlamydemque, ut pendeat apte,
Collocat; ut limbus, totumque adpareat aurum,
Ut teres in dextra, qua somnos ducit, et arcet,
Virga sit, ut tersis niteant talaria plantis.

suivant l'antique usage, de chastes vierges portaient sur leur tête, dans le sanctuaire de Pallas paré pour cette solennité, des corbeilles chargées de pures offrandes. A leur retour, le dieu les voit : dès-lors ses ailes ne décrivent plus une ligne droite, mais un cercle replié sur lui-même. Le milan, qui dans son vol rapide a vu les entrailles d'une victime, s'agite en traçant un cercle dans les airs, tant que la crainte l'inquiète et qu'auprès de l'autel les prêtres sont pressés ; il n'ose s'éloigner, son avidité circonscrit le mouvement de ses ailes autour de la proie qu'il espère : ainsi, dans son essor, le dieu que vit naître Cyllène tournoie au dessus des murs d'Acté, en décrivant le même cercle. Autant Lucifer éclipse les astres par son éclat, autant les rayons dorés de Phébé t'éclipsent toi-même, ô Lucifer; autant Hersé, par sa beauté, efface toutes les vierges : elle est à la fois l'ornement de cette fête et de ses compagnes. A la vue de tant de charmes, le fils de Jupiter s'arrête immobile : dans les airs suspendu, il s'enflamme comme le plomb qui, lancé par la fronde baléare, vole et s'embrase en sillonnant les régions éthérées, où il trouve des feux qu'il ne connaissait pas. Mercure change de route ; il quitte le ciel pour se diriger vers un point opposé : il ne se déguise pas, tant il a confiance dans sa beauté. Assez puissante par elle-même, l'art lui donne une force nouvelle : il arrange ses cheveux, jette sa robe de manière qu'elle flotte gracieusement à son épaule et qu'elle étale à tous les yeux l'or et sa riche broderie de pourpre ; sa main tient la baguette légère qui appelle ou bannit le sommeil; des ailes brillent à ses pieds. Au fond du palais de Cécrops régnaient trois appartemens radieux d'ivoire et d'écaille. Le tien, Pandrose, était à droite; celui

Pars secreta domus ebore et testudine cultos
Tres habuit thalamos, quorum tu, Pandrose, dextrum,
Aglauros laevum, medium possederat Herse.
Quae tenuit laevum, venientem prima notavit
Mercurium; nomenque Dei scitarier ausa est,
Et causam adventus : cui sic respondit Atlantis
Pleionesque genus : « Ego sum, qui jussa per auras
Verba patris porto : pater est mihi Jupiter ipse :
Nec fingam causas : tu tantum fida sorori
Esse velis; prolisque meae matertera dici.
Herse causa viae; faveas, oramus, amanti. »
Adspicit hunc oculis isdem, quibus abdita nuper
Viderat Aglauros flavae secreta Minervae :
Proque ministerio magni sibi ponderis aurum
Postulat : interea tectis excedere cogit.
Vertit ad hanc torvi Dea bellica luminis orbem,
Et tanto penitus traxit suspiria motu,
Ut pariter pectus, positamque in pectore forti
Aegida concuteret : subit, hanc arcana profana
Detexisse manu tum, quum sine matre creatam
Lemnicolae stirpem contra data foedera vidit;
Et gratamque Deo fore jam gratamque sorori,
Et ditem sumto, quod avara poposcerit, auro.
PROTINUS Invidiae, nigro squalentia tabo,
Tecta petit : domus est imis in vallibus antri

d'Aglaure à gauche, et celui d'Hersé au milieu. La jeune fille qui habitait à gauche s'aperçut la première de l'arrivée de Mercure : elle osa lui demander son nom et le motif de sa présence. Le petit-fils d'Atlas et de Pléioné lui répond : « Je suis le dieu qui porte à travers les airs les ordres de mon père ; mon père, c'est Jupiter lui-même. Je ne chercherai point des motifs supposés : seulement, sois fidèle à ta sœur et consens à voir des neveux dans mes enfans. Je viens pour Hersé ; ah ! je t'en conjure, favorise ma flamme. » Aglaure le regarde avec ces mêmes yeux qui naguère pénétrèrent le secret de Minerve : elle demande pour ce service un or considérable et presse incontinent le dieu de sortir du palais. La déesse de la guerre lui lance un regard qui respire la menace ; des soupirs profonds s'exhalent de son âme ; ils font tressaillir et son sein vigoureux et l'égide qui le protège. Elle se souvient qu'Aglaure d'une main profane déchira le voile du mystère, le jour où, infidèle à son engagement, elle porta les yeux sur le fils du dieu de Lemnos, qui venait de naître sans mère : elle sent qu'Aglaure va gagner la faveur du dieu et de sa sœur, tout en s'enrichissant par l'or qu'exige son avarice.

Aussitôt elle se dirige vers le palais de l'Envie souillé d'un noir venin. Sa demeure se cache au fond d'une

Abdita, sole carens, non ulli pervia vento;
Tristis, et ignavi plenissima frigoris; et quæ
Igne vacet semper, caligine semper abundet.
Huc ubi pervenit belli metuenda virago,
Constitit ante domum, neque enim succedere tectis
Fas habet, et postes extrema cuspide pulsat.
Concussæ patuere fores : videt intus edentem
Vipereas carnes, vitiorum alimenta suorum,
Invidiam ; visaque oculos avertit : at illa
Surgit humo pigre, semesarumque relinquit
Corpora serpentum ; passuque incedit inerti.
Utque Deam vidit, formaque armisque decoram,
Ingemuit; vultumque ima ad suspiria duxit.
Pallor in ore sedet; macies in corpore toto;
Nusquam recta acies; livent rubigine dentes;
Pectora felle virent; lingua est suffusa veneno;
Risus abest, nisi quem visi movere dolores;
Nec fruitur somno, vigilacibus excita curis;
Sed videt ingratos, intabescitque videndo,
Successus hominum; carpitque et carpitur una,
Suppliciumque suum est : quamvis tamen oderat illam,
Talibus adfata est breviter Tritonia dictis :
« Infice tabe tua natarum Cecropis unam ;
Sic opus est : Aglauros ea est. » Haud plura locuta,
Fugit, et impressa tellurem reppulit hasta.

vallée où le soleil ne pénétra jamais, inaccessible à tous les vents, triste, remplie d'un froid engourdissant, toujours privée de la chaleur et chargée de brouillards. Parvenue à ce séjour, la déesse qui sème l'effroi dans les combats s'arrête devant la porte (car il ne lui est pas permis d'entrer) et la frappe du bout de sa lance. A l'instant, les portes s'ouvrent ; Minerve voit le monstre couché dans l'antre et dévorant la chair des vipères, aliment de ses fureurs. Elle détourne les yeux ; l'Envie se lève pesamment de terre, laisse des lambeaux de serpens à demi rongés et se traîne d'un pas languissant. A la vue de la déesse dont la beauté et les armes rehaussent la majesté, elle soupire et met sa figure en harmonie avec ses profonds soupirs. La pâleur siège sur ses traits, tout son corps est décharné, jamais son regard ne se fixe, la rouille couvre ses dents livides et le fiel noircit son cœur, sa langue distille les poisons, le sourire ne paraît sur ses lèvres qu'à l'aspect du malheur. Tenue en éveil par mille soucis, elle ne ferme jamais la paupière. Elle voit le bonheur des hommes et sèche de dépit ; le mal qu'elle fait aux autres lui sert aussi de supplice ; elle est son propre bourreau. Minerve l'abhorre ; pourtant elle lui parle, mais en peu de mots : « Répands ton venin, lui dit-elle, dans le cœur d'une des filles de Cécrops, il le faut : Aglaure est son nom. » A ces mots, elle se tait et se retire, laissant dans la terre qu'elle frappe l'empreinte de sa lance. D'un œil oblique, l'Envie suit la déesse dans sa fuite et fait entendre un léger murmure : elle s'afflige de travailler pour Minerve. Elle s'arme d'un bâton entouré d'épines, s'enveloppe d'épais brouillards, et partout où pénètrent ses pas, elle flétrit la brillante parure des guérets, brûle les

Illa Deam obliquo fugientem lumine cernens,
Murmura parva dedit; successurumque Minervae
Indoluit; baculumque capit; quod spinea totum
Vincula cingebant; adopertaque nubibus atris,
Quacumque ingreditur, florentia proterit arva;
Exuritque herbas, et summa cacumina carpit;
Adflatuque suo populos, urbesque, domosque
Polluit : et tandem Tritonida conspicit arcem,
Ingeniis, opibusque, et festa pace virentem;
Vixque tenet lacrymas, quia nil lacrymabile cernit.
Sed postquam thalamos intravit Cecrope natae,
Jussa facit; pectusque manu ferrugine tincta
Tangit; et hamatis praecordia sentibus implet;
Inspiratque nocens virus; piceumque per ossa
Dissipat, et medio spargit pulmone venenum.
Neve mali spatium causae per latius errent,
Germanam ante oculos, fortunatumque sororis
Conjugium, pulchraque Deum sub imagine ponit;
Cunctaque magna facit, quibus irritata, dolore
Cecropis occulto mordetur; et anxia nocte,
Anxia luce gemit; lentaque miserrima tabe
Liquitur, ut glacies incerto saucia sole :
Felicisque bonis non secius uritur Herses,
Quam quum spinosis ignis supponitur herbis;
Quae neque dant flammas, lenique vapore cremantur.

gazons et la cime des forêts. Son souffle empesté désole les nations, les villes, les chaumières: enfin, elle voit la ville de Minerve que les merveilles du génie, l'abondance et la riante paix rendent florissante. A peine retient-elle ses larmes, parce qu'il n'y a là aucun malheur à pleurer. Entrée dans la retraite de la fille de Cécrops, elle remplit sa mission, porte sur la poitrine d'Aglaure une main teinte de rouille, jette au fond de son âme des aiguillons acérés, la pénètre d'un souffle empoisonné et fait circuler dans tous ses membres un noir venin qui descend jusqu'aux entrailles. Dans la crainte que le mal n'ait moins d'intensité, si les causes en sont disséminées, elle met à la fois sous ses yeux Hersé et son heureux hymen et la beauté du dieu qui l'a charmée; elle ne présente que de grandes images, capables d'exciter dans le cœur de la fille de Cécrops une haine secrète qui la déchire. Celle-ci gémit, inquiète la nuit, inquiète le jour; brûlée par un poison lent, elle fond comme la glace aux rayons incertains d'un soleil d'hiver. Le bonheur d'Hersé agit sur son âme comme le feu sur les herbes épineuses qui, sans jeter des flammes, peu à peu se consument en fumée. Souvent elle voulut mourir, pour ne pas être témoin de l'hymen de sa sœur; elle voulut souvent le révéler comme un crime à la sévérité de son père. Enfin, assise à la porte du palais, elle attend, pour le repousser, le dieu qui s'avance du côté opposé: en vain emploie-t-il les caresses, les prières et les plus flatteuses paroles. « Cesse, lui dit-elle, je ne m'éloignerai d'ici qu'après t'en avoir écarté. — J'y consens, réplique aussitôt le dieu de Cyllène; » — et de son caducée il frappe les portes ciselées. Aglaure veut se lever; mais tous les ressorts qui plient

Sæpe mori voluit, ne quidquam tale videret :
Sæpe, velut crimen, rigido narrare parenti.
Denique in adverso venientem limine sedit
Exclusura Deum : cui blandimenta, precesque,
Verbaque jactanti mitissima; « Desine, dixit;
Hinc ego me non sum nisi te motura repulso. »
« Stemus, ait, pacto, velox Cyllenius, isto : »
Cælatasque fores virga patefecit : at illi
Surgere conanti partes, quascumque sedendo
Flectimur, ignava nequeunt gravitate moveri.
Illa quidem recto pugnat se attollere trunco :
Sed genuum junctura riget, frigusque per artus
Labitur; et pallent amisso sanguine venæ.
Utque malum late solet immedicabile cancer
Serpere, et illæsas vitiatis addere partes;
Sic letalis hiems paulatim in pectora venit;
Vitalesque vias, et respiramina clausit :
Nec conata loqui est; nec, si conata fuisset,
Vocis haberet iter : saxum jam colla tenebat;
Oraque duruerant; signumque exsangue sedebat :
Nec lapis albus erat, sua mens infecerat illam.

VIII. Has ubi verborum pœnas mentisque profanæ
Cepit Atlantiades, dictas a Pallade terras
Linquit, et ingreditur jactatis æthera pennis.
Sevocat hunc genitor; nec causam fassus amoris,

quand nous nous asseyons, enchaînés par un engourdissement invincible, ne peuvent se mouvoir. Elle s'efforce de se redresser ; mais les articulations de ses genoux ne fléchissent plus, le froid circule dans ses membres, et ses veines privées de sang ont perdu leur azur. Observez les irrésistibles progrès d'un cancer qui étend ses ravages ; la contagion gagne incessamment les parties saines : ainsi les glaces de la mort, pénétrant peu à peu dans le cœur d'Aglaure, ferment le canal de la vie et de la respiration. Elle ne tenta pas de parler : l'eût-elle tenté, sa voix n'aurait plus trouvé d'issue. Déjà la pierre avait pris la place de son cou, son visage était durci : elle n'était qu'une statue inanimée ; même ce n'était plus une pierre blanche, l'Envie l'avait souillée de ses poisons.

VIII. Ainsi le petit-fils d'Atlas punit d'insolens discours et un cœur profané par la jalousie : aussitôt il quitte la contrée que Pallas décore de son nom ; et, balancé sur ses ailes, il rentre au céleste séjour. Son père le prend à part, et sans lui dévoiler l'amour, objet de

« Fide minister, ait, jussorum, nate, meorum,
Pelle moram, solitoque celer delabere cursu;
Quæque tuam matrem tellus a parte sinistra
Suspicit, indigenæ Sidonida nomine dicunt,
Hanc pete; quodque procul montano gramine pasci
Armentum regale vides, ad litora verte. »
Dixit; et expulsi jamdudum monte juvenci
Litora jussa petunt, ubi magni filia regis
Ludere, virginibus Tyriis comitata, solebat.
Non bene conveniunt, nec in una sede morantur
Majestas et amor : sceptri gravitate relicta,
Ille pater rectorque Deum, cui dextra trisulcis
Ignibus armata est, qui nutu concutit orbem,
Induitur faciem tauri, mixtusque juvencis
Mugit, et in teneris formosus obambulat herbis;
Quippe color nivis est, quam nec vestigia duri
Calcavere pedis, nec solvit aquaticus Auster.
Colla toris exstant; armis palearia pendent;
Cornua parva quidem, sed quæ contendere possis
Facta manu, puraque magis perlucida gemma.
Nullæ in fronte minæ, nec formidabile lumen;
Pacem vultus habet : miratur Agenore nata,
Quod tam formosus, quod prœlia nulla minetur.
Sed, quamvis mitem, metuit contingere primo :
Mox adit; et flores ad candida porrigit ora.

son nouveau message: « Fidèle ministre de mes volontés, lui dit-il, ô mon fils! que rien ne t'arrête; vole vers la terre avec ta vitesse accoutumée : vois-tu cette contrée qui regarde ta mère, à notre gauche, et que ses habitans appellent Phénicie? hâte-toi de t'y rendre : sur le gazon qui couvre la montagne, paît un royal troupeau; emmène-le jusqu'aux bords de la mer. » Il dit, et déjà les taureaux chassés dans la plaine cheminent vers le rivage marqué par Jupiter et où la fille du puissant roi de la contrée avait coutume de jouer au milieu des jeunes Tyriennes, ses compagnes. Rarement d'accord, la majesté et l'amour ne vont guère ensemble : aussi, dépouillant la majesté du sceptre, le père et le maître des dieux, lui dont la main est armée de flammes au triple dard et qui d'un signe ébranle le monde, revêt la forme d'un taureau : confondu parmi les troupeaux d'Agénor, il mugit et promène sur le tendre gazon ses formes gracieuses. Il est blanc comme la neige qui n'a pas encore été foulée par le pied du voyageur, ni amollie par l'humide souffle de l'Aquilon. Son cou s'allonge en muscles arrondis, et son fanon forme de larges plis; ses cornes sont petites, mais vous les croiriez polies par la main de l'artiste : elles jettent plus de feux que le plus pur diamant. Sur son front rien de menaçant, dans son œil rien de terrible, la douceur règne dans tous ses traits. La fille d'Agénor admire sa beauté; elle s'étonne de ce qu'il ne respire pas les combats. Cependant, malgré sa douceur, elle n'ose d'abord le toucher. Bientôt elle s'en approche et présente des fleurs à sa bouche aussi blanche que l'ivoire. Son amant tressaille de joie; en attendant le bonheur que ses vœux appellent, il baise la main de la princesse. Ah!

Gaudet amans; et, dum veniat sperata voluptas,
Oscula dat manibus; vix ah! vix cetera differt:
Et nunc adludit, viridique exsultat in herba;
Nunc latus in fulvis niveum deponit arenis;
Paulatimque metu demto, modo pectora praebet
Virginea plaudenda manu; modo cornua sertis
Impedienda novis: ausa est quoque regia virgo,
Nescia quem premeret, tergo considere tauri.
Tum Deus a terra, siccoque a litore, sensim
Falsa pedum primis vestigia ponit in undis;
Inde abit ulterius, mediique per aequora ponti
Fert praedam; pavet haec; litusque ablata relictum
Respicit; et dextra cornum tenet, altera dorso
Imposita est: tremulae sinuantur flamine vestes.

il peut à peine contenir ses transports. Il joue, il bondit sur le riant gazon : tantôt il roule sur le sable doré ses flancs qui ont l'éclat de la neige et dissipe insensiblement la frayeur d'Europe ; tantôt sa poitrine appelle une caresse, tantôt il laisse enlacer ses cornes de nouvelles guirlandes : enfin la princesse, ignorant quelle est sa monture, ose s'asseoir sur le taureau. Le dieu alors s'éloigne de la terre et de l'aride rivage : peu à peu il plonge dans les flots ses pieds trompeurs ; bientôt il pénètre plus avant et emporte sa proie au sein des mers. Europe effrayée tourne ses regards vers les bords qu'elle a quittés malgré elle : sa main droite tient la corne du taureau, la gauche s'appuie sur ses flancs, et les plis onduleux de sa robe flottent au gré des vents.

LIVRE III.

ARGUMENTUM.

I. Filiam amissam Agenor Cadmum investigare jubet. — II. E dentibus draconis occisi milites enascuntur. — III. Actæon in cervum conversus. — IV. Tiresias et cæcus et vates. — V. Narcissus mutatur in florem; Echo in vocem. — VI. Pentheus, nautis in Delphinos mutatis, Bacchum in vincula conjicit; ob id facinus a Bacchis est discerptus.

ARGUMENT.

I. Agénor ordonne à Cadmus de chercher sa fille qu'il vient de perdre. — II. Des soldats naissent des dents du dragon tué par Cadmus. — III. Actéon métamorphosé en cerf. — IV. Tirésias aveugle et devin. — V. Narcisse est changé en fleur; Écho en son. — VI. Penthée, après la métamorphose des matelots en dauphins, charge Bacchus de chaînes : à cause de ce crime, il est mis en lambeaux par les Bacchantes.

P. OVIDII NASONIS
METAMORPHOSEON

LIBER TERTIUS.

I. Jamque Deus posita fallacis imagine tauri,
Se confessus erat, Dictæaque rura tenebat:
Quum pater ignarus Cadmo perquirere raptam
Imperat, et pœnam, si non invenerit, addit
Exsilium, facto pius et sceleratus eodem.
Orbe pererrato, quis enim deprendere possit
Furta Jovis? profugus patriamque, iramque parentis
Vitat Agenorides; Phœbique oracula supplex
Consulit, et quæ sit tellus habitanda, requirit.
« Bos tibi, Phœbus ait, solis occurret in arvis,
Nullum passa jugum, curvique immunis aratri.
Hac duce carpe vias, et, qua requieverit herba,
Mœnia fac condas, Bœotiaque illa vocato. »
Vix bene Castalio Cadmus descenderat antro;

MÉTAMORPHOSES

DE

P. OVIDE

LIVRE TROISIÈME.

I. Déja le dieu, dépouillé de la trompeuse forme du taureau, s'était fait connaître et occupait les campagnes de Crète, lorsque le père d'Europe, ignorant dans quelle contrée sa fille a été transportée, ordonne à Cadmus de la chercher : pour punition, s'il ne la trouve pas, il le menace de l'exil et se montre à la fois père tendre et cruel. Cadmus erre jusqu'aux limites du monde; mais qui pourrait découvrir les larcins de Jupiter? Il fuit sa patrie pour se dérober au courroux de son père; sa voix suppliante implore l'oracle d'Apollon et demande quelle terre il doit habiter. « Une génisse, répond le dieu, s'offrira seule à tes regards dans les campagnes; jamais elle n'a souffert le joug, ni traîné la charrue : prends-la pour guide; et dans la prairie où tu la verras se reposer, tente de fonder une ville, et donne à la contrée le nom de Béotie. »

A peine descendu de l'antre de Castalie, Cadmus voit

Incustoditam lente videt ire juvencam,
Nullum servitii signum cervice gerentem.
Subsequitur, pressoque legit vestigia gressu;
Auctoremque viae Phœbum taciturnus adorat.
Jam vada Cephisi, Panopesque evaserat arva;
Bos stetit; et tollens spatiosam cornibus altis
Ad cœlum frontem, mugitibus impulit auras.
Atque ita, respiciens comites sua terga sequentes,
Procubuit, teneraque latus submisit in herba.
Cadmus agit grates, peregrinaeque oscula terrae
Figit; et ignotos montes, agrosque salutat.
Sacra Jovi facturus erat: jubet ire ministros,
Et petere e vivis libandas fontibus undas.
Silva vetus stabat, nulla violata securi;
Est specus in medio, virgis ac vimine densus,
Efficiens humilem lapidum compagibus arcum;
Uberibus fecundus aquis: hoc conditus antro
Martius anguis erat, cristis praesignis et auro;
Igne micant oculi; corpus tumet omne veneno;
Tresque vibrant linguae; triplici stant ordine dentes.
Quem postquam Tyria lucum de gente profecti
Infausto tetigere gradu; demissaque in undas
Urna dedit sonitum; longum caput extulit antro
Caeruleus serpens, horrendaque sibila misit.
Effluxere urnae manibus; sanguisque relinquit

s'avancer lentement et sans gardien une génisse dont le cou ne porte aucune empreinte du joug : il marche après elle, suit ses traces d'un pas rapide, et, dans un religieux silence, adore le dieu qui lui ouvre une route. Déjà les bords du Céphise et les champs de Panope étaient loin de lui : la génisse fait halte, élève vers le ciel son large front orné d'un bois superbe et remplit l'air de ses mugissemens. Puis, tournant ses regards vers ses compagnes qui la suivent, elle s'incline et de ses flancs presse le tendre gazon. Cadmus remercie le dieu, imprime sur cette terre étrangère un baiser profond, et salue ces montagnes et ces plaines inconnues. Il s'apprête à offrir un sacrifice à Jupiter et commande à ses compagnons d'aller puiser une eau vive pour les libations.

Là s'élève une antique forêt que la hache n'a jamais profanée. Au milieu règne une caverne couverte d'arbrisseaux et d'osier; des pierres enchâssées l'une dans l'autre décrivent, à l'entrée, un arc humble et modeste : il en sort une source féconde. Au fond de cet antre est caché le dragon fils de Mars : sa crête a l'éclat de l'or; la flamme jaillit de ses yeux; tout son corps est gonflé de venin; il darde un triple aiguillon et ses dents s'élèvent en ordre sur trois lignes. A peine les émissaires venus de Tyr ont-ils porté leurs pas dans ce funeste bois; à peine l'urne, jetée au sein des eaux, a-t-elle retenti, que le serpent avance hors de l'antre sa longue tête azurée et fait entendre d'horribles sifflemens. Les urnes échappent de leurs mains; leur sang est refoulé vers sa source, et un subit effroi, né de la surprise,

Corpus, et attonitos subitus tremor occupat artus.
Ille volubilibus squamosos nexibus orbes
Torquet, et immensos saltu sinuatur in arcus;
Ac media plus parte leves erectus in auras
Despicit omne nemus; tantoque est corpore, quanto,
Si totum spectes, geminas qui separat Arctos.
Nec mora; Phœnicas, sive illi tela parabant,
Sive fugam, sive ipse timor prohibebat utrumque,
Occupat, hos morsu, longis complexibus illos;
Hos necat adflatos funesti tabe veneni.
Fecerat exiguas jam Sol altissimus umbras:
Quæ mora sit sociis miratur Agenore natus;
Vestigatque viros: tegimen derepta leoni
Pellis erat; telum splendenti lancea ferro,
Et jaculum; teloque animus præstantior omni.
Ut nemus intravit, letataque corpora vidit,
Victoremque supra spatiosi corporis hostem
Tristia sanguinea lambentem vulnera lingua:
« Aut ultor vestræ, fidissima corpora, mortis,
Aut comes, inquit, ero. » Dixit; dextraque molarem
Sustulit; et magnum magno conamine misit.
Illius impulsu quum turribus ardua celsis
Mœnia mota forent; serpens sine vulnere mansit,
Loricæque modo squamis defensus, et atræ
Duritia pellis validos cute reppulit ictus.

glace leurs membres. Le reptile replie en mille anneaux sa croupe flexible, et, dans ses bonds tortueux, décrit des arcs immenses : plus de la moitié de son corps se dresse dans les airs et domine toute la forêt; si vous le contemplez tout entier, il est aussi grand que le serpent qui sépare les deux Ourses. Au même instant, soit que les Phéniciens préparassent leurs dards ou la fuite, soit que la crainte les empêchât de combattre ou de s'éloigner, il s'élance sur eux, déchire les uns par ses morsures, enchaîne les autres de ses longs anneaux, ou leur donne la mort de son souffle empesté.

Déjà le Soleil, au plus haut point de sa course, avait rétréci les ombres : le fils d'Agénor s'étonne du retard de ses compagnons et cherche la trace de leurs pas. Il a pour vêtement la dépouille d'un lion, pour armes une lance d'un fer étincelant, un javelot et son courage, préférable à toutes les armes. Il entre dans la forêt : à la vue des victimes que la mort vient de frapper; à la vue du vainqueur dont les vastes membres les couvrent, et qui, de sa langue ensanglantée, suce leurs horribles blessures : « Je serai votre vengeur, fidèles amis, ou le compagnon de votre trépas, » dit-il. A ces mots, sa main soulève un roc énorme, et par un grand effort parvient à le lancer, malgré son volume. Le choc de cette lourde masse aurait ébranlé les remparts couronnés des plus superbes tours : le serpent reste sans blessure. La cuirasse qui le protège, ce sont ses écailles et sa noire peau, impénétrable aux coups les plus vigoureux. Mais sa peau, malgré toute sa dureté, ne peut résister au javelot, qui s'ouvre un passage à travers

At non duritia jaculum quoque vincit eadem,
Quod medio lentæ fixum curvamine spinæ
Constitit; et toto descendit in ilia ferro.
Ille, dolore ferox, caput in sua terga retorsit,
Vulneraque adspexit, fixumque hastile momordit:
Idque, ubi vi multa partem labefecit in omnem,
Vix tergo eripuit; ferrum tamen ossibus hæret.
Tum vero, postquam solitas accessit ad iras
Plaga recens, plenis tumuerunt guttura venis;
Spumaque pestiferos circumfluit albida rictus;
Terraque rasa sonat squamis; quique halitus exit
Ore niger Stygio, vitiatas inficit auras.
Ipse modo immensum spiris facientibus orbem
Cingitur: interdum longa trabe rectior exit.
Impete nunc vasto, ceu concitus imbribus amnis,
Fertur, et obstantes proturbat pectore silvas.
Cedit Agenorides paulum; spolioque leonis
Sustinet incursus; instantiaque ora retardat
Cuspide prætenta: furit ille, et inania duro
Vulnera dat ferro; frangitque in acumine dentes.
Jamque venenifero sanguis manare palato
Cœperat, et virides adspergine tinxerat herbas;
Sed leve vulnus erat, quia se retrahebat ab ictu,
Læsaque colla dabat retro, plagamque sedere
Cedendo arcebat, nec longius ire sinebat:

son épine flexible, s'y fixe et porte jusque dans ses entrailles tout le fer dont il est armé. Le reptile, égaré par la douleur, replie sa tête sur son dos, regarde sa blessure et mord le dard qui s'y tient immobile; il fait de grands efforts pour l'ébranler en tout sens et semble près de l'arracher; mais le fer reste attaché à ses os. A sa fureur ordinaire s'ajoute la douleur de sa nouvelle plaie : alors les veines du gosier s'emplissent et se gonflent ; une écume blanchâtre découle de sa gueule empoisonnée ; la terre broyée sous ses écailles résonne ; et le souffle qui s'échappe de sa bouche, comme des gouffres du Styx, infecte l'air. Tantôt, son corps se recourbe en spirales immenses; tantôt il se dresse et s'allonge comme un grand arbre ; d'autres fois, d'un vaste bond il s'élance, semblable à un rapide torrent grossi par les pluies; et du choc de sa poitrine il renverse les arbres placés sur son passage. Le fils d'Agénor recule d'un pas : avec la dépouille du lion, il repousse les assauts du serpent; il oppose son javelot à sa gueule menaçante : le reptile en fureur attaque l'acier par d'impuissantes morsures, ses dents se brisent contre la pointe du métal. Déjà de son palais empesté le sang commence à couler et teint de ses flots pourprés les riantes prairies. Mais la blessure est légère, tant qu'il se dérobe aux atteintes du dard en reculant sa tête ; le coup, détourné par ce mouvement, ne peut faire une plaie profonde. Enfin le fils d'Agénor enfonce le fer dans le gosier du dragon, le presse sans relâche, jusqu'à ce que repoussé il se heurte contre un chêne et que son cou et l'arbre soient percés du même coup. Ébranlé par la masse du monstre, le chêne plie et ses flancs gémissent, battus par la queue du reptile. Le

Donec Agenorides conjectum in gutture ferrum
Usque sequens pressit, dum retro quercus eunti
Obstitit; et fixa est pariter cum robore cervix.
Pondere serpentis curvata est arbor, et imæ
Parte flagellari gemuit sua robora caudæ.
Dum spatium victor victi considerat hostis;
Vox subito audita est, neque erat cognoscere promtum,
Unde; sed audita est : « Quid, Agenore nate, peremtum
Serpentem spectas? et tu spectabere serpens. »
Ille diu pavidus, pariter cum mente colorem
Perdiderat; gelidoque comæ terrore rigebant.
Ecce viri fautrix, superas delapsa per auras,
Pallas adest; motæque jubet supponere terræ
Vipereos dentes, populi incrementa futuri.
Paret; et, ut presso sulcum patefecit aratro,
Spargit humi jussos, mortalia semina, dentes.
Inde, fide majus! glebæ cœpere moveri;
Primaque de sulcis acies adparuit hastæ :
Tegmina mox capitum picto nutantia cono;
Mox humeri pectusque, onerataque brachia telis
Exsistunt; crescitque seges clypeata virorum.
Sic, ubi tolluntur festis aulæa theatris,
Surgere signa solent; primumque ostendere vultum,
Cetera paulatim; placidoque educta tenore
Tota patent; imoque pedes in margine ponunt.

vainqueur contemple les restes gigantesques de son ennemi vaincu : tout à coup une voix se fait entendre; on ne peut reconnaître d'où elle est partie, mais elle profère ces mots : « Pourquoi, fils d'Agénor, regarder le serpent que tu viens de tuer? toi aussi, tu te montreras sous la forme d'un serpent. » Saisi d'un long effroi, Cadmus perd la raison; il pâlit, et une terreur glaciale fait dresser ses cheveux sur son front.

Cependant la déesse qui protège Cadmus, Pallas, descendue des plaines éthérées, vient lui ordonner de remuer la terre et de jeter dans son sein les dents du serpent, d'où tout un peuple doit naître. Il obéit : appuyé sur la charrue, il trace de profonds sillons, et, suivant l'ordre qu'il a reçu, répand dans la terre les dents destinées à enfanter des hommes. Aussitôt, ô prodige incroyable! la glèbe commence à se mouvoir; du milieu des sillons surgit d'abord une forêt de lances; bientôt des têtes s'agitent sous des casques en forme de cônes; ensuite apparaissent des épaules, des poitrines, des bras chargés d'armes, et toute une moisson d'hommes couverts de boucliers. Ainsi, dans les jeux solennels, quand se déploie la toile du théâtre, des statues se montrent : d'abord on voit la tête, et peu à peu le reste du corps, jusqu'à ce qu'elle se déroule en entier par une facile continuité : alors paraissent enfin les pieds qui les supportent. Effrayé par ce nouvel ennemi, Cadmus

Territus hoste novo Cadmus capere arma parabat :
« Ne cape, de populo, quem terra creaverat, unus
Exclamat; nec te civilibus insere bellis. »
Atque ita terrigenis rigido de fratribus unum
Cominus ense ferit; jaculo cadit eminus ipse.
Hic quoque, qui leto dederat, non longius illo
Vivit; et exspirat, modo quas acceperat, auras;
Exemploque pari furit omnis turba; suoque
Marte cadunt subiti per mutua vulnera fratres.
Jamque brevis spatium vitæ sortita juventus
Sanguineam trepido plangebant pectore matrem.
Quinque superstitibus; quorum fuit unus Echion.
Is sua jecit humi, monitu Tritonidis, arma;
Fraternæque fidem pacis petiitque, deditque.
Hos operis comites habuit Sidonius hospes;
Quum posuit jussam Phœbeis sortibus urbem.

II. Jam stabant Thebæ : poteras jam, Cadme, videri
Exsilio felix; soceri tibi Marsque Venusque
Contigerant : huc adde genus de conjuge tanta,
Tot natos, natasque, et, pignora cara, nepotes,
Hos quoque jam juvenes : sed, scilicet, ultima semper
Exspectanda dies homini; dicique beatus
Ante obitum nemo supremaque funera debet.
Prima nepos inter tot res tibi, Cadme, secundas
Causa fuit luctus; alienaque cornua fronti

allait prendre les armes : « Ne les prends pas, s'écrie un des enfans de la terre, et ne va pas te mêler à des combats impies. » A ces mots, de son épée solide il frappe de près un de ses frères et tombe à son tour sous le coup d'un javelot parti de loin. Celui qui l'a livré au trépas ne survit pas long-temps à sa victime, et rend le souffle qu'il avait reçu naguère. La même fureur égare tout ce peuple : des frères, qui viennent de naître, se donnent mutuellement la mort dans un combat par eux seuls soutenu. Déjà ces jeunes guerriers, dont le destin a renfermé l'existence dans d'étroites limites, de leurs poitrines palpitantes frappaient leur mère ensanglantée. Cinq ont survécu ; de ce nombre est Échion : par le conseil de Diane, il met bas les armes ; il demande et donne à ses frères un gage de foi et de paix, et ils s'associent aux travaux de Cadmus, pour fonder la ville commandée par l'oracle d'Apollon.

II. Déjà s'élevaient les murs de Thèbes ; déjà tu pouvais, ô Cadmus, paraître avoir trouvé le bonheur dans l'exil ; l'hymen t'avait donné pour gendre à Mars et à Vénus : ajoute à cet honneur l'illustre sang de ta compagne ; tant de fils, tant de filles, gages de votre tendresse, et une postérité nombreuse, brillant déjà des grâces de la jeunesse. Mais, hélas ! c'est le dernier jour qu'il faut attendre ; et nul homme ne doit être appelé heureux, avant que le trépas ne l'ait placé sur le fatal bûcher. Au milieu de tant de prospérités, ô Cadmus ! ta première douleur te vint de ton fils : son front fut

Addita, vosque canes satiatæ sanguine herili.
At bene si quæras; Fortunæ crimen in illo,
Non scelus invenies; quod enim scelus error habebat?

Mons erat, infectus variarum cæde ferarum :
Jamque dies rerum medias contraxerat umbras;
Et Sol ex æquo meta distabat utraque;
Quum juvenis placido per devia lustra vagantes
Participes operum compellat Hyantius ore :
« Lina madent, comites, ferrumque cruore ferarum,
Fortunamque dies habuit satis : altera lucem
Quum croceis evecta rotis Aurora reducet,
Propositum repetamus opus : nunc Phœbus utraque
Distat idem terra, finditque vaporibus arva.
Sistite opus præsens, nodosaque tollite lina. »
Jussa viri faciunt, intermittuntque laborem.
Vallis erat, piceis, et acuta densa cupressu;
Nomine Gargaphie, succinctæ cura Dianæ;
Cujus in extremo est antrum nemorale recessu,
Arte laboratum nulla : simulaverat artem
Ingenio natura suo ; nam pumice vivo,
Et levibus tophis nativum duxerat arcum.
Fons sonat a dextra; tenui perlucidus unda,
Margine gramineo patulos incinctus hiatus.
Hic Dea silvarum venatu fessa, solebat

chargé d'un bois qu'il ne devait point porter, et ses chiens se désaltérèrent dans le sang de leur maître. Cependant, aux yeux de la raison, le hasard seul fut coupable. Il n'eut point de crime à se reprocher : le crime pouvait-il s'imputer à l'erreur ?

Non loin était une montagne baignée du sang impur des hôtes des forêts : déjà le soleil, au milieu de sa course, avait raccourci les ombres et s'élevait à une égale distance des deux limites qui bornent sa marche ; lorsque, d'une voix douce, le jeune Actéon s'adresse à ses compagnons dispersés dans des sentiers obscurs : « Nos toiles, amis, et nos armes sont rougies du sang des animaux : la fortune aujourd'hui nous a été propice. Aussitôt que l'Aurore, portée sur son char de pourpre, amènera un nouveau jour, nous reprendrons nos travaux : en ce moment Phébus voit de tous côtés la terre s'éloigner également de son trône, et ses brûlans rayons entr'ouvrent le sein des campagnes : suspendez vos fatigues présentes et pliez vos filets noueux. » Ses compagnons dociles abandonnent leurs travaux.

Là s'étendait une vallée que les pins et le cyprès, au front élancé, couvraient de leur ombre. Gargaphie est son nom : la déesse de la chasse l'entourait de ses soins. Au fond de ce vallon s'ouvrait un antre obscur où jamais ne pénétra la main de l'art ; mais le génie de la nature en avait imité toutes les ressources : sous ses doigts, la pierre-ponce et le tuf léger s'étaient arrondis en arc. A droite murmure une source dont les eaux, limpides comme le cristal le plus diaphane, se promènent dans un lit tracé entre deux rives couvertes de gazon. C'est là que Diane, épuisée par les fatigues

Virgineos artus liquido perfundere rore.
Quo postquam subiit, Nympharum tradidit uni
Armigerae jaculum, pharetramque, arcusque retentos.
Altera depositae subjecit brachia pallae.
Vincla duae pedibus demunt: nam doctior illis
Ismenis Crocale, sparsos per colla capillos
Colligit in nodum; quamvis erat ipsa solutis.
Excipiunt laticem Nepheleque, Hyaleque, Rhanisque;
Et Psecas, et Phiale; funduntque capacibus urnis.
Dumque ibi perluitur solita Titania lympha,
Ecce nepos Cadmi, dilata parte laborum,
Per nemus ignotum non certis passibus errans,
Pervenit in lucum; sic illum fata ferebant.
Qui simul intravit rorantia fontibus antra;
Sicut erant, viso nudae sua pectora Nymphae
Percussere viro; subitisque ululatibus omne
Implevere nemus; circumfusaeque Dianam
Corporibus texere suis: tamen altior illis
Ipsa Dea est, colloque tenus supereminet omnes.
Qui color infectis adversi Solis ab ictu
Nubibus esse solet, aut purpureae Aurorae;
Is fuit in vultu visae sine veste Dianae.
Quae quamquam comitum turba est stipata suarum;
In latus obliquum tamen adstitit; oraque retro
Flexit: et ut vellet promtas habuisse sagittas,

de la chasse, aimait à plonger dans l'onde pure ses chastes appas. A peine y est-elle arrivée, qu'elle remet à la Nymphe chargée de veiller sur ses armes, son javelot, son carquois et son arc détendu. Une seconde reçoit dans ses bras la robe dont la déesse s'est dépouillée; deux autres détachent la chaussure de ses pieds: plus adroite que ses compagnes, la fille de l'Ismenus, Crocalé, rassemble et noue les cheveux épars sur le cou de Diane, tandis que les siens flottent en désordre. Néphélé, Hyalé, Rhanis, Psécas et Phialé puisent de l'eau et l'épanchent de leurs urnes profondes. La fille de Titan, suivant sa coutume, se baignait dans cette fontaine. Tout à coup le fils de Cadmus, tandis que ses travaux restent suspendus, porte ses pas errans dans le bocage inconnu et pénètre jusqu'à l'antre: ainsi l'ordonnait le destin. Il venait d'entrer dans le réduit où cette fontaine répand une fraîche rosée, lorsque les Nymphes, apercevant un homme, rougissent de leur nudité et se frappent le sein. Au même instant, elles remplissent le bois de hurlemens affreux, et pressées autour de Diane lui font un voile de leurs corps; la déesse est plus grande qu'elles, sa tête les domine toutes : comme on voit un nuage, placé vis-à-vis du soleil et frappé de ses rayons, se nuancer de diverses couleurs, ou la rougeur s'étendre sur le front de l'Aurore ; ainsi rougit Diane, dès qu'un homme l'a vue sans vêtemens. Entourée de ses nombreuses compagnes, elle s'incline pourtant et détourne le visage. Que n'a-t-elle ses armes toutes prêtes ! Mais du moins elle a de l'eau; elle la verse sur le profane qui l'a outragée; et en arrosant de flots vengeurs la tête d'Actéon, elle ajoute ces mots, présages d'un malheur prochain : « Maintenant va dire que sans voile j'ai paru

Quas habuit, sic hausit aquas; vultumque virilem
Perfudit; spargensque comas ultricibus undis,
Addidit hæc cladis prænuntia verba futuræ :
« Nunc tibi me posito visam velamine narres,
Si poteris narrare, licet. » Nec plura minata,
Dat sparso capiti vivacis cornua cervi;
Dat spatium collo; summasque cacuminat aures;
Cum pedibusque manus, cum longis brachia mutat
Cruribus; et velat maculoso vellere corpus.
Additus et pavor est : fugit Autonoeius heros;
Et se tam celerem cursu miratur in ipso.
Ut vero solitis sua cornua vidit in undis,
Me miserum! dicturus erat : vox nulla sequuta est.
Ingemuit; vox illa fuit; lacrymæque per ora
Non sua fluxerunt : mens tantum pristina mansit.
Quid faciat? repetatne domum, et regalia tecta?
An lateat silvis? timor hoc, pudor impedit illud.
Dum dubitat, videre canes; primusque Melampus,
Ichnobatesque sagax, latratu signa dedere,
Gnosius Ichnobates, Spartana gente Melampus.
Inde ruunt alii rapida velocius aura,
Pamphagus, et Dorceus, et Oribasus; Arcades omnes :
Nebrophonosque valens, et trux cum Lælape Theron,
Et pedibus Pterelas, et naribus utilis Agre.
Hylæusque fero nuper percussus ab apro,

à tes yeux : si tu le peux, j'y consens. » Sa voix menaçante s'arrête, et sur le front d'Actéon elle fait croître le bois du cerf agile : par l'ordre de la déesse, son cou s'allonge, ses oreilles se dressent en pointe, des pieds remplacent ses mains, et des jambes effilées ses bras; une peau tachetée enveloppe son corps ; de plus, la crainte le domine. Il prend la fuite et s'étonne lui-même de la rapidité de sa course. A peine a-t-il vu la nouvelle parure de son front dans les eaux où il avait coutume de se contempler : « Malheureux ! » veut-il s'écrier; mais aucun son articulé n'arrive : il pousse un gémissement, ce fut son langage; et des larmes baignèrent ces traits qu'il n'avait point reçus de la nature : il ne conserva que son ancienne raison. Quel parti prendre ? doit-il rentrer dans le royal palais, son ancienne demeure, ou se cacher au fond des bois ? La crainte d'un côté l'arrête, et la honte de l'autre. Tandis qu'il flotte incertain, ses chiens l'ont aperçu; Mélampe et l'intelligent Ichnobatès, l'un venu de la Crète et l'autre de Sparte, donnent le premier signal par leurs cris. Bientôt accourent, plus prompts que le vent rapide, Pamphagus, Dorcée et Oribase, tous trois de l'Arcadie; le vigoureux Nebrophonus et le cruel Théron avec Lélape; Ptérélas et Agré également utiles, l'un par la légèreté de sa course, l'autre par la finesse de son odorat; Hyléus, blessé naguère par un sanglier farouche; Napé, née d'un loup; Péménis, qui jadis marchait à la tête des troupeaux; Harpye accompagnée de ses deux petits; Ladon de Sicyone, aux flancs resserrés, et Dromas, et Canacé, et Sticté, et Tigris, et Alcé; Leucon, aussi blanc que la neige, et le noir Asbolus, et le vigoureux Lacon, et Aello infatigable à la course, et Thous, et l'agile Lycisca avec son frère Cyprius; Harpalus dont le front noir est

Deque lupo concepta Nape, pecudesque sequuta
Pœmenis, et natis comitata Harpyia duobus,
Et substricta gerens Sicyonius ilia Ladon,
Et Dromas, et Canace, Sticteque, et Tigris, et Alce,
Et niveis Leucon, et villis Asbolus atris,
Prævalidusque Lacon, et cursu fortis Aello;
Et Thous, et Cyprio velox cum fratre Lycisce,
Et nigram medio frontem distinctus ab albo
Harpalos, et Melaneus, hirsutaque corpore Lachne;
Et patre Dictæo, sed matre Laconide nati,
Labros et Agriodos, et acutæ vocis Hylactor;
Quosque referre mora est: ea turba cupidine prædæ
Per rupes, scopulosque, aditumque carentia saxa,
Qua via difficilis, quaque est via nulla, feruntur.
Ille fugit, per quæ fuerat loca sæpe sequutus.
Heu famulos fugit ipse suos! clamare libebat:
Actæon ego sum; dominum cognoscite vestrum.
Verba animo desunt: resonat latratibus æther.
Prima Melanchætes in tergo vulnera fecit;
Proxima Theridamas; Oresitrophos hæsit in armo.
Tardius exierant, sed per compendia montis
Anticipata via est: dominum retinentibus illis,
Cetera turba coit, confertque in corpore dentes.
Jam loca vulneribus desunt: gemit ille, sonumque,
Et, si non hominis, quem non tamen edere possit

marqué d'une tache blanche, et Melaneus, et Lachné au poil hérissé; Labrus, Agriodus, Hylactor à la voix perçante, nés d'un père de Crète et d'une mère de Laconie, et beaucoup d'autres qu'il serait trop long de nommer. Cette troupe affamée de butin se précipite à travers des rochers escarpés, qui ne laissent qu'un accès difficile, ou même sans accès. Actéon fuit dans ces mêmes lieux où souvent il avait poursuivi les hôtes des bois. Hélas ! il fuit ses compagnons. Il voulait élever la voix pour leur dire : « Je suis Actéon, reconnaissez votre maître; » mais il a beau vouloir, les paroles lui manquent ; des aboiemens seuls retentissent dans l'air. Mélanchétès lui fait la première blessure ; Théridamas en ajoute d'autres ; Orésitrophos, sans lâcher prise, le mord à l'épaule. Ils étaient partis après les autres; mais, à travers les montagnes, un sentier raccourci leur permet de les devancer tous. Tandis qu'ils retiennent leur maître, la meute entière arrive et déchire le corps d'Actéon : bientôt l'espace manque aux blessures ; il gémit, et si ses accens ne sont pas d'un homme, un cerf du moins ne saurait les faire entendre. Ses tristes plaintes remplissent les montagnes qui lui sont connues : il fléchit le genou, et dans l'attitude d'un suppliant il porte autour de lui un regard silencieux, n'ayant plus de bras qu'il puisse tendre. Ses compagnons ne le reconnaissent pas; ils pressent la troupe alerte par leurs exhortations accoutumées; de l'œil, ils cherchent Actéon : tous, à l'envi, appellent Actéon qu'ils croient absent. Il entend son nom et retourne sa tête, quand ils se plaignent de son absence et de sa lenteur à venir contempler la proie qui lui est offerte. Qu'il voudrait être absent ! mais il est là : qu'il voudrait être

Cervus, habet; moestisque replet juga nota querelis :
Et genibus supplex positis, similisque roganti,
Circumfert tacitos, tanquam sua brachia, vultus.
At comites rapidum solitis hortatibus agmen
Ignari instigant, oculisque Actæona quærunt;
Et velut absentem certatim Actæona clamant.
Ad nomen caput ille refert, ut abesse queruntur,
Nec capere oblatæ segnem spectacula prædæ.
Vellet abesse quidem : sed adest; velletque videre,
Non etiam sentire canum fera facta suorum.
Undique circumstant; mersisque in corpore rostris,
Dilacerant falsi dominum sub imagine cervi.
Nec, nisi finita per plurima vulnera vita,
Ira pharetratæ fertur satiata Dianæ.

III. Rumor in ambiguo est : aliis violentior æquo
Visa Dea est; alii laudant, dignamque severa
Virginitate vocant : pars invenit utraque causas.
Sola Jovis conjux non tam culpetne probetne
Eloquitur, quam clade domus ab Agenore ductæ
Gaudet; et a Tyria collectum pellice transfert
In generis socios odium : subit ecce priori
Causa recens; gravidamque dolet de semine magni
Esse Jovis Semelen : tum linguam ad jurgia solvit;
« Effeci quid enim toties per jurgia? dixit.
Ipsa petenda mihi est; ipsam, si maxima Juno

témoin des exploits de sa meute, sans en porter la trace douloureuse! Les chiens, l'entourant de tous côtés, plongent leurs dents cruelles dans les membres de leur maître caché sous la forme trompeuse d'un cerf, et les mettent en lambeaux.

Ce ne fut qu'en exhalant sa vie au milieu des tortures qu'il apaisa, dit-on, le courroux de Diane au carquois formidable.

III. Le bruit de cette aventure est diversement accueilli : les uns trouvent la déesse trop cruelle ; d'autres approuvent sa vengeance et la proclament digne de son austère virginité : chaque opinion s'appuie sur des motifs plausibles. Seule, l'épouse de Jupiter n'exprime ni blâme ni approbation ; elle pense plutôt à se réjouir du malheur de la famille d'Agénor. La haine qu'elle conçut pour sa rivale de Tyr retombe sur ses descendans : au premier outrage qui en alluma les feux s'ajoute un outrage nouveau. Elle s'indigne que le sein de Sémélé renferme un gage de la tendresse du grand Jupiter ; et de sa bouche s'échappent ces paroles amères : « Que m'est-il revenu de mes plaintes tant de fois renouvelées ? dit-elle : c'est ma rivale même que je dois attaquer ; je la perdrai,

Rite vocor, perdam; si me gemmantia dextra
Sceptra tenere decet; si sum regina, Jovisque
Et soror, et conjux : certe soror : at puto, furto est
Contenta; et thalami brevis est injuria nostri.
Concipit; id deerat : manifestaque crimina pleno
Fert utero; et mater, quod vix mihi contigit uni,
De Jove vult fieri : tanta est fiducia formæ !
Fallat eam faxo; nec sim Saturnia, si non
Ab Jove mersa suo Stygias penetrabit ad undas. »

Surgit ab his solio; fulvaque recondita nube,
Limen adit Semeles : nec nubes ante removit,
Quam simulavit anum; posuitque ad tempora canos,
Sulcavitque cutem rugis, et curva trementi
Membra tulit passu; vocem quoque fecit anilem :
Ipsaque fit Beroe, Semeles Epidauria nutrix.
Ergo ubi, captato sermone, diuque loquendo,
Ad nomen venere Jovis, suspirat : et, « Optem
Jupiter ut sit, ait : metuo tamen omnia : multi
Nomine Divorum thalamos subiere pudicos.
Nec tamen esse Jovis satis est : det pignus amoris;
Si modo verus is est : quantusque, et qualis ab alta
Junone excipitur, tantus, talisque rogato
Det tibi complexus; suaque ante insignia sumat. »
Talibus ignaram Juno Cadmeida dictis

si je mérite d'être appelée la puissante Junon; si ma main est digne de porter un sceptre étincelant de rubis ; si je suis la reine des dieux, la sœur et l'épouse de Jupiter : du moins je suis sa sœur. Peut-être des plaisirs furtifs suffisent à ma rivale, et l'affront fait à ma couche n'aura duré qu'un moment. Mais non : elle conçoit....... il me manquait cet affront. Elle porte en ses flancs un témoignage public de ma honte : elle veut que Jupiter la rende mère, quand moi-même j'eus à peine cet honneur ; tant elle a de confiance dans sa beauté ! Par moi, cette beauté fera sa perte : non, je ne serai plus la fille de Saturne, si elle ne disparaît précipitée au fond du Styx par son bien-aimé Jupiter. »

A ces mots, elle se lève de son trône, et dans les plis dorés d'un nuage elle vole vers la demeure de Sémélé. Avant d'éloigner les vapeurs qui la cachent, elle prend les traits de la vieillesse, couvre ses tempes de cheveux blancs, imprime des rides à sa peau, courbe son corps et marche d'un pas tremblant : sa voix aussi est celle d'une femme accablée sous les ans ; en un mot, c'est Béroé elle-même, la nourrice que Sémélé reçut d'Épidaure. L'entretien s'engage; après de longs détours le nom de Jupiter arrive enfin. Alors la déesse soupirant : « Je voudrais bien, dit-elle, que votre amant fût Jupiter; mais je crains tout : souvent, sous le nom des dieux, des mortels ont pénétré dans de chastes couches. D'ailleurs il ne suffit pas qu'il soit Jupiter : demandez un gage de son amour. S'il est véritablement le roi des cieux, exigez que la majesté et la puissance dont il est revêtu, quand il se rend auprès de la superbe Junon, le suivent dans vos bras; qu'il y vienne décoré de l'appareil de sa grandeur. »
Tels furent les conseils donnés par Junon à l'innocente

Formarat : rogat illa Jovem sine nomine munus.
Cui Deus, « Elige, ait ; nullam patiere repulsam.
Quoque magis credas, Stygii quoque conscia sunto
Numina torrentis : timor et Deus ille Deorum. »
Læta malo, nimiumque potens, perituraque amantis
Obsequio Semele, « Qualem Saturnia, dixit,
Te solet amplecti, Veneris quum fœdus initis,
Da mihi te talem. » Voluit Deus ora loquentis
Opprimere : exierat jam vox properata sub auras.
Ingemuit; neque enim non hæc optasse, neque ille
Non jurasse potest : ergo mœstissimus altum
Æthera conscendit, nutuque sequentia traxit
Nubila; quis nimbos, immixtaque fulgura ventis
Addidit, et tonitrus, et inevitabile fulmen.
Qua tamen usque potest, vires sibi demere tentat :
Nec, quo centimanum dejecerat igne Typhœa,
Nunc armatur eo : nimium feritatis in illo.
Est aliud levius fulmen; cui dextra Cyclopum
Sævitiæ, flammæque minus, minus addidit iræ :
Tela secunda vocant Superi : capit illa ; domumque
Intrat Agenoream : corpus mortale tumultus
Non tulit ætherios, donisque jugalibus arsit.
Imperfectus adhuc infans genetricis ab alvo
Eripitur, patrioque tener, si credere dignum,
Insuitur femori; maternaque tempora complet.

fille de Cadmus : elle réclama de Jupiter un gage d'amour, sans le désigner : « Choisis, lui répond le dieu, tu n'éprouveras pas de refus ; et pour que tu ajoutes plus de foi à mes paroles, je prends à témoin le Styx, effroi des dieux et dieu lui-même. » Sémélé se réjouit de ce qui doit la perdre : devenue trop puissante et près de périr par la complaisance de son amant, elle répond : « Que la pompe où te voit la fille de Saturne, quand tu viens goûter dans ses bras les douceurs de Vénus, te suive auprès de moi ! » Le dieu voulut fermer sa bouche ; mais déjà ces fatales paroles s'étaient envolées dans les airs. Il gémit ; mais il ne lui est point possible d'annuler le vœu de Sémélé, ni de rétracter son serment. Abattu par le chagrin, il remonte dans les cieux : au premier signe de sa tête, après lui s'élèvent docilement les nuages où sa main a jeté confondus la pluie, les éclairs, les vents, et la voix menaçante du tonnerre, et les inévitables traits de la foudre. Autant qu'il peut, il essaie d'affaiblir ses armes ; il ne lance point les feux qui réduisirent en poudre les cent bras de Typhon ; ils seraient trop terribles. Il est une autre foudre moins redoutable et pour laquelle la main des Cyclopes mêla moins de salpêtre, de flamme et de fureur : les Immortels l'appellent foudre de second ordre. Le dieu la saisit et pénètre dans le palais d'Agénor. Une simple mortelle ne put supporter l'appareil qui ébranle les cieux ; elle périt dévorée par les flammes, gage de la tendresse de son amant. L'enfant, encore informe, est retiré du sein de sa mère : s'il est permis de le croire, un lien l'attache, faible encore, au fémur de Jupiter ; et il y reste tout le temps qu'il devait passer dans les flancs de sa mère. La sœur de Sémélé, Ino, entoura furtivement son berceau

Furtim illum primis Ino matertera cunis
Educat: inde datum Nymphæ Nyseides antris
Occuluere suis; lactisque alimenta dedere.

 IV. Dumque ea per terras fatali lege geruntur,
Tutaque bis geniti sunt incunabula Bacchi;
Forte Jovem memorant, diffusum nectare, curas
Seposuisse graves, vacuaque agitasse remissos
Cum Junone jocos; et, « Major vestra profecto est,
Quam quæ contingat maribus, dixisse, voluptas. »
Illa negat: placuit, quæ sit sententia docti
Quærere Tiresiæ: Venus huic erat utraque nota.
Nam duo magnorum viridi coeuntia silva
Corpora serpentum baculi violaverat ictu:
Deque viro factus, mirabile! femina, septem
Egerat autumnos: octavo rursus eosdem
Vidit; et, « Est vestræ si tanta potentia plagæ,
Dixit, ut auctoris sortem in contraria mutet;
Nunc quoque vos feriam. » Percussis anguibus isdem
Forma prior rediit, genitivaque rursus imago.
Arbiter hic igitur sumtus de lite jocosa,
Dicta Jovis firmat: gravius Saturnia justo,
Nec pro materia fertur doluisse; suique
Judicis æterna damnavit lumina nocte.
At pater omnipotens, neque enim licet irrita cuiquam
Facta Dei fecisse Deo, pro lumine adcmto
Scire futura dedit, pœnamque levavit honore.

des premiers soins : il fut ensuite confié aux Nymphes de Nysa, qui le cachèrent dans leurs antres où il eut du lait pour nourriture.

IV. Ces évènemens s'accomplissent dans l'univers par la loi du destin : le berceau de Bacchus, né deux fois, ne court plus aucun danger. Sur ces entrefaites, Jupiter égayé par le nectar déposa, dit-on, les soins onéreux de son empire, pour s'abandonner à mille jeux folâtres avec Junon, libre alors de tout souci. « Sans doute, lui dit-il, la volupté a pour vous plus de douceurs que pour les hommes. » Elle nie ; ils conviennent de s'en rapporter à la décision de l'habile Tirésias, initié aux plaisirs des deux sexes. D'un coup de bâton il avait frappé deux énormes reptiles accouplés au fond d'une forêt verdoyante. Tout à coup, ô prodige ! changé en femme, il conserva sa nouvelle forme pendant sept automnes ; dans le huitième, il vit les mêmes serpens. « Si les blessures que vous recevez sont assez puissantes pour changer le sexe de votre ennemi, je vais, s'écria-t-il, vous frapper encore. » A peine les a-t-il frappés de nouveau, qu'il reprend sa forme première et semble naître une seconde fois. Choisi pour arbitre dans ce joyeux débat, Tirésias adopte l'avis de Jupiter ; la fille de Saturne en éprouva une douleur trop vive et peu en rapport avec la cause qui l'avait provoquée. Elle condamna les yeux de son juge à une éternelle nuit ; mais le maître suprême du monde (car aucun dieu n'a le droit d'anéantir ce qu'a fait un autre dieu) lui accorda la science de l'avenir, en échange de la lumière qui lui était ravie, et allégea sa peine par cet honneur.

V. Ille per Aonias, fama celeberrimus, urbes
Irreprehensa dabat populo responsa petenti.
Prima fide vocisque ratae tentamina sumsit
Caerula Liriope : quam quondam flumine curvo
Implicuit, clausaeque suis Cephisos in undis
Vim tulit : enixa est utero pulcherrima pleno
Infantem, Nymphis jam nunc qui posset amari;
Narcissumque vocat : de quo consultus, an esset
Tempora maturae visurus longa senectae;
Fatidicus vates, « Si se non viderit, » inquit.
Vana diu visa est vox auguris : exitus illam,
Resque probat, letique genus, novitasque furoris.
Jamque ter ad quinos unum Cephisius annum
Addiderat; poteratque puer juvenisque videri.
Multi illum juvenes, multae cupiere puellae.
Sed fuit in tenera tam dira superbia forma;
Nulli illum juvenes, nullae tetigere puellae.
Adspicit hunc, trepidos agitantem in retia cervos,
Vocalis Nymphe; quae nec reticere loquenti,
Nec prior ipsa loqui didicit, resonabilis Echo.
Corpus adhuc Echo, non vox erat : et tamen usum
Garrula non alium, quam nunc habet, oris habebat,
Reddere de multis ut verba novissima posset.
Fecerat hoc Juno, quia, quum deprendere posset
Sub Jove saepe suo Nymphas in monte jacentes,

V. Au sein des villes d'Aonie remplies de sa renommée, Tirésias donnait des réponses toujours infaillibles au peuple qui venait le consulter. La première preuve de son talent pour révéler sûrement l'avenir fut recueillie par la blonde Liriope : jadis le Céphise l'enlaça de ses flots sinueux ; et tandis qu'elle était enchaînée dans son onde, il en triompha par la violence. Du sein de cette nymphe, modèle de beauté, naît un enfant dès-lors digne d'être aimé de ses compagnes, et qu'elle appelle Narcisse. Elle demande à Tirésias si cet enfant doit voir ses jours arriver à une mûre vieillesse : *Oui, s'il ne se connaît pas,* répond-il. Long-temps la voix de l'oracle parut vaine : elle fut justifiée par l'aventure qui mit fin aux jours de Narcisse, par le genre de sa mort et par son étrange délire. Déjà le fils de Céphise avait vu une année s'ajouter à ses trois lustres : l'enfance et la jeunesse semblaient l'embellir à la fois. Une foule de jeunes Béotiens et de nymphes brûlaient pour lui; mais aux grâces les plus tendres il joignait de superbes dédains. Les vœux de tant de jeunes gens et de tant de nymphes ne purent le toucher.

Un jour qu'il poussait dans ses toiles des cerfs timides, il fut aperçu par une nymphe qui ne peut se taire, quand on lui parle, et qui ne sait point parler la première : Écho, dont la voix redit les sons qui la frappent. Alors c'était une nymphe et non une simple voix : nymphe causeuse, il est vrai; mais sa voix, comme à présent, lui servait seulement à répéter les dernières paroles qu'elle avait recueillies. Junon la réduisit à cet état, parce qu'au moment où elle aurait pu surprendre les nymphes dans les bras de Jupiter sur la montagne où résidait Écho,

Illa Deam longo prudens sermone tenebat,
Dum fugerent Nymphae : postquam Saturnia sensit;
« Hujus, ait, linguae, qua sum delusa, potestas
Parva tibi dabitur, vocisque brevissimus usus. »
Reque minas firmat : tamen haec in fine loquendi
Ingeminat voces, auditaque verba reportat.
Ergo ubi Narcissum, per devia lustra vagantem,
Vidit, et incaluit, sequitur vestigia furtim :
Quoque magis sequitur, flamma propiore calescit;
Non aliter, quam quum summis circumlita taedis
Admotam rapiunt vivacia sulphura flammam.
O quoties voluit blandis accedere dictis,
Et molles adhibere preces! natura repugnat;
Nec sinit incipiat : sed, quod sinit, illa parata est
Exspectare sonos, ad quos sua verba remittat.
Forte puer comitum seductus ab agmine fido,
Dixerat, Ecquis adest? et, Adest, responderat Echo.
Hic stupet; utque aciem partes dimisit in omnes,
Voce, Veni, clamat magna : vocat illa vocantem.
Respicit : et nullo rursus veniente, Quid, inquit,
Me fugis? et totidem, quot dixit, verba recepit.
Perstat; et, alternae deceptus imagine vocis,
Huc coeamus, ait : nullique libentius unquam
Responsura sono, Coeamus, rettulit Echo :
Et verbis favet ipsa suis; egressaque silvis

celle-ci plus d'une fois l'avait adroitement retenue par de longs entretiens, pour donner aux nymphes le temps de fuir. La fille de Saturne découvrit l'artifice. «Tu ne pourras te servir long-temps de cette langue qui m'a trompée, lui dit-elle : bientôt l'usage de la voix te sera ravi.» L'effet suit la menace : Écho réfléchit les sons de la voix qui finit, et répète les paroles qu'elle a entendues.

A peine Narcisse, errant au fond des bois, a-t-il frappé ses regards, qu'elle s'enflamme et suit furtivement la trace de ses pas : plus elle le suit, plus la flamme descend dans son cœur; ainsi, répandu au bout d'une torche, le soufre léger s'empare à l'instant du feu qui l'approche. Que de fois elle voulut l'aborder d'une voix caressante et employer de douces prières! La nature s'y oppose et lui défend de commencer ; mais du moins, puisque la nature le permet, elle veut recueillir les accens de Narcisse et lui répondre à son tour. Par hasard l'enfant séparé de ses fidèles compagnons s'écrie : *Quelqu'un est-il près de moi?* — *Moi*, répond Écho. Narcisse reste immobile de surprise ; après avoir porté ses regards de tous côtés, *viens*, dit-il à haute voix; Écho appelle celui qui l'appelait. Il se tourne, et, ne voyant personne : *Pourquoi me fuis-tu?* ajoute-t-il; et son oreille reçoit autant de paroles que sa bouche en a proféré. Trompé par la voix, image de la sienne : *Unissons-nous*, poursuit-il. A ces mots, que la voix d'Écho dut aimer à redire plus que tous les autres, elle répond : *Unissons-nous ;* et ses désirs interprètent favorablement ces paroles. Elle sort du bocage et court, ravie d'un tendre espoir, presser dans ses bras Narcisse qui fuit et par la fuite se dérobe à ses embrassemens.

Ibat, ut injiceret sperato brachia collo.
Ille fugit; fugiensque, manus complexibus aufert;
Ante, ait, emoriar, quam sit tibi copia nostri.
Rettulit illa nihil, nisi, Sit tibi copia nostri.
Spreta latet silvis; pudibundaque frondibus ora
Protegit; et solis ex illo vixit in antris.
Sed tamen hæret amor, crescitque dolore repulsæ:
Attenuant vigiles corpus miserabile curæ;
Adducitque cutem macies; et in aera succus
Corporis omnis abit: vox tantum, atque ossa supersunt:
Vox manet: ossa ferunt lapidis traxisse figuram.
Inde latet silvis, nulloque in monte videtur:
Omnibus auditur: sonus est, qui vivit in illa.
Sic hanc, sic alias, undis aut montibus ortas,
Luserat hic Nymphas; sic cœtus ante viriles.
Inde manus aliquis despectus ad æthera tollens,
« Sic amet iste licet, sic non potiatur amato! »
Dixerat: adsensit precibus Rhamnusia justis.
Fons erat illimis, nitidis argenteus undis,
Quem neque pastores, neque pastæ monte capellæ
Contigerant, aliudve pecus; quem nulla volucris,
Nec fera turbarat, nec lapsus ab arbore ramus.
Gramen erat circa, quod proximus humor alebat;
Silvaque, sole lacum passura tepescere nullo.
Hic puer, et studio venandi lassus et æstu,

Je veux mourir, dit-il, *si je m'abandonne à tes désirs*. Écho ne redit que ces paroles : *Je m'abandonne à tes désirs*. Méprisée, elle se retire au fond des bois et cache sous le feuillage la rougeur de son front; depuis ce moment elle habite les antres solitaires. Dans son cœur vit l'amour sans cesse irrité par un refus. Les soucis toujours en éveil consument ses membres épuisés, la maigreur dessèche ses attraits, toute la substance humide de son corps se dissipe dans les airs : il ne lui reste que la voix et les os. Sa voix s'est conservée; ses os ont pris, dit-on, la forme d'un rocher. Depuis ce jour, sa demeure est dans les bois : on ne la voit plus sur les montagnes, mais elle s'y fait entendre à tous ceux qui l'appellent : c'est un son qui vit en elle.

Ainsi Écho et d'autres nymphes, nées au sein des ondes ou sur les montagnes, et, avant elles, une foule de jeunes Béotiens furent en butte aux dédains de Narcisse. Une victime de ses mépris, élevant ses bras vers le ciel, s'écria : « Puisse l'amour s'allumer dans son cœur, et puisse-t-il ne jamais posséder l'objet de sa flamme! » Rhamnusie exauça cette juste prière.

Près de là une fontaine limpide roulait ses flots argentés : jamais les bergers, ni les chèvres qui aiment à brouter l'herbe des montagnes, ni tout autre troupeau, ne l'avaient altérée; jamais oiseau, ni bête sauvage, ni feuille détachée des arbres n'avait troublé sa pureté. Elle était bordée d'un gazon dont une humidité constante entretenait la fraîcheur, et d'arbres qui ne lui permettaient jamais de s'échauffer aux feux du soleil. Là Narcisse s'arrête, épuisé par les fatigues de la chasse et par

Procubuit; faciemque loci, fontemque sequutus;
Dumque sitim sedare cupit, sitis altera crevit:
Dumque bibit, visae correptus imagine formae,
Rem sine corpore amat: corpus putat esse, quod umbra est.
Adstupet ipse sibi, vultuque immotus eodem
Haeret, ut e Pario formatum marmore signum.
Spectat humi positus geminum, sua lumina, sidus;
Et dignos Baccho, dignos et Apolline crines,
Impubesque genas, et eburnea colla, decusque
Oris, et in niveo mixtum candore ruborem;
Cunctaque miratur, quibus est mirabilis: ipse
Se cupit imprudens; et, qui probat, ille probatur;
Dumque petit, petitur; pariterque incendit, et ardet.
Irrita fallaci quoties dedit oscula fonti!
In medias quoties, visum captantia collum,
Brachia mersit aquas; nec se deprendit in illis;
Quid videat, nescit; sed, quod videt, uritur illo;
Atque oculos idem, qui decipit, incitat error.
Credule, quid frustra simulacra fugacia captas?
Quod petis, est nusquam: quod amas, avertere, perdes:
Ista repercussae, quam cernis, imaginis umbra est:
Nil habet ista sui; tecumque venitque, manetque;
Tecum discedat, si tu discedere possis.
Non illum Cereris, non illum cura quietis
Abstrahere inde potest: sed opaca fusus in herba

la chaleur : charmé de la beauté du site et de la limpidité des eaux, il veut étancher sa soif; mais une autre soif augmente. Tandis qu'il boit, épris de son image qu'il aperçoit dans le miroir des eaux, il aime une ombre vaine et lui prête un corps : il reste en extase devant lui-même, ses traits se fixent; on dirait une statue sortie des marbres de Paros. Étendu sur le gazon, il contemple ses yeux semblables à deux astres, sa chevelure digne de Bacchus et d'Apollon, ses joues qu'un léger duvet ombrage à peine, son cou d'ivoire, sa bouche gracieuse, son teint parsemé de roses et de lis : il admire les charmes qui le font admirer. Imprudent! c'est à lui-même que ses vœux s'adressent; c'est lui-même qu'il vante, lui-même qu'il recherche; et les feux qu'il allume le consument lui-même! Que de vains baisers il imprime sur cette onde trompeuse! Que de fois ses bras s'y plongent pour saisir la tête qu'il a vue, sans pouvoir embrasser son image! il ne sait ce qu'il voit; mais ce qu'il voit excite en lui mille feux; ses désirs s'accroissent, irrités par l'image trompeuse qui lui fait illusion. Dans ta crédulité, pourquoi vouloir t'emparer d'un objet qui te fuit? Cet objet, après lequel tu cours, n'existe pas; cet objet que tu aimes, tourne-toi et tu le verras évanoui. L'image que tu vois, c'est ton ombre réfléchie : sans consistance par elle-même, elle vient et subsiste avec toi; elle va s'éloigner avec toi, si tu peux t'éloigner. Mais ni la faim, ni le besoin de repos, ne peuvent l'arracher de ce lieu : couché sur le gazon touffu, il considère d'un œil insatiable l'image fantastique : il périt par ses propres regards; enfin il se soulève, et, tendant les mains vers les arbres autour de lui rangés : « Quel amant, ô forêts, s'écrie-t-il, fut jamais plus malheureux! vous le savez,

Spectat inexpleto mendacem lumine formam ;
Perque oculos perit ipse suos ; paulumque levatus,
Ad circumstantes tendens sua brachia silvas,
« Ecquis, io silvæ, crudelius, inquit, amavit?
Scitis enim, et multis latebra opportuna fuistis.
Ecquem, quum vestræ tot agantur secula vitæ,
Qui sic tabuerit, longo meministis in ævo ?
Et placet, et video ; sed quod videoque, placetque,
Non tamen invenio : tantus tenet error amantem !
Quoque magis doleam ; nec nos mare separat ingens,
Nec via, nec montes, nec clausis moenia portis ;
Exigua prohibemur aqua : cupit ipse teneri ;
Nam, quoties liquidis porreximus oscula lymphis,
Hic toties ad me resupino nititur ore :
Posse putes tangi : minimum est, quod amantibus obstat.
Quisquis es, huc exi ! quid me, puer, unice, fallis?
Quove petitus abis? certe nec forma, nec ætas
Est mea, quam fugias; et amarunt me quoque Nymphæ.
Spem mihi, nescio quam, vultu promittis amico ;
Quumque ego porrexi tibi brachia, porrigis ultro :
Quum risi, adrides : lacrymas quoque sæpe notavi,
Me lacrymante, tuas : nictu quoque signa remittis :
Et, quantum motu formosi suspicor oris,
Verba refers, aures non pervenientia nostras.
In te ego sum, sensi ; nec me mea fallit imago :

MÉTAMORPHOSES, LIVRE III.

souvent vous avez offert à l'amour un mystérieux abri! Vous souvient-il, après tant de siècles qui ont passé sur vos têtes, d'avoir vu dans cette longue suite des temps un amant dépérir comme moi? Une beauté me plaît, je la vois ; mais cet objet qui me plaît et que je vois, je ne puis le trouver : un amant peut-il être ainsi le jouet de l'erreur? Pour comble de chagrin, il n'y a entre nous ni vaste mer, ni longues distances, ni montagnes, ni remparts ni barrière! L'eau seule nous sépare : l'objet de mon amour brûle d'être dans mes bras! toutes les fois qu'à travers l'élément liquide mes baisers ont cherché à parvenir jusqu'à lui, je l'ai vu relever la tête et s'approcher de moi; ma main semble le toucher : l'obstacle le plus faible s'oppose à notre bonheur! Ah! qui que tu sois, sors de cette onde! Pourquoi, unique et tendre objet de ma flamme, te jouer de moi? pourquoi me fuir, quand je cours après toi? Certes, ni ma beauté, ni mon âge, ne méritent de tels mépris; moi-même, je fus aimé des nymphes. Tes yeux respirent l'amour et me donnent je ne sais quel espoir; quand je tends mes bras vers toi, tu me tends les tiens ; quand je ris, tu souris; souvent même, quand j'ai pleuré, j'ai surpris dans tes yeux une larme; tes signes répondent aux miens : si je dois en juger par les mouvemens de ta céleste bouche, tu me parles ; mais mon oreille ne peut recueillir tes accens. Je suis en toi, je le sens; mon image ne me fait pas illusion ; je me consume moi-même et j'allume la flamme que j'emporte avec moi. A quel parti me résoudre? Dois-je attendre la prière ou l'employer? Mais que demander? Ce que je désire est en moi : c'est pour trop posséder que je ne possède rien. Ah! que ne puis-je m'échapper de mon corps? Vœu nouveau dans un amant,

Uror amore mei; flammas moveoque feroque.
Quid faciam? roger, anne rogem? quid deinde rogabo?
Quod cupio mecum est, inopem me copia fecit.
O utinam nostro secedere corpore possem!
Votum in amante novum; vellem, quod amamus abesset!
Jamque dolor vires adimit; nec tempora vitae
Longa meae superant; primoque exstinguor in aevo;
Nec mihi mors gravis est posituro morte dolores.
Hic, qui diligitur, vellem diuturnior esset:
Nunc duo concordes anima moriemur in una. »
Dixit, et ad faciem rediit malesanus eamdem;
Et lacrymis turbavit aquas; obscuraque moto
Reddita forma lacu est: quam quum vidisset abire,
« Quo fugis? o remane; nec me, crudelis, amantem
Desere, clamavit : liceat, quod tangere non est,
Adspicere, et misero praebere alimenta furori. »
Dumque dolet, summa vestem deduxit ab ora,
Nudaque marmoreis percussit pectora palmis.
Pectora traxerunt tenuem percussa ruborem;
Non aliter, quam poma solent, quae candida parte,
Parte rubent : aut, ut variis solet uva racemis
Ducere purpureum, nondum matura, colorem.
Quae simul adspexit liquefacta rursus in unda,
Non tulit ulterius; sed, ut intabescere flavae
Igne levi cerae, matutinaeque pruinae

je voudrais être loin de l'objet de mon amour! Déjà la douleur épuise mes forces; il ne me reste plus que quelques momens à passer sur la terre, je m'éteins au seuil de la vie; mais la mort ne m'est point à charge; elle va m'affranchir de ma douleur. Je voudrais voir les jours de celui que je chéris se prolonger; mais, liés l'un à l'autre, notre vie s'évanouira par le même souffle. »

Il dit, et dans son délire il revient considérer la même image. Ses larmes troublent la limpidité des eaux dont le cristal agité ne réfléchit que des traits à demi effacés. En voyant l'image s'éloigner : « Où fuis-tu? dit-il; oh! reste, je t'en conjure : cruel, n'abandonne pas un amant qui t'adore. Ces traits que je ne puis toucher, laisse-moi les contempler; laisse-moi fournir un aliment à ma triste fureur. » Au milieu de ces plaintes il déchire ses vêtemens; de ses bras d'albâtre il meurtrit son sein découvert, qui se colore d'une rougeur légère sous des coups redoublés : ainsi le blanc et le rouge s'unissent sur les dons de Pomone; telle encore la grappe mûre à demi se nuance de l'éclat de la pourpre. Bientôt l'onde est redevenue limpide et Narcisse aperçoit son image meurtrie : sa fureur l'abandonne; semblable aux flots dorés de la cire qui fond à l'aspect de la flamme légère, ou bien au givre du matin qui s'écoule aux premiers rayons du soleil, il dépérit consumé d'amour : peu à peu, sa flamme secrète tarit en lui les

Sole tepente solent; sic attenuatus amore
Liquitur; et caeco paulatim carpitur igni.
Et neque jam color est mixto candore rubori;
Nec vigor, et vires, et quae modo visa placebant,
Nec corpus remanet, quondam quod amaverat Echo.
Quae tamen ut vidit, quamvis irata memorque,
Indoluit: quotiesque puer miserabilis, Eheu!
Dixerat; haec resonis iterabat vocibus, Eheu!
Quumque suos manibus percusserat ille lacertos,
Haec quoque reddebat sonitum plangoris eumdem.
Ultima vox solitam fuit haec spectantis in undam;
Heu frustra dilecte puer! totidemque remisit
Verba locus; dictoque Vale, Vale inquit et Echo.
Ille caput viridi fessum submisit in herba;
Lumina nox claudit, domini mirantia formam.
Tum quoque se, postquam est inferna sede receptus,
In Stygia spectabat aqua: planxere sorores
Naiades; et sectos fratri posuere capillos:
Planxere et Dryades: plangentibus adsonat Echo.
Jamque rogum, quassasque faces, feretrumque parabant:
Nusquam corpus erat: croceum pro corpore florem
Inveniunt, foliis medium cingentibus albis.

VI. Cognita res meritam vati per Achaidas urbes
Attulerat famam; nomenque erat auguris ingens;
Spernit Echionides tamen hunc, ex omnibus unus

sources de la vie : déjà son teint n'est plus semé de lis et de roses; ses forces, ses grâces qui le charmaient naguère, il a tout perdu, même les formes séduisantes qu'aima jadis Écho. En le voyant dans cet état, la nymphe gémit, quoique irritée par de pénibles souvenirs. Toutes les fois que le malheureux Narcisse s'était écrié : *Hélas!* la voix d'Écho avait répété : *Hélas!* Lorsque de ses mains il avait frappé sa poitrine, elle avait reproduit le bruit de tous les coups. Les dernières paroles de Narcisse, en jetant selon sa coutume un regard dans l'onde, furent : « Hélas! enfant que j'ai en vain chéri! » Écho répéta ces paroles. *Adieu*, dit-il ; *adieu*, répond-elle. Sa tête languissante retombe sur le gazon fleuri; et la nuit ferme ses yeux encore épris de sa beauté : descendu au ténébreux séjour, il chercha son image dans les flots du Styx. Les Naïades pleurèrent leur frère, et coupèrent leurs cheveux pour les déposer sur sa tombe; les Dryades le pleurèrent aussi; Écho redit leurs gémissemens. Déjà le bûcher, la torche funèbre, le cercueil, tout est prêt ; mais on ne trouve nulle part les restes de Narcisse. A sa place est une fleur brillante comme la pourpre : des feuilles blanches en forment la ceinture.

VI. Le bruit de cet évènement, répandu dans les villes de la Grèce, rendit justement célèbre le devin Tirésias; sa renommée s'étendit au loin. Le fils d'Échion,

Contemtor Superum, Pentheus; præsagaque ridet
Verba senis; tenebrasque et cladem lucis ademtæ
Objicit: ille movens albentia tempora canis,
« Quam felix esses, si tu quoque luminis hujus
Orbus, ait, fieres, nec Bacchia sacra videres!
Jamque dies aderit, jamque haud procul auguror esse,
Qua novus huc veniat, proles Semeleia, Liber.
Quem nisi templorum fueris dignatus honore,
Mille lacer spargere locis, et sanguine silvas
Fœdabis, matremque tuam, matrisque sorores.
Evenient: neque enim dignabere numen honore;
Meque sub his tenebris nimium vidisse quereris. »
TALIA dicentem proturbat Echione natus:
Dicta fides sequitur; responsaque vatis aguntur.
Liber adest; festisque fremunt ululatibus agri:
Turba ruunt, mixtæque viris matresque, nurusque,
Vulgusque, proceresque, ignota ad sacra feruntur.
« Quis furor, anguigenæ, proles Mavortia, vestras
Attonuit mentes? Pentheus ait: ærane tantum
Ære repulsa valent? et adunco tibia cornu?
Et magicæ fraudes? ut, quos non belliger ensis,
Non tuba terruerint, non strictis agmina telis;
Femineæ voces, et mota insania vino,
Obscenique greges, et inania tympana vincant.
Vosne, senes, mirer? qui, longa per æquora vecti,

qui seul dans la famille de Cadmus était irrévérent envers les dieux, Penthée le méprise ; il rit des paroles prophétiques du vieillard et lui reproche la nuit où il est plongé et la cause du malheur qui lui ravit la lumière. Le vieillard secouant sa tête blanchie : « Tu serais bien heureux, dit-il, si, privé comme moi de la lumière, tu ne voyais pas les fêtes de Bacchus. Un jour, et il n'est pas loin, je te le prédis, le jeune fils de Sémélé, Bacchus, viendra dans ces lieux. Si tu n'élèves pas un temple en son honneur, mis en lambeaux tu joncheras la terre de tes restes épars et ton sang baignera les arbres et ta mère et ses sœurs. Ma prédiction s'accomplira ; car tu ne croiras pas Bacchus digne des honneurs divins. Alors tu te plaindras que, plongé dans les ténèbres, j'aie trop bien lu dans l'avenir. »

A ces mots, le fils d'Échion le chasse avec dureté. Cependant l'évènement justifie ses paroles : déjà les prédictions du vieillard s'accomplissent. Bacchus est arrivé et des cris de fête retentissent au loin dans les champs. La foule se précipite : les hommes, les mères et les filles, les grands et le peuple accourent confondus à de nouveaux mystères. « Quel délire, enfans d'un dragon, nobles rejetons de Mars, a saisi vos esprits ? s'écrie Penthée. Eh quoi ! l'airain battu par l'airain, des trompettes recourbées et des prestiges magiques ont-ils tant de pouvoir ? Des hommes que ni l'épée des combats, ni le clairon, ni les bataillons armés de dards flamboyans ne purent effrayer, sont aujourd'hui vaincus par des cris de femmes transportées d'une fureur que le vin allume, par ce vil troupeau qu'agite le vain bruit des tambours ! Puis-je assez m'étonner, vieillards ? Long-temps

Hac Tyron, hac profugos posuistis sede Penates;
Nunc sinitis sine Marte capi? vosne, acrior ætas,
O juvenes, propiorque meæ, quos arma tenere,
Non thyrsos, galeaque tegi, non fronde, decebat?
Este, precor, memores, qua sitis stirpe creati;
Illiusque animos, qui multos perdidit unus,
Sumite serpentis : pro fontibus ille lacuque
Interiit : at vos pro fama vincite vestra.
Ille dedit leto fortes : vos pellite molles,
Et patrium revocate decus: si fata vetabant
Stare diu Thebas; utinam tormenta virique
Mœnia diruerent; ferrumque ignisque sonarent!
Essemus miseri sine crimine; sorsque querenda,
Non celanda foret; lacrymæque pudore carerent.
At nunc a puero Thebæ capientur inermi;
Quem neque bella juvant, nec tela, nec usus equorum;
Sed madidus myrrha crinis, mollesque coronæ,
Purpuraque, et pictis intextum vestibus aurum.
Quem quidem ego actutum, modo vos absistite, cogam
Adsumtumque patrem, commentaque sacra fateri.
An satis Acrisio est animi, contemnere vanum
Numen, et Argolicas venienti claudere portas,
Penthea terrebit cum totis advena Thebis?
Ite citi (famulis hoc imperat), ite, ducemque
Attrahite huc vinctum : jussis mora segnis abesto. »

ballottés sur les mers, vous avez fondé une nouvelle Tyr et fixé dans ces lieux vos Pénates errans; et maintenant vous les verriez enchaînés sans combattre! Vous qui êtes dans la fleur de la jeunesse et que l'âge rapproche de moi, ne devriez-vous point porter les armes et non le thyrse? votre front ne devrait-il pas être ombragé d'un casque et non de feuillage? Ah! je vous en conjure, souvenez-vous de quelle tige vous êtes sortis. Allumez dans vos cœurs l'audace de ce dragon qui seul fit tant de victimes. S'il mourut pour une fontaine et pour un lac, sachez vaincre pour l'honneur de votre nom; s'il fit tomber dans les bras de la Mort de vaillans adversaires, repoussez des lâches et ressuscitez la splendeur de votre race. Les destins défendent peut-être que Thèbes reste long-temps debout..... Ah! du moins, puissent le bélier et la main d'hommes courageux faire crouler ses murs; puissent le fer et la flamme retentir sur ses ruines! Alors notre malheur sera pur de tout crime; alors nous pourrons déplorer notre sort sans le cacher, et nos larmes couleront sans honte. Eh quoi! Thèbes deviendrait aujourd'hui la conquête d'un faible enfant qui n'aime ni les combats, ni les armes, ni les coursiers, et ne se plaît qu'à répandre sur ses cheveux de suaves parfums, ou à se parer mollement de couronnes et de vêtemens tissus d'or et de pourpre! Bientôt, si vous l'abandonnez, je saurai le forcer à reconnaître la fausseté de son origine et de ses mystères. Acrisius aura donc eu assez de courage pour mépriser une divinité mensongère et fermer à son approche les portes d'Argos; et Penthée et Thèbes trembleront devant cet étranger! Allez en toute hâte (et il commandait à ses compagnons); allez et amenez ici le chef de cette troupe

Hunc avus, hunc Athamas, hunc cetera turba suorum
Corripiunt dictis, frustraque inhibere laborant.
Acrior admonitu est; irritaturque retenta,
Et crescit rabies; remoraminaque ipsa nocebant.
Sic ego torrentem, qua nil obstabat eunti,
Lenius, et modico strepitu decurrere vidi :
At quacumque trabes obstructaque saxa tenebant,
Spumeus, et fervens, et ab objice saevior ibat.
Ecce cruentati redeunt; et, Bacchus ubi esset
Quaerenti domino, Bacchum vidisse negarunt.
Hunc, dixere, tamen comitem, famulumque sacrorum
Cepimus : et tradunt manibus post terga ligatis,
Sacra Dei quondam Tyrrhena sequutum.
Adspicit hunc oculis Pentheus, quos ira tremendos
Fecerat : et, quanquam poenae vix tempora differt,
« O periture, tuaque aliis documenta dature
Morte, ait, ede tuum nomen, nomenque parentum,
Et patriam; morisque novi cur sacra frequentes. »
Ille metu vacuus : « Nomen mihi, dixit, Acœtes;
Patria, Maeonia est : humili de plebe parentes.
Non mihi, quae duri colerent pater arva juvenci,
Lanigerosve greges, non ulla armenta reliquit.
Pauper et ipse fuit; linoque solebat et hamo
Decipere, et calamo salientes ducere pisces.

chargé de chaînes : exécutez cet ordre sans le moindre retard. »

Cadmus son aïeul, Athamas et tous les siens l'accablent de reproches et s'efforcent en vain de l'apaiser. Les conseils augmentent sa violence; sa fureur enchaînée s'irrite et grandit sous le frein qui l'arrête. Ainsi j'ai vu un torrent, quand rien ne gênait sa marche, s'écouler doucement; à peine le murmure de ses eaux était-il sensible. Des poutres ou des pierres entassées s'opposaient-elles à son passage; écumeux et bouillonnant, il précipitait ses flots : l'obstacle le rendait furieux. Cependant les soldats reviennent couverts de sang. Leur maître leur demande où est Bacchus : ils répondent qu'ils ne l'ont pas vu. « Mais, ajoutent-ils, voici un de ses compagnons, un de ses ministres, que nous avons surpris célébrant ses mystères. » En même temps ils lui livrent, les mains attachées derrière le dos, celui qui jadis avait quitté les champs de l'Étrurie pour suivre le dieu.

Penthée jette sur lui des yeux que la colère rend terribles; à peine peut-il différer le supplice. « Tu vas mourir, et ta mort servira de leçon aux autres, s'écrie-t-il : fais connaître ton nom, tes parens, ta patrie; dis pourquoi tu célèbres des mystères nouveaux. » Inaccessible à la crainte, l'étranger lui répond : « Mon nom est Acœtès, et la Méonie ma patrie; je suis né de parens obscurs. Mon père ne m'a laissé ni des champs fécondés par d'infatigables taureaux, ni des brebis à la riche toison, ni d'autres troupeaux. Il fut pauvre lui-même : armé de lin et d'hameçons, il s'occupait à tromper le poisson et à le tirer du sein des flots, suspendu à sa ligne et sautillant encore. Son métier était toute sa fortune : lorsqu'il me l'eût appris, Reçois les richesses

Ars illi sua census erat: quum traderet artem,
Accipe, quas habeo, studii successor et heres,
Dixit, opes: moriensque mihi nihil ille reliquit,
Praeter aquas: unum hoc possum appellare paternum.
Mox ego, ne scopulis haererem semper in isdem,
Addidici regimen, dextra moderante, carinae
Flectere: et Oleniae sidus pluviale Capellae,
Taygetenque, Hyadasque oculis Arctonque notavi,
Ventorumque domos, et portus puppibus aptos.
Forte petens Delon, Diae telluris ad oras
Adplicor, et dextris adducor litora remis;
Doque leves saltus; udaeque innitor arenae,
Nox ubi consumta est. Aurora rubescere primum
Coeperat: exsurgo, laticesque inferre recentes
Admoneo, monstroque viam, quae ducat ad undas.
Ipse, quid aura mihi tumulo promittat ab alto,
Prospicio; comitesque voco, repetoque carinam.
Adsumus en, inquit sociorum primus Opheltes;
Utque putat, praedam deserto nactus in agro,
Virginea puerum ducit per litora forma.
Ille, mero somnoque gravis, titubare videtur,
Vixque sequi: specto cultum, faciemque, gradumque:
Nil ibi, quod posset credi mortale, videbam.
Et sensi, et dixi sociis: Quod numen in isto
Corpore sit, dubito; sed corpore numen in isto est.

que je possède, me dit-il, toi l'héritier et le successeur de mes travaux ; et, en mourant, il me laissa les eaux pour héritage : c'est tout ce que je puis appeler mon patrimoine. Bientôt, pour ne pas rester éternellement enchaîné aux mêmes rochers, je contraignis la rame qui gouverne le navire à suivre l'impulsion de ma main : mes yeux observèrent l'astre pluvieux de la Chèvre Amalthée, la constellation de Taygète, les Hyades, l'Ourse, les demeures des Vents et les ports propices aux vaisseaux. Un jour, me dirigeant vers Délos, j'approche des côtes de Naxos : la rame favorable me conduit au rivage. Je m'élance d'un bond léger, mes pieds foulent le sable humide. La nuit s'écoule : les portes de l'Aurore se colorent d'azur ; je me lève, j'engage mes compagnons à apporter de l'eau vive et je leur montre le sentier qui mène aux fontaines. J'étudie ce que présage le vent qui souffle de la hauteur voisine, j'appelle mes compagnons et je reviens vers mon vaisseau. Nous voilà, s'écrie Opheltès avant tous ; et, fier de la proie qu'il a trouvée dans les champs déserts, il s'imagine conduire un enfant d'une beauté virginale, et qui, appesanti par le vin et le sommeil, semble chanceler et le suivre à peine. J'examine ses vêtemens, sa figure, sa démarche : rien ne s'y montre, qui annonce un mortel. Je le sens et je dis à mes compagnons : Je ne sais quel dieu se cache sous les traits de cet inconnu ; mais ils décèlent un dieu. — Ah ! qui que tu sois, montre-toi propice ; soutiens-nous dans nos dangers et pardonne à mes compagnons. — Cesse de prier pour nous, s'écrie Dictys, le plus habile à s'élancer à la cime du mât ou à se glisser le long des cordages qu'il presse de sa main. Libys, le blond Mélanthe qui dirige la proue, et Alcimédon

Quisquis es, o faveas; nostrisque laboribus adsis.
His quoque des veniam. Pro nobis mitte precari,
Dictys ait; quo non alius conscendere summas
Ocior antennas, prensoque rudente relabi.
Hoc Libys; hoc flavus, prorae tutela, Melanthus;
Hoc probat Alcimedon; et, qui requiemque modumque
Voce dabat remis, animorum hortator Epopeus;
Hoc omnes alii: praedae tam caeca cupido est!
Non tamen hanc sacro violari pondere pinum
Perpetiar, dixi; pars hic mihi maxima juris;
Inque aditu obsisto: furit audacissimus omni
De numero Lycabas, qui Thusca pulsus ab urbe
Exsilium, dira poenam pro caede, luebat.
Is mihi, dum resto, juvenili guttura pugno
Rupit; et excussum misisset in aequora, si non
Haesissem, quamvis amens, in fune retentus.
Impia turba probant factum: tum denique Bacchus,
Bacchus enim fuerat, veluti clamore solutus
Sit sopor, aque mero redeant in pectora sensus,
Quid facitis? quis clamor? ait: qua, dicite, nautae,
Huc ope perveni? quo me deferre paratis?
Pone metum, Proteus, et quos contingere portus
Ede velis, dixit; terra sistere petita.
Naxon, ait Liber, cursus advertite vestros.
Illa mihi domus est; vobis erit hospita tellus.

applaudissent, ainsi qu'Épopée dont la voix commandait le repos et le mouvement des rames ou ranimait les courages; tous les autres nautonniers l'imitent : tant la soif du butin les aveugle ! Non, je ne souffrirai pas qu'un fardeau sacrilège profane ce vaisseau, m'écriai-je ; c'est à moi surtout qu'appartient ici le droit de commander. Je me poste à l'échelle pour en défendre l'accès : la fureur s'empare de Lycabas, le plus audacieux des matelots, et qui, banni de l'Étrurie, expiait dans l'exil un horrible homicide. Je résiste : de son poing vigoureux il me frappe à la gorge, et par une forte secousse il m'eût jeté au sein des mers, si, privé de mes facultés, je n'étais pourtant resté attaché aux cordages. La troupe impie approuve cette audace : alors Bacchus (car c'était Bacchus), comme si les cris avaient interrompu son sommeil et permis à la raison, naguère engourdie par les vapeurs du vin, de se ranimer dans son âme : Que faites-vous, dit-il, et pourquoi tant de cris? matelots, apprenez-moi comment je suis ici. Où voulez-vous me transporter ? Bannis toute crainte, réplique le pilote, et dis-moi dans quel port tu veux aborder : tu descendras sur la terre qu'appellent tes désirs. Dirigez votre course vers Naxos, répond Bacchus : là est ma demeure, vous y trouverez un sol hospitalier. Leur bouche mensongère jure par la mer et par toutes les divinités que son vœu sera satisfait ; et ils m'ordonnent d'abandonner aux vents la voile du vaisseau orné de mille couleurs. Naxos était à droite ; je dirigeai le vaisseau de ce côté. Chacun s'écrie : Que fais-tu, insensé, et quel est ton aveuglement, ô Acœtès? tourne à gauche. Les uns, c'était le plus grand nombre, m'indiquent leur pensée par des signes ; les autres me

Per mare fallaces, perque omnia numina jurant
Sic fore; meque jubent pictæ dare vela carinæ.
Dextera Naxos erat : dextra mihi lintea danti,
Quid facis, o demens? quis te furor, inquit, Acœte,
Pro se quisque, tenet? lævam pete : maxima nutu
Pars mihi significat; pars, quid velit, aure susurrat.
Obstupui; Capiatque alius moderamina, dixi :
Meque ministerio scelerisque artisque removi.
Increpor a cunctis; totumque immurmurat agmen.
E quibus Æthalion : Te scilicet omnis in uno
Nostra salus posita est, ait : et subit ipse; meumque
Explet opus; Naxoque petit diversa relicta.
« Tum Deus illudens, tanquam modo denique fraudem
Senserit, e puppi pontum prospectat adunca.
Et flenti similis : Non hæc mihi litora, nautæ,
Promisistis, ait; non hæc mihi terra rogata est :
Quo merui pœnam facto? quæ gloria vestra est,
Si puerum juvenes, si multi fallitis unum?
Jamdudum flebam : lacrymas manus impia nostras
Ridet; et impellit properantibus æquora remis.
Per tibi nunc ipsum, nec enim præsentior illo
Est Deus, adjuro, tam me tibi vera referre,
Quam veri majora fide : stetit æquore puppis
Haud aliter, quam si siccum navale teneret.
Illi admirantes remorum in verbere perstant;

l'expliquent à l'oreille. Immobile d'horreur : Qu'un autre prenne le timon, m'écriai-je ; et je fuis un ministère de crime et de ruse. Tous me gourmandent, l'armée éclate en murmures : Notre salut va-t-il dépendre de toi seul ? me dit Æthalion, un des matelots. Il saisit le gouvernail, commande à ma place et s'éloigne de Naxos pour gagner le rivage opposé.

« En ce moment le dieu, d'un air badin et comme s'il eût seulement alors découvert l'artifice, du haut de la poupe recourbée promène ses regards sur la mer; puis feignant de pleurer : Ce ne sont pas là, nochers, les rivages que vous m'avez promis ; ce n'est pas la terre que j'ai demandée. Par quel crime ai-je mérité un pareil traitement ? Dans la fleur de la jeunesse et si nombreux, quelle gloire trouvez-vous à tromper un enfant isolé ? Déjà mes larmes coulaient; la troupe impie se rit de mes pleurs et agite les flots sous les coups redoublés de la rame. Ici, je prends à témoin de la vérité de mon récit, quoiqu'il paraisse peu vraisemblable, le dieu lui-même ; et il n'en est pas de plus puissant : au milieu des ondes, le vaisseau reste immobile, comme s'il se fût trouvé à sec dans une rade. Étonnés, les matelots continuent pourtant de battre la mer avec les rames; ils détendent les voiles et s'efforcent d'accélérer

Velaque deducunt; geminaque ope currere tentant.
Impediunt hederae remos, nexuque recurvo
Serpunt; et gravidis distinguunt vela corymbis.
Ipse, racemiferis frontem circumdatus uvis,
Pampineis agitat velatam frondibus hastam.
Quem circa tigres, simulacraque inania lyncum,
Pictarumque jacent fera corpora pantherarum.
Exsiluere viri; sive hoc insania fecit,
Sive timor; primusque Medon nigrescere pinnis
Corpore depresso, et spinae curvamina flecti
Incipit; huic Lycabas, In quae miracula, dixit,
Verteris? et lati rictus, et panda loquenti
Naris erat, squamamque cutis durata trahebat.
At Libys, obstantes dum vult obvertere remos,
In spatium resilire manus breve vidit; et illas
Jam non esse manus, jam pinnas posse vocari.
Alter ad intortos cupiens dare brachia funes,
Brachia non habuit; truncoque repandus in undas
Corpore desiluit: falcata novissima cauda est;
Qualia dividuae sinuantur cornua Lunae.
Undique dant saltus; multaque adspergine rorant;
Emerguntque iterum; redeuntque sub aequora rursus;
Inque chori ludunt speciem; lascivaque jactant
Corpora; et acceptum patulis mare naribus efflant.
De modo viginti, tot enim ratis illa ferebat,

leur marche par ce double secours. Le lierre embarrasse les rames, les presse de ses étreintes flexibles, et mêle la pourpre de ses pesantes grappes à la blancheur des voiles. Bacchus lui-même, le front ceint de raisins, agite sa lance entourée de pampres : à ses côtés gisent, simulacres terribles, des tigres, des lynx et des panthères à la peau tachetée. Mes compagnons se jettent dans les ondes, emportés par un vertige ou par la crainte. Médon le premier voit sur ses membres courbés naître de noires écailles et l'épine de son dos se plier en arc. Quelle étonnante métamorphose! lui dit Lycabas; et pendant qu'il profère ces mots, sa bouche s'allonge, son nez s'élargit et sa peau durcie se couvre d'écailles. Libys essaie de retourner la rame qui résiste; mais il voit ses mains se rétrécir : déjà elles sont changées en nageoires. Un autre veut, d'un bras vigoureux, saisir les câbles enlacés par le lierre; mais il n'a plus de bras : mutilé, il tombe au fond des mers et son corps se termine en une queue semblable à une faux ou au croissant de la lune, quand elle nous montre la moitié de son disque. Çà et là ils bondissent et font jaillir au loin les flots; puis ils s'élancent du sein des eaux et s'y plongent encore; ils nagent en chœur, se livrent à mille jeux, et l'onde qu'ils ont aspirée s'échappe de leurs larges naseaux. Des vingt nochers que portait le navire je restais seul : la frayeur agite et glace mes sens. A peine suis-je rassuré par ces paroles du dieu : Affranchis ton âme de la crainte et gagne le rivage de Naxos. Arrivé là, j'allume la flamme sur un autel et je célèbre avec empressement les mystères de Bacchus. »

Restabam solus; pavidum gelidumque trementi
Corpore, vixque meum firmat Deus, Excute, dicens,
Corde metum, Diamque tene. Delatus in illam,
Accensis aris, Baccheia sacra frequento. »
« Præbuimus longis, Pentheus, ambagibus aures,
Inquit, ut ira mora vires absumere posset.
Præcipitem famuli rapite hunc; cruciataque diris
Corpora tormentis Stygiæ demittite nocti. »
Protinus abstractus solidis Tyrrhenus Acœtes
Clauditur in tectis; et, dum crudelia jussæ
Instrumenta necis, ferrumque ignisque parantur,
Sponte sua patuisse fores, lapsasque lacertis
Sponte sua, fama est, nullo solvente, catenas.
Perstat Echionides; nec jam jubet ire, sed ipse
Vadit, ubi, electus facienda ad sacra, Cithæron
Cantibus et clara bacchantum voce sonabat.
Ut fremit acer equus, quum bellicus ære canoro
Signa dedit tubicen, pugnæque adsumit amorem :
Penthea sic ictus longis ululatibus æther
Movit, et audito clangore recanduit ira.
Monte fere medio est, cingentibus ultima silvis,
Purus ab arboribus, spectabilis undique campus.
Hic oculis illum cernentem sacra profanis
Prima videt, prima est insano concita motu,
Prima suum misso violavit Penthea thyrso

« J'ai long-temps prêté l'oreille à tes fallacieux discours, dit Penthée, afin que par ce délai ma colère pût s'éteindre : c'en est assez. Ministres de mes volontés, hâtez-vous de saisir cet étranger : qu'après avoir subi les plus dures tortures, il descende dans les ténèbres du Styx. » Enchaîné sur-le-champ, Acœtès est renfermé dans une sombre prison ; mais tandis qu'on prépare les terribles instrumens du supplice, la flamme et le fer ; les portes s'ouvrent d'elles-mêmes, dit-on, et d'elles-mêmes les chaînes tombent de ses mains. Le fils d'Échion persiste : il n'ordonne plus d'aller, il court lui-même sur le Cithéron, qui, choisi pour les mystères sacrés, retentit des chants et des cris tumultueux des bacchantes. Un généreux coursier frémit, lorsque l'airain sonore a donné le signal de la mêlée : il respire le feu des combats ; tel Penthée, au bruit des hurlemens qui frappent au loin les airs, s'agite, et les cris qu'il entend rallument sa fureur.

Vers le milieu de la montagne est une plaine qu'entoure une forêt ; mais dont l'enceinte, sans arbres, s'offre libre à l'œil qui la contemple. Là, tandis que Penthée porte un regard profane sur les mystères, Agavé sa mère lui jette, avant toutes les autres, son thyrse qui le blesse. « Io ! dit-elle, accourez, mes sœurs : ce sanglier

Mater : « Io, geminæ, clamavit, adeste sorores :
Ille aper, in nostris errat qui maximus agris,
Ille mihi feriendus aper. » Ruit omnis in unum
Turba furens : cunctæ coeunt, cunctæque sequuntur
Jam trepidum, jam verba minus violenta loquentem,
Jam se damnantem, jam se peccasse fatentem.
Saucius ille tamen, « Fer opem, matertera, dixit,
Autonoe; moveant animos Actæonis umbræ. »
Illa, quid Actæon, nescit; dextramque precanti
Abstulit : Inoo lacerata est altera raptu.
Non habet infelix quæ matri brachia tendat;
Trunca sed ostendens disjectis corpora membris,
« Adspice, mater, » ait : visis ululavit Agave;
Collaque jactavit, movitque per aera crinem;
Avulsumque caput digitis complexa cruentis
Clamat, « Io comites, opus hæc victoria nostrum est. »
Non citius frondes autumno frigore tactas,
Jamque male hærentes alta rapit arbore ventus,
Quam sunt membra viri manibus direpta nefandis.
Talibus exemplis monitæ nova sacra frequentant,
Turaque dant, sanctasque colunt Ismenides aras.

menaçant qui erre dans nos campagnes, c'est moi qui veux le frapper. » La troupe furieuse fond sur le malheureux Penthée : toutes ensemble, elles le poursuivent déjà tremblant, déjà moins emporté dans son langage, se blâmant et s'avouant coupable. Atteint d'un coup mortel : « Venez à mon secours, dit-il, Autonoé, vous la sœur de ma mère : laissez-vous fléchir par l'ombre d'Actéon. » Elle ne sait plus ce que fut Actéon et coupe la main droite de celui qui l'implore ; la gauche lui est enlevée par la fureur d'Ino. L'infortuné n'a plus de bras qu'il puisse élever vers sa mère ; mais lui montrant ses membres mutilés : « Regarde, ô ma mère, » dit-il. A ce spectacle, Agavé jette ses yeux sur lui, pousse d'horribles hurlemens, et livre aux caprices des vents ses cheveux qui flottent sur son front agité. Elle prend dans ses mains ensanglantées la tête de son fils récemment abattue, et s'écrie : « Io ! mes compagnes, cette victoire est mon ouvrage ! » Les feuilles, effleurées par le vent froid de l'automne et qui tiennent à peine à la cime des arbres, ne tombent pas plus vite qu'on ne vit les membres de Penthée dispersés par les mains impies des bacchantes.

Instruites par cet exemple, les Thébaines célèbrent de nouveaux mystères, offrent l'encens et déposent leurs hommages sur les autels consacrés à Bacchus.

LIVRE IV.

ARGUMENTUM.

I. Alcithoe et sorores constanter Bacchi sacra contemnunt. Pyramus et Thisbe. — Martis et Veneris, Apollinis et Leucothoe, Salmacis et Hermaphroditis amores. Mineides in vespertiliones mutatæ, earumque telæ in vitem et pampinas. — II. Ino et Melicerta in Deos marinos transformatæ, et earum famulæ in saxa et volucres. — III. Cadmus et Hermione in angues commutantur. — IV. Atlas in montem. — V. Andromedam liberat Perseus. — VI. Eam ducit uxorem.

ARGUMENT.

I. Alcithoé et ses sœurs rejettent le culte de Bacchus. Pyrame et Thisbé. — Amours de Mars et de Vénus, d'Apollon et de Leucothoé, de Salmacis et d'Hermaphrodite. Les filles de Minée métamorphosées en chauve-souris, et leurs toiles en vignes et en pampres. — II. Ino et Mélicerte changées en dieux marins, et leurs compagnes en rochers et en oiseaux. — III. Métamorphoses de Cadmus et d'Hermione en serpens. — IV. Atlas est changé en montagne. — V. Persée délivre Andromède. — VI. Il l'épouse.

P. OVIDII NASONIS
METAMORPHOSEON

LIBER QUARTUS.

1. At non Alcithoe Minyeias orgia censet
Accipienda Dei : sed adhuc temeraria Bacchum
Progeniem negat esse Jovis; sociasque sorores
Impietatis habet. Festum celebrare sacerdos,
Immunes operum dominas famulasque suorum,
Pectora pelle tegi, crinales solvere vittas,
Serta comis, manibus frondentes sumere thyrsos,
Jusserat; et saevam laesi fore numinis iram
Vaticinatus erat : parent matresque nurusque;
Telasque, calathosque infectaque pensa reponunt;
Turaque dant; Bacchumque vocant Bromiumque Lyaeumque
Ignigenamque, satumque iterum, solumque bimatrem.
Additur his Nyseus, indetonsusque Thyoneus,
Et cum Lenaeo genialis consitor uvae,
Nycteliusque, Eleleusque parens, et Iacchus, et Evan;

MÉTAMORPHOSES

DE

P. OVIDE

LIVRE QUATRIÈME.

I. Cependant la fille de Minyas, Alcithoé, ne croit pas devoir adopter le culte de Bacchus ; toujours téméraire, elle soutient qu'il n'est pas fils de Jupiter : ses sœurs partagent son impiété. Le prêtre ordonne de célébrer les mystères : il commande aux maîtresses et aux esclaves d'abandonner leurs travaux, de couvrir leur sein d'une peau, de délier les bandelettes qui attachent leurs cheveux, d'orner leur front de couronnes et leur main d'un thyrse entouré de pampres. En même temps il annonce un implacable courroux de la part du dieu, s'il reçoit une offense. Les mères et les filles obéissent et déposent leur fuseau, leur corbeille et leur toile inachevée ; elles offrent de l'encens et invoquent le dieu sous le nom de Bacchus, de Bromius, de Lyéus. Elles l'appellent le fils du feu, le dieu deux fois né, le seul qui ait eu deux mères. Elles ajoutent les noms de Nyséen, de Thyonée à la chevelure toujours vierge, de Lenéus, de créateur du raisin qui porte la joie dans l'âme, de Nyctelius, de père Elélée, d'Iacchus et d'Évan, et tous les autres noms que te prodiguent, ô

Et quæ præterea per Graias plurima gentes
Nomina, Liber, habes: tibi enim inconsumta juventas;
Tu puer æternus, tu formosissimus alto
Conspiceris cœlo: tibi, quum sine cornibus adstas,
Virgineum caput est. Oriens tibi victus, ad usque
Decolor extremo qua tinguitur India Gange.
Penthea tu, venerande, bipenniferumque Lycurgum
Sacrilegos mactas; Tyrrhenaque mittis in æquor
Corpora: tu bijugum pictis insignia frenis
Colla premis lyncum: Bacchæ Satyrique sequuntur;
Quique senex ferula titubantes ebrius artus
Sustinet, aut pando non fortiter hæret asello.
Quacumque ingrederis, clamor juvenilis, et una
Femineæ voces, impulsaque tympana palmis,
Concavaque æra sonant, longoque foramine buxus.
Pacatus, mitisque, rogant Ismenides, adsis;
Jussaque sacra colunt: solæ Minyeides intus,
Intempestiva turbantes festa Minerva,
Aut ducunt lanas, aut stamina pollice versant,
Aut hærent telæ, famulasque laboribus urgent.
E quibus una levi deducens pollice filum,
Dum cessant aliæ, commentaque sacra frequentant,
« Nos quoque, quas Pallas, melior Dea, detinet, inquit,
Utile opus manuum vario sermone levemus;
Perque vices aliquid, quod tempora longa videri

Bacchus, les villes de la Grèce. « Pour toi, disent-elles, la jeunesse ne s'épuise pas; tu jouis d'une éternelle enfance; ta beauté te distingue au céleste séjour, et ton front, quand il n'est plus armé de cornes, a une grâce virginale. L'Orient t'est soumis jusqu'aux lieux où l'Inde et ses noirs habitans sont baignés par le Gange qui finit là son cours. Dieu vénérable, Penthée et Lycurgue armé d'une hache expient leur sacrilège sous tes coups; tu précipites les Tyrrhénéens au fond des abîmes; tu courbes sous un double joug la tête des lynx que modère un frein orné de diverses couleurs; sur tes pas marchent les Bacchantes, les Satyres et le vieillard dont un bâton soutient les membres chancelans sous les vapeurs du vin, ou qui s'asseoit mal assuré sur le dos courbé de son âne. Partout où tu parais, retentissent les cris des jeunes gens, les voix des femmes, les tambours frappés par un bras vigoureux, l'airain concave, et le buis d'où le son s'échappe par une large ouverture. Les Thébaines te supplient de leur être propice et célèbrent les fêtes prescrites. Seules, au fond de leurs demeures, les filles de Minyas, profanant ton culte par des travaux hors de saison, filent la laine, et sous leurs doigts font tourner le fuseau ou forment des tissus et excitent leurs esclaves. L'une d'elles, tirant le fil qui s'allonge entre ses doigts déliés, s'écrie, tandis que les autres Thébaines interrompent leur travail pour de vains mystères : « Nous que Pallas, déesse plus sage, retient en ces lieux, mêlons aux utiles occupations de nos mains des entretiens qui les varient et les allègent: qu'un récit, au milieu de nos travaux, nous empêche de sentir la longueur du temps et charme nos oreilles. » Ses compagnes applaudissent à ce projet et la prient de commencer. Elle cherche dans son esprit quel sujet

Non sinat, in medium vacuas referamus ad aures. »
Dicta probant, primamque jubent narrare sorores.
Illa, quid e multis referat, nam plurima norat,
Cogitat; et dubia est, de te, Babylonia, narret,
Derceti, quam versa squamis velantibus artus
Stagna Palæstini credunt celebrasse figura;
An magis ut sumtis illius filia pennis
Extremos albis in turribus egerit annos :
Nais an ut cantu, nimiumque potentibus herbis,
Verterit in tacitos juvenilia corpora pisces,
Donec idem passa est : an, quæ poma alba ferebat,
Ut nunc nigra ferat contactu sanguinis arbor.
Hæc placet; hanc, quoniam vulgaris fabula non est,
Talibus orsa modis, lana sua fila sequente :
« Pyramus et Thisbe, juvenum pulcherrimus alter,
Altera, quas Oriens habuit, prælata puellis,
Contiguas tenuere domos, ubi dicitur altam
Coctilibus muris cinxisse Semiramis urbem.
Notitiam, primosque gradus vicinia fecit;
Tempore crevit amor : tædæ quoque jure coissent,
Sed vetuere patres : quod non potuere vetare,
Ex æquo captis ardebant mentibus ambo.
Conscius omnis abest; nutu signisque loquuntur :
Quoque magis tegitur, tectus magis æstuat ignis.
Fissus erat tenui rima, quam duxerat olim,

elle pourra choisir parmi tous ceux qui lui sont connus : doit-elle conter ton aventure, ô toi que Babylone honore, ô Dercète dont les membres, par une étonnante métamorphose, furent couverts d'écailles; toi que les peuples de Syrie croient résider, sous ta forme nouvelle, au fond de leurs lacs ? Dira-t-elle comment sa fille, revêtue d'ailes, passa sur des tours élevées les dernières années de sa vie; comment une naïade, par ses chants et la trop puissante vertu des simples, changea de jeunes hommes en poissons muets, et subit à son tour la même métamorphose; comment enfin l'arbre qui portait des fruits blancs en porte de noirs, depuis qu'il a été teint de sang? Ce sujet lui plaît, parce qu'il n'a rien de vulgaire; et tandis que la laine s'allonge en fil, elle commence en ces termes :

« Pyrame, le plus beau des jeunes gens de son âge, et Thisbé, qui éclipsait toutes les vierges de l'Orient, habitaient des maisons contiguës, aux lieux où, dit-on, Sémiramis entoura sa ville superbe de remparts cimentés de bitume. La source de leur première liaison fut ce voisinage; le temps accrut leur amour. Ils auraient allumé le flambeau d'un hymen légitime, si leurs parens ne s'y étaient opposés; mais ils ne purent empêcher que le même feu n'embrasât deux cœurs également épris. Leur amour n'est connu de personne, il s'exprime par des gestes et des signes; mais plus leur flamme est cachée, et plus l'incendie qu'elle allume est violent. Une fente légère existait dans le mur qui séparait leur demeure, depuis le jour où ce mur fut construit : per-

Quum fieret paries domui communis utrique :
Id vitium nulli per secula longa notatum,
Quid non sentit amor? primi sensistis amantes;
Et vocis fecistis iter ; tutæque per illud
Murmure blanditiæ minimo transire solebant.
Sæpe, ut constiterant, hinc Thisbe, Pyramus illinc,
Inque vicem fuerat captatus anhelitus oris;
« Invide, dicebant, paries, quid amantibus obstas?
« Quantum erat, ut sineres nos toto corpore jungi?
« Aut hoc si nimium, vel ad oscula danda pateres!
« Nec sumus ingrati : tibi nos debere fatemur,
« Quod datus est verbis ad amicas transitus aures. »
Talia diversa nequicquam sede loquuti,
Sub noctem dixere, Vale; partique dedere
Oscula quisque suæ, non pervenientia contra.
« POSTERA nocturnos Aurora removerat ignes,
Solque pruinosas radiis siccaverat herbas;
Ad solitum coiere locum : tum murmure parvo
Multa prius questi, statuunt, ut nocte silenti
Fallere custodes, foribusque excedere tentent;
Quumque domo exierint, urbis quoque claustra relinquant.
Neve sit errandum lato spatiantibus arvo,
Conveniant ad busta Nini, lateantque sub umbra
Arboris : arbor ibi, niveis uberrima pomis,
Ardua morus, erat, gelido contermina fonti.

sonne, dans une longue suite de siècles, ne l'avait remarquée ; mais que ne remarque pas l'amour? Vous la remarquâtes les premiers, vous qu'il inspirait ; et elle servit de route à votre voix. Par là vous pûtes, sans bruit et sans danger, vous adresser mille tendres paroles. Souvent Thisbé d'un côté et Pyrame de l'autre s'arrêtaient près de cette ouverture pour respirer tour-à-tour leur douce haleine. « Mur jaloux, s'écriaient-ils, pour-
« quoi servir d'obstacle à notre amour? que t'en coûte-
« rait-il de permettre à nos bras de s'unir? Si ce bon-
« heur est trop grand, pourquoi ne pas laisser du moins
« un libre passage à nos baisers ? Cependant, nous ne
« sommes pas ingrats : oui, c'est par toi, nous aimons à
« le reconnaître, que le langage de l'amour parvient à
« nos oreilles. » Assis l'un vis-à-vis de l'autre, ils faisaient entendre ces vaines plaintes. La nuit déployait-elle ses ombres, ils se disaient adieu ; et chacun de son côté imprimait sur ce mur des baisers qui ne pouvaient arriver au côté opposé.

« Le lendemain, à peine l'Aurore a-t-elle chassé les astres de la nuit, à peine les rayons du soleil ont-ils séché le gazon baigné de rosée, qu'ils se retrouvent au rendez-vous accoutumé. D'abord, à voix basse, ils exhalent mille plaintes : puis, ils décident qu'à la faveur du silence de la nuit ils tenteront de tromper leurs gardes et de quitter leur demeure ; résolus, dès qu'ils en auront franchi le seuil, à porter leurs pas hors de la ville. Afin de ne pas errer à l'aventure dans la vaste campagne, ils doivent se réunir auprès du tombeau de Ninus et se cacher sous le feuillage de l'arbre qui le couvre. Là, en effet, chargé de fruits plus blancs que la neige, un

Pacta placent; et lux tarde decedere visa
Præcipitatur aquis, et aquis nox surgit ab isdem.
Callida per tenebras, versato cardine, Thisbe
Egreditur, fallitque suos; adopertaque vultum
Pervenit ad tumulum; dictaque sub arbore sedit.
Audacem faciebat amor : venit ecce recenti
Cæde leæna boum spumantes oblita rictus,
Depositura sitim vicini fontis in unda.
Quam procul ad lunæ radios Babylonia Thisbe
Vidit; et obscurum trepido pede fugit in antrum;
Dumque fugit, tergo velamina lapsa relinquit.
Ut lea sæva sitim multa compescuit unda,
Dum redit in silvas, inventos forte sine ipsa
Ore cruentato tenues laniavit amictus.
Serius egressus, vestigia vidit in alto
Pulvere certa feræ, totoque expalluit ore
Pyramus : ut vero vestem quoque sanguine tinctam
Repperit; « Una duos nox, inquit, perdet amantes;
« E quibus illa fuit longa dignissima vita!
« Nostra nocens anima est : ego te, miseranda, peremi,
« In loca plena metus qui jussi nocte venires;
« Nec prior huc veni! nostrum divellite corpus,
« Et scelerata fero consumite viscera morsu,
« O quicumque sub hac habitatis rupe, leones!
« Sed timidi est optare necem. » Velamina Thisbes

mûrier dont le front allait se perdre dans les nues s'élevait sur les bords d'une fraîche fontaine. Ce pacte fait leur bonheur : le jour, qui semble s'éloigner lentement, disparaît enfin au sein des flots, et de ces mêmes flots la nuit s'élance. D'une main adroite, au milieu des ténèbres, Thisbé fait tourner la porte sur ses gonds, sort, échappe à ses gardes : couverte d'un voile, elle parvient au tombeau de Ninus et s'asseoit sous l'arbre désigné : l'amour lui donne de l'audace. Tout à coup une lionne, la gueule encore baignée du sang des bœufs, court étancher sa soif dans la source voisine. Aux rayons de la lune, Thisbé la voit au loin : d'un pas tremblant elle fuit pour se cacher dans un antre obscur; et dans sa fuite, elle laisse tomber le voile qui flottait sur ses épaules. La farouche lionne, après avoir éteint sa soif dans la source abondante, se dirige vers la forêt : sur la route, elle trouve le voile abandonné et le déchire de ses dents sanglantes. Sorti plus tard, Pyrame remarque la trace de l'animal féroce profondément empreinte sur le sable : la pâleur couvre son front. Bientôt voyant aussi la robe de Thisbé rougie de sang : « La même nuit, dit-il, « perdra deux amans ; et cependant mon amie fut digne « de la plus longue vie ! Le coupable, c'est moi : oui, « infortunée, oui c'est moi qui t'ai perdue; moi qui t'ai « conseillé de venir, pendant la nuit, dans ces lieux où « tout inspire l'effroi ; et je n'y suis point venu le pre- « mier ! Ah! mettez mon corps en lambeaux, et puissent « les entrailles d'un coupable tomber sous vos cruelles « morsures, vous lions, à qui ces rochers servent de re- « paire ! Mais le lâche seul désire la mort. » A ces mots, il emporte le voile de Thisbé et court le déposer à l'ombre de l'arbre désigné, et couvrant ces vêtemens,

Tollit, et ad pactæ secum fert arboris umbram;
Utque dedit notæ lacrymas, dedit oscula vesti:
« Accipe nunc, inquit, nostri quoque sanguinis haustus; »
Quoque erat accinctus demittit in ilia ferrum:
Nec mora; ferventi moriens e vulnere traxit.
Ut jacuit resupinus humi, cruor emicat alte;
Non aliter quam quum vitiato fistula plumbo
Scinditur, et tenues stridente foramine longe
Ejaculatur aquas; atque ictibus aera rumpit.
Arborei fœtus adspergine cædis in atram
Vertuntur faciem; madefactaque sanguine radix
Pæniceo tinguit pendentia mora colore.
« Ecce, metu nondum posito, ne fallat amantem,
Illa redit; juvenemque oculis animoque requirit;
Quantaque vitarit narrare pericula gestit.
Utque locum, et versam cognovit in arbore formam,
Sic facit incertam pomi color, hæret: an hæc sit,
Dum dubitat, tremebunda videt pulsare cruentum
Membra solum, retroque pedem tulit; oraque buxo
Pallidiora gerens, exhorruit, æquoris instar,
Quod tremit, exigua quum summum stringitur aura.
Sed, postquam remorata suos cognovit amores,
Percutit indignos claro plangore lacertos;
Et laniata comas, amplexaque corpus amatum,
Vulnera supplevit lacrymis, fletumque cruori

qui lui sont connus, de ses larmes et de ses baisers, il s'écrie : « Reçois mon sang........ il va couler aussi. » Au même instant il plonge dans son cœur le fer dont il est armé, et, en mourant, il le retire de sa blessure encore fumante : il tombe et son sang au loin jaillit. Ainsi, le tube de plomb, lorsqu'il est fendu, lance au loin l'eau qui s'échappe en sifflant par l'étroite ouverture, frappe l'air et se fraie un passage. Les fruits de l'arbre souillé par un meurtre deviennent noirs, et sa racine, baignée de sang, donne la couleur de la pourpre à la mûre suspendue à ses rameaux.

« Thisbé n'est pas encore libre de toute crainte ; et cependant, pour ne pas causer à son amant une attente trompeuse, elle revient et le cherche des yeux : son âme impatiente veut lui raconter les grands dangers qu'elle a évités. Elle reconnaît le lieu désigné ; mais le changement survenu dans l'arbre et dans la couleur du fruit la jette dans une profonde incertitude. Tandis qu'elle hésite, ne sachant plus si c'est le même arbre, elle voit des membres palpitans sur la terre ensanglantée. Elle recule : plus pâle que le buis, elle éprouve un frémissement semblable à celui de la mer, quand un souffle léger en ride la surface. Bientôt reconnaissant l'objet de son amour, elle frappe son sein d'horribles coups qui résonnent au loin : elle arrache ses cheveux, presse dans ses bras les restes chéris de Pyrame, pleure sur sa blessure, mêle ses larmes avec son sang ; et imprimant des baisers

Miscuit, et gelidis in vultibus oscula figens;
« Pyrame, clamavit, quis te mihi casus ademit?
« Pyrame, responde : tua te, carissime, Thisbe
« Nominat; exaudi, vultusque adtolle jacentes. »
Ad nomen Thisbes oculos, jam morte gravatos,
Pyramus erexit, visaque recondidit illa.
Quæ postquam vestemque suam cognovit, et ense
Vidit ebur vacuum; « Tua te manus, inquit, amorque
« Perdidit, infelix! est et mihi fortis in unum
« Hoc manus; est et amor, dabit hic in vulnera vires.
« Prosequar exstinctum; letique miserrima dicar
« Causa, comesque tui : quique a me morte revelli
« Heu! sola poteras, poteris nec morte revelli.
« Hoc tamen amborum verbis estote rogati,
« O multum miseri, meus illiusque, parentes,
« Ut, quos serus amor, quos hora novissima junxit,
« Componi tumulo non invideatis eodem!
« At tu, quæ ramis arbor miserabile corpus
« Nunc tegis unius, mox es tectura duorum,
« Signa tene cædis; pullosque, et luctibus aptos
« Semper habe fœtus, gemini monumenta cruoris. »
Dixit; et aptato pectus mucrone sub imum
Incubuit ferro, quod adhuc a cæde tepebat.
Vota tamen tetigere Deos, tetigere parentes :
Nam color in pomo est, ubi permaturuit, ater;

sur son front glacé : « Pyrame, s'écrie-t-elle, quel coup
« t'a ravi à ma tendresse? Pyrame, réponds-moi : cher
« ami, c'est Thisbé qui t'appelle; entends sa voix et
« soulève ta tête attachée à la terre. » Au nom de Thisbé,
il rouvre ses paupières déjà appesanties par la mort, et
les referme après l'avoir vue. Bientôt elle reconnaît son
voile, elle voit le fourreau d'ivoire vide de son épée :
« Oui, dit-elle alors, ta main et ton amour t'ont donné
« la mort, infortuné! Moi aussi, j'ai une main assez
« courageuse pour trouver le trépas; oui, l'amour me
« donnera assez de force pour me porter de sembla-
« bles blessures. Je vais te suivre dans l'éternelle nuit.
« On dira : l'infortunée! elle fut la cause et la compagne
« de sa mort. Hélas! le trépas seul pouvait t'éloigner
« de moi; il ne le pourra plus. Ah! du moins, recevez
« cette prière, vous trop malheureux parens de Thisbé
« et de Pyrame. L'amour et la dernière heure les ont
« enfin réunis : ne leur enviez pas le bonheur de reposer
« sous la même tombe. Et toi, arbre dont les rameaux
« ne couvrent maintenant que les restes de Pyrame
« et qui vas bientôt couvrir aussi les miens, porte à
« jamais les marques de notre trépas : puissent tes fruits,
« par leur couleur, emblème de deuil, être l'éternel mo-
« nument de deux amans qui t'ont baigné de leur sang! »
Elle dit et se penche sur la pointe de l'épée, qui pénètre
jusqu'à son cœur, toute fumante encore du sang de Pyrame. Les dieux exaucèrent leur prière; elle fut également
exaucée par leurs parens : le fruit de l'arbre, arrivé
à sa maturité, prit la couleur du sang et leurs cendres
furent enfermées dans la même urne. »

Quodque rogis superest, una requiescit in urna. »
Desierat; mediumque fuit breve tempus; et orsa est
Dicere Leuconoe : vocem tenuere sorores.
« Hunc quoque, siderea qui temperat omnia luce,
Cepit amor Solem : Solis referemus amores.
Primus adulterium Veneris cum Marte putatur
Hic vidisse Deus : videt hic Deus omnia primus.
Indoluit facto ; Junonigenæque marito
Furta tori, furtique locum monstravit : at illi
Et mens, et quod opus fabrilis dextra tenebat,
Excidit : extemplo graciles ex ære catenas,
Retiaque, et laqueos, quæ lumina fallere possint,
Elimat : non illud opus tenuissima vincant
Stamina; non summo quæ pendet aranea tigno :
Utque leves tactus momentaque parva sequantur,
Efficit; et lecto circumdata collocat apte.
Ut venere torum conjux et adulter in unum,
Arte viri, vinclisque nova ratione paratis,
In mediis ambo deprensi amplexibus hærent.
Lemnius extemplo valvas patefecit eburnas,
Admisitque Deos : illi jacuere ligati
Turpiter, atque aliquis de Dis non tristibus optat
Sic fieri turpis. Superi risere; diuque
Hæc fuit in toto notissima fabula cœlo.
« Exigit indicii memorem Cythereia pœnam;

La Minyéide avait achevé son récit ; un court intervalle s'écoule et Leuconoé prend la parole : ses compagnes l'écoutent en silence. « Le Soleil, dont les rayons célestes fécondent la nature, a été aussi l'esclave de l'amour : racontons les amours du Soleil. Ce dieu, dit-on, fut le premier témoin du commerce adultère de Vénus et de Mars ; c'est lui qui, le premier, voit tout. Indigné de ce crime, il découvre au fils de Junon les infidélités de sa compagne et l'asile qui en est le théâtre. Sa raison lui échappe, et le fer qu'il travaille tombe de ses mains : tout à coup de minces chaînes d'airain et des filets que l'œil ne pourrait saisir naissent sous sa lime ; ils ne le cèdent en finesse ni au tissu le plus délicat, ni à la toile qu'Arachné suspend à de vieux toits. Il met tous ses soins à ce qu'ils puissent se rapprocher, en obéissant aux plus légers mouvemens, et, d'une main adroite, il les jette autour du lit des deux amans. A peine Vénus et son complice sont-ils réunis dans la même couche, que Vulcain les surprend, les charge de ces liens fabriqués avec un art nouveau, et les enchaîne au milieu de leurs embrassemens. Aussitôt, il ouvre les portes d'ivoire de son palais et fait entrer les dieux. Vénus et Mars paraissent enchaînés et confus : plus d'un dieu malin aurait voulu être confus à ce prix. Les Immortels éclatèrent de rire, et cette aventure servit long-temps d'entretien à la céleste cour.

« La déesse de Cythère tire de cette révélation une

Inque vices illum, tectos qui læsit amores,
Lædit amore pari: quid nunc, Hyperione nate,
Forma, calorque tibi, radiataque lumina prosunt?
Nempe tuis omnes qui terras ignibus uris,
Ureris igne novo; quique omnia cernere debes,
Leucotheen spectas; et virgine figis in una,
Quos mundo debes, oculos; modo surgis Eoo
Temporius cœlo; modo serius incidis undis;
Spectandique mora brumales porrigis horas.
Deficis interdum; vitiumque in lumina mentis
Transit; et obscurus mortalia pectora terres.
Nec, tibi quod Lunæ terris propioris imago
Obstiterit, palles: facit hunc amor iste colorem.
Diligis hanc unam: nec te Clymeneve, Rhodosve,
Nec tenet Ææ genetrix pulcherrima Circes,
Quæque tuos Clytie, quamvis despecta, petebat
Concubitus; ipsoque illo grave vulnus habebat
Tempore. Leucothee multarum oblivia fecit,
Gentis odoriferæ quam formosissima partu
Edidit Eurynome; sed, postquam filia crevit,
Quam mater cunctas, tam matrem filia vicit.
Rexit Achæmenias urbes pater Orchamus; isque
Septimus a prisci numeratur origine Beli.
Axe sub Hesperio sunt pascua Solis equorum:
Ambrosiam pro gramine habent; ea fessa diurnis

mémorable vengeance ; elle veut qu'à son tour celui qui a trahi ses mystérieux amours soit trahi dans des amours semblables. Que peuvent, ô fils d'Hypérion, ta beauté, ta chaleur et l'éclat de tes rayons ? Oui, tes feux brûlent au loin la terre ; mais, toi-même, tu brûles d'un feu nouveau ; tes regards doivent tout embrasser, et tu ne vois que Leucothoé ; tu fixes sur une seule nymphe tes yeux que réclame le monde entier : tu parais trop tôt aux portes de l'Orient ou tu descends trop tard dans les ondes ; et tandis que tu t'arrêtes pour la contempler, tu prolonges les heures de la saison des frimas. Quelquefois tu nous dérobes ta clarté ; la plaie qui ronge ton âme se décèle sur ton front, et l'obscurité qui le couvre porte l'épouvante au cœur des mortels. Tu pâlis, et cependant la Lune ne vient pas se placer entre ton disque et la terre dont elle est plus voisine que toi : c'est ta passion qui t'imprime cette pâleur ; tu n'aimes que Leucothoé. Clymène et Rhode ne règnent plus sur toi, ni la nymphe célèbre par sa beauté et qui donna le jour à Circé dans l'île d'Æa ; ni Clytie, qui, malgré tes mépris, aspirait encore à ta couche et dans ce moment même ressentait une profonde blessure : de nombreuses rivales furent oubliées pour Leucothoé qu'enfanta Eurynome dont rien n'égalait la beauté dans la région d'où nous viennent les parfums. Elle grandit : sa mère, qui éclipsa toutes les beautés, est à son tour éclipsée par sa fille. Les Achéméniens reconnaissent les lois d'Orchamus, son père, septième rejeton de l'antique Bélus. Sous le ciel de l'Hespérie sont les pâturages des coursiers du Soleil ; l'ambroisie y croît à la place du gazon ; après les fatigues de chaque jour, elle est leur nourriture, et leur

Membra ministeriis nutrit, reparatque labori:
Dumque ibi quadrupedes coelestia pabula carpunt,
Noxque vicem peragit; thalamos Deus intrat amatos,
Versus in Eurynomes faciem genetricis; et inter
Bis sex Leucotheen famulas ad lumina cernit
Levia versato ducentem stamina fuso.
Ergo ubi, ceu mater, carae dedit oscula natae:
« Res, ait, arcana est; famulae, discedite; neve
« Eripite arbitrium matri secreta loquenti. »
Paruerant; thalamoque Deus sine teste relicto,
« Ille ego sum, dixit, qui longum metior annum;
« Omnia qui video; per quem videt omnia tellus;
« Mundi oculus: mihi, crede, places. » Pavet illa; metuque
Et colus et fusus digitis cecidere remissis.
Ipse timor decuit: nec longius ille moratus,
In veram rediit faciem, solitumque nitorem.
At virgo, quamvis inopino territa visu,
Victa nitore Dei, posita vim passa querela est.
Invidit Clytie, neque enim moderatus in illa
Solis amor fuerat, stimulataque pellicis ira
Vulgat adulterium; diffamatumque parenti
Indicat: ille ferox, immansuetusque precantem,
Tendentemque manus ad lumina Solis, et, Ille
Vim tulit invitae, dicentem, defodit alta
Crudus humo; tumulumque super gravis addit arenae.

donne des forces nouvelles. Tandis qu'ils se repaissent de ces sucs célestes, la nuit accomplit sa révolution, et le dieu pénètre dans l'asile de son amante sous les traits d'Eurynome, sa mère : au milieu de douze compagnes, il voit Leucothoé qui, à la clarté d'un flambeau, agitait un brillant fuseau. D'abord il lui donne de tendres baisers, comme une mère à sa fille chérie; puis il ajoute : « Il s'agit d'un secret ; esclaves, retirez-vous, et « n'ôtez pas à une mère le droit de parler seule à sa « fille. » Elles obéissent : le dieu se voyant sans témoins : « Je suis, dit-il, celui qui mesure la longueur de l'année ; « c'est moi qui vois tout et par qui la terre voit tout, je « suis l'œil du monde ; crois-le, tu me plais. » La nymphe tremble ; la crainte, qui fait tomber sa quenouille et ses fuseaux de ses doigts privés de leur ressort, rehausse encore sa beauté. Apollon, à l'instant, reprend sa première forme et sa splendeur accoutumée. Effrayée de ce changement soudain, mais vaincue par l'éclat du dieu, Leucothoé cède à la violence sans proférer aucune plainte. Son bonheur fait envie à Clytie, qui n'avait pu triompher encore de sa tendresse pour le Soleil. Dans sa fureur jalouse, elle veut dévoiler un commerce adultère et court le révéler à Orchamus. Cruel et sans pitié, il se montre inflexible aux prières de sa fille. Elle a beau élever ses bras vers le Soleil et s'écrier qu'il a triomphé par la force; son père, toujours inexorable, l'enferme au sein de la terre, et le sable élevé en tertre l'accable de son poids. Les rayons du fils d'Hypérion le dispersent; ils t'ouvrent, ô nymphe, une issue par laquelle ton front enseveli pourra se faire jour; mais tu ne peux encore relever ta tête appesantie sous le fardeau qui t'oppresse, et ton sang est glacé dans tes veines. Jamais,

Dissipat hunc radiis Hyperione natus; iterque
Dat tibi, quo possis defossos promere vultus.
Nec tu jam poteras enectum pondere terræ
Tollere, nympha, caput; corpusque exsangue jacebas.
Nil illo fertur volucrum moderator equorum
Post Phaethonteos vidisse dolentius ignes.
Ille quidem gelidos radiorum viribus artus,
Si queat, in vivum tentet revocare calorem;
Sed, quoniam tantis fatum conatibus obstat,
Nectare odorato sparsit corpusque locumque,
Multaque præquestus, « Tanges tamen æthera, » dixit.
Protinus imbutum cœlesti nectare corpus
Delicuit, terramque suo madefecit odore;
Virgaque per glebas sensim radicibus actis
Turea surrexit, tumulumque cacumine rupit.
« At Clytien, quamvis amor excusare dolorem
Indiciumque dolor poterat, non amplius auctor
Lucis adit : venerisque modum sibi fecit in illa.
Tabuit ex illo dementer amoribus usa,
Nympharum impatiens; et sub Jove, nocte dieque,
Sedit humo nuda, nudis incomta capillis;
Perque novem luces, expers undæque cibique,
Rore mero, lacrymisque suis jejunia pavit;
Nec se movit humo : tantum spectabat euntis
Ora Dei; vultusque suos flectebat ad illum.

dit-on, le maître des agiles coursiers du jour ne vit, depuis l'incendie qui dévora Phaéthon, de spectacle plus douloureux pour son âme. D'abord il essaie de ranimer par la force de ses rayons la chaleur vitale dans les membres déjà glacés de son amie ; mais le destin résiste à ses efforts. Alors il répand sur ses restes et sur le sable qui la couvre un nectar odorant. Après de longues plaintes, il s'écrie : « Tu monteras jusqu'au ciel. » Soudain les membres de la nymphe, trempés de l'essence divine, se ramollissent, et la terre est baignée de parfums : une tige qui recèle l'encens pousse insensiblement des racines dans les entrailles de la terre, s'élève, et brise la barrière que le tombeau lui oppose.

« L'amour pouvait excuser le ressentiment de Clytie, et le ressentiment sa révélation ; néanmoins le père du jour ne parut plus auprès de cette nymphe ; dès-lors sa tendresse pour elle finit. En proie à son amour insensé, elle dépérit et ne peut plus vivre au milieu de ses compagnes. Exposée à l'inclémence de l'air, nuit et jour elle est couchée sur la terre, sans vêtement, et laissant flotter au hasard ses cheveux négligés : pendant neuf jours sans eau, sans nourriture, elle n'eut que la rosée et ses larmes pour soulager sa faim. Jamais elle ne souleva ses membres au-dessus de la terre, contemplant sans cesse le dieu qui parcourait sa carrière et tournant toujours ses regards vers son front. Son corps s'attacha,

Membra ferunt hæsisse solo; partemque coloris
Luridus exsangues pallor convertit in herbas:
Est in parte rubor; violæque simillimus ora
Flos tegit: illa suum, quamvis radice tenetur,
Vertitur ad Solem, mutataque servat amorem. »
Dixerat; et factum mirabile ceperat aures.
Pars fieri potuisse negant; pars omnia veros
Posse Deos memorant: sed non et Bacchus in illis.
Poscitur Alcithoe, postquam siluere sorores;
Quæ, radio stantis percurrens stamina telæ,
« Vulgatos taceo, dixit, pastoris amores
Daphnidis Idæi, quem Nymphe pellicis ira
Contulit in saxum: tantus dolor urit amantes!
« Nec loquor, ut quondam naturæ jure novato
Ambiguus fuerit modo vir, modo femina, Scython.
« Te quoque, nunc adamas, quondam fidissime parvo,
Celmi, Jovi; largoque satos Curetas ab imbri.
Et Crocon, in parvos versum cum Smilace flores,
Prætereo; dulcique animos novitate tenebo.

« Unde sit infamis; quare male fortibus undis
Salmacis enervet, tactosque remolliat artus,
Discite: causa latet: vis est notissima fontis.
Mercurio puerum diva Cythereide natum
Naides Idæis enutrivere sub antris;

dit-on, à la terre. Une pâleur mortelle couvrit ses membres changés en une tige sans couleur ; sa tête devint une fleur brillante comme la violette ; et quoiqu'une racine l'enchaîne au sol, elle se tourne vers le Soleil qu'elle adore, même après sa métamorphose. »

Elle dit, et ce récit merveilleux captive les nymphes qui l'écoutent. Les unes en nient la possibilité, les autres soutiennent que les dieux véritables peuvent tout ; mais Bacchus n'est pas de ce nombre. Enfin, elles se taisent et la parole est donnée à Alcithoé, qui, promenant la navette à travers les mailles de son tissu, s'exprime en ces mots : « Je veux taire les amours trop connus du berger Daphnis, né sur le mont Ida et changé en rocher par la colère d'une amante jalouse; tant l'amour allume de fureur !

« Je ne dirai pas non plus comment, par un jeu des lois de la nature, Scython, au gré de ses caprices, fut tantôt homme et tantôt femme.

« Toi aussi, devenu diamant, et jadis nourricier fidèle de Jupiter encore enfant, ô Celmis ; et vous Curètes, nés d'une pluie féconde ; et toi Crocus, changé avec Smilax en deux petites fleurs, je vous passe sous silence. Je vais, ô mes amies, captiver vos esprits par l'attrait de la nouveauté.

« Apprenez pourquoi Salmacis est une source détestée dont l'eau, par une vertu malfaisante, amollit les membres en les touchant. La cause reste cachée, mais les effets sont connus en tout lieu. Un enfant, né des amours d'Hermès et d'Aphrodite, fut nourri par les nymphes dans les antres de l'Ida : il était facile de reconnaître, à

Cujus erat facies, in qua materque paterque
Cognosci possent : nomen quoque traxit ab illis.
Is, tria quum primum fecit quinquennia, montes
Deseruit patrios; Idaque altrice relicta
Ignotis errare locis, ignota videre
Flumina gaudebat, studio minuente laborem.
Ille etiam Lycias urbes, Lyciæque propinquos
Caras adit : videt hic stagnum lucentis ad imum
Usque solum lymphæ : non illic canna palustris,
Nec steriles ulvæ, nec acuta cuspide junci;
Perspicuus liquor est : stagni tamen ultima vivo
Cespite cinguntur, semperque virentibus herbis.
Nympha colit : sed nec venatibus apta, nec arcus
Flectere quæ soleat, nec quæ contendere cursu;
Solaque Naiadum celeri non nota Dianæ.
Sæpe suas illi fama est dixisse sorores :
« Salmaci, vel jaculum, vel pictas sume pharetras;
« Et tua cum duris venatibus otia misce. »
Nec jaculum sumit, nec pictas illa pharetras;
Nec sua cum duris venatibus otia miscet.
Sed modo fonte suo formosos perluit artus;
Sæpe Cytoriaco deducit pectine crines;
Et quid se deceat, spectatas consulit undas.
Nunc perlucenti circumdata corpus amictu,
Mollibus aut foliis, aut mollibus incubat herbis.

ses traits, les auteurs de ses jours, qui lui donnèrent son nom. A son troisième lustre, il quitta les montagnes qui l'avaient vu naître; et loin de l'Ida où il fut élevé, il se plut à errer dans des lieux inconnus et à visiter des fleuves nouveaux : sa curiosité allégeait ses fatigues. Il parcourut aussi les villes de Lycie et la Carie qui les avoisine. Il y trouva un lac dont le cristal laissait voir la terre au fond des eaux : là, point d'herbe marécageuse, ni d'algues stériles, ni de joncs aux dards aigus : l'eau en est limpide. Ce lac a pour ceinture un gazon toujours frais et des herbes toujours vertes. Une nymphe l'habite : inhabile à la chasse, elle n'est accoutumée ni à tendre l'arc, ni à suivre un cerf à la course : seule, parmi les Naïades, elle n'est point connue de l'agile Diane. Souvent ses compagnes lui disaient : « Salmacis, prends le javelot et le carquois aux « couleurs variées et mêle à tes loisirs le dur exercice « de la chasse. » Elle ne prend ni le javelot, ni le carquois aux couleurs variées ; elle ne mêle point à ses loisirs le dur exercice de la chasse ; tantôt elle baigne dans l'onde pure ses membres gracieux ; tantôt, avec le buis de Cytorus, elle démêle ses cheveux et consulte le miroir des eaux sur ses atours. Couvrant d'un voile diaphane les trésors de ses appas, elle repose tantôt sur les feuilles légères, tantôt sur le tendre gazon. Souvent elle cueille des fleurs ; peut-être elle en cueillait aussi au moment où elle vit le jeune berger : en le voyant, elle désira de le posséder. Avant de s'approcher de lui, malgré toute son impatience, elle dispose avec art sa parure, en examine l'arrangement d'un regard attentif et compose les traits de son visage ; enfin elle peut paraître belle. Alors elle s'écrie : « Enfant, tu mérites d'être

Sæpe legit flores : et tunc quoque forte legebat,
Quum puerum vidit; visumque optavit habere.
Nec tamen ante adiit, etsi properabat adire,
Quam se composuit, quam circumspexit amictus,
Et finxit vultum; et meruit formosa videri.
Tunc sic orsa loqui : « Puer o dignissime credi
« Esse Deus; seu tu Deus es, potes esse Cupido;
« Sive es mortalis, qui te genuere beati,
« Et frater felix, et fortunata profecto
« Si qua tibi soror est, et quæ dedit ubera nutrix.
« Sed longe cunctis, longeque potentior illis,
« Si qua tibi sponsa est, si quam dignabere tæda.
« Hæc tibi sive aliqua est, mea sit furtiva voluptas :
« Seu nulla est, ego sim, thalamumque ineamus eumdem.»
Nais ab his tacuit : pueri rubor ora notavit,
Nescia, quid sit amor; sed et erubuisse decebat.
Hic color aprica pendentibus arbore pomis,
Aut ebori tincto est, aut sub candore rubenti,
Quum frustra resonant æra auxiliaria, Lunæ.
Poscenti Nymphæ sine fine sororia saltem
Oscula, jamque manus ad eburnea colla ferenti,
« Desine, vel fugio, tecumque, ait, ista relinquo.»
Salmacis extimuit, « Locaque hæc tibi libera trado,
« Hospes, » ait; simulatque gradu discedere verso.
Tum quoque respiciens, fruticumque recondita silva

« pris pour un dieu. Si tu es un dieu, tu peux être
« Cupidon ; si tu es un mortel, heureux ceux qui t'ont
« donné la vie! Ah! que ton frère est heureux. Heu-
« reuse ta sœur, si tu en as une ; heureuse la nour-
« rice qui t'offrit son sein ; plus heureuse encore celle
« qui est ta compagne, ou pour qui tu allumeras le
« flambeau d'hyménée. Si tu l'as choisie, accorde-moi
« pourtant un bonheur furtif; si ton choix n'est pas
« fait, puissé-je le fixer et partager ta couche! » La
Naïade, à ces mots, se tait : une rougeur pudique
couvre les traits du jeune berger, qui ne connaît pas
encore l'amour ; des grâces nouvelles naissent de cette
rougeur semblable aux vives couleurs des fruits suspendus au pommier abrité ou à celles de l'ivoire quand
il est teint, ou encore à la rougeur blanchâtre qui s'é-
tend sur le front de la Lune, lorsque l'airain, appelant
en vain des secours, retentit dans les airs. La nymphe
veut au moins obtenir un de ces baisers que la sœur
reçoit du frère ; déjà ses mains allaient saisir le cou
d'albâtre d'Hermaphrodite : « Cesse ou je fuis, dit-il,
« et je te laisse seule en ces lieux. » Salmacis tremble.
— « Étranger, sois libre et maître de cet asile, » répond-
elle ; et elle feint de porter ailleurs ses pas. Mais elle
jette de nouveau ses regards vers lui, se cache au fond
des broussailles, fléchit le genou et s'arrête. L'enfant,
avec toute l'agilité de son âge, persuadé qu'aucun
œil ne l'observe en ces lieux solitaires, va et revient,
plonge dans l'eau transparente la plante de ses pieds
et les baigne jusqu'au talon. Bientôt séduit par la douce
chaleur de l'onde, il dépouille le fin tissu qui enveloppe ses membres délicats. Salmacis tombe en extase ;
les charmes qui frappent ses yeux allument en elle une

Delituit; flexumque genu submisit: at ille,
Ut puer, et vacuis ut inobservatus in herbis,
Huc it, et hinc illuc; et in adludentibus undis
Summa pedum, taloque tenus vestigia tinguit.
Nec mora, temperie blandarum captus aquarum,
Mollia de tenero velamina corpore ponit.
Tum vero obstupuit; nudaeque cupidine formae
Salmacis exarsit : flagrant quoque lumina Nymphes;
Non aliter, quam quum puro nitidissimus orbe
Opposita speculi refertur imagine Phœbus :
Vixque moram patitur; vix jam sua gaudia differt :
Jam cupit amplecti : jam se male continet amens.
Ille, cavis velox adplauso corpore palmis,
Desilit in latices; alternaque brachia ducens
In liquidis translucet aquis; ut eburnea si quis
Signa tegat claro, vel candida lilia, vitro.
« Vicimus! en meus est! » exclamat Nais : et, omni
Veste procul jacta, mediis immittitur undis;
Pugnacemque tenet; luctantiaque oscula carpit;
Subjectatque manus, invitaque pectora tangit :
Et nunc hac juveni, nunc circumfunditur illac.
Denique nitentem contra, elabique volentem
Implicat, ut serpens, quam regia sustinet ales,
Sublimemque rapit; pendens caput illa pedesque
Adligat, et cauda spatiantes implicat alas :

en elle une vive flamme, qui étincelle dans ses regards :
ainsi les rayons du soleil se réfléchissent dans tout leur
éclat sur le miroir exposé à ses feux. A peine peut-elle
supporter le moindre retard, à peine peut-elle voir son
bonheur différé : déjà elle veut être dans ses bras ; déjà
elle ne maîtrise plus son délire. Hermaphrodite de ses
mains frappe légèrement ses membres et se précipite au
sein des flots : ses bras, qui s'agitent tour-à-tour, apparaissent brillans à travers le cristal des eaux ; semblables
à une statue d'ivoire ou à de jeunes lis placés sous le
verre diaphane. « Je triomphe ; il est à moi, » s'écrie la
Naïade. A l'instant ses vêtemens tombent ; elle se jette
au milieu des flots, saisit Hermaphrodite qui résiste, et
malgré ses efforts lui ravit des baisers : ses mains jouent
autour de sa poitrine qu'il cherche en vain à lui dérober, elle l'enchaîne dans ses bras. Il a beau lutter pour se
soustraire à ses embrassemens, elle l'enlace comme le
serpent, qui, emporté au haut des airs dans les serres
du roi des oiseaux, penche la tête, retient dans ses anneaux le cou et les pieds de son ennemi et replie sa
longue queue autour de ses ailes étendues : tel le lierre
embrasse le tronc d'un grand arbre ; tel encore le polype
saisit au fond de l'onde son ennemi et l'enveloppe tout
entier de ses pinces terribles. Le petit-fils d'Atlas résiste
et refuse à la nymphe le bonheur qu'elle attend ; elle
le presse de tous ses membres ; et dans la plus vive
étreinte, à son cou suspendue, elle s'écrie : « Tu résistes
« en vain, cruel, tu ne m'échapperas pas. Dieux, ordon-
« nez que jamais rien ne puisse le séparer de moi, ni me
« séparer de lui. » Cette prière est exaucée : leurs corps
s'unissent et se confondent ; de même que deux rameaux,
l'un à l'autre attachés, croissent sous la même écorce et

Utve solent hederæ longos intexere truncos:
Utque sub æquoribus deprensum polypus hostem
Continet, ex omni dimissis parte flagellis.
Perstat Atlantiades; sperataque gaudia Nymphæ
Denegat: illa premit; commissaque corpore toto
Sicut inhærebat, « Pugnes licet, improbe, dixit,
« Non tamen effugies: ita Di jubeatis; et istum
« Nulla dies a me, nec me diducat ab isto. »
Vota suos habuere Deos; nam mixta duorum
Corpora junguntur; faciesque inducitur illis
Una : velut si quis conducta cortice ramos
Crescendo jungi, pariterque adolescere cernat.
Sic ubi complexu coierunt membra tenaci,
Nec duo sunt, et forma duplex, nec femina dici,
Nec puer ut possint; neutrumque, et utrumque videntur.
Ergo ubi se liquidas, quo vir descenderat, undas
Semimarem fecisse videt, mollitaque in illis
Membra; manus tendens, sed jam non voce virili,
Hermaphroditus ait : « Nato date munera vestro,
« Et pater, et genetrix, amborum nomen habenti :
« Quisquis in hos fontes vir venerit, exeat inde
« Semivir; et tactis subito mollescat in undis. »
Motus uterque parens, nati rata verba biformis
Fecit, et incerto fontem medicamine tinxit. »
Finis erat dictis; et adhuc Minyeia proles

grandissent ensemble. Hermaphrodite et la nymphe, étroitement unis par leurs embrassemens, ne sont plus deux corps distincts ; ils ont une double forme, mais on ne peut les ranger ni parmi les femmes ni parmi les hommes : sans être d'aucun sexe, ils semblent les avoir tous les deux. Hermaphrodite, voyant qu'au sortir des eaux, où il est descendu homme, il n'est homme qu'à demi et que ses membres ont perdu leur vigueur, élève ses bras vers le ciel et s'écrie d'une voix qui n'est plus virile : « Accordez une grâce à votre fils, qui tire son « nom de vous deux, ô mon père ! ô ma mère ! Que « tout homme, après s'être baigné dans ces eaux, n'ait, « quand il en sortira, que la moitié de son sexe : puis-« sent-elles, en le touchant, lui ravir soudain sa vi-« gueur ! » Les auteurs de ses jours furent sensibles à ce vœu ; ils l'exaucèrent et donnèrent à cette source une vertu mystérieuse.

Ainsi finit le récit : cependant les filles de Minyas

Urget opus, spernitque Deum, festumque profanat:
Tympana quum subito non adparentia raucis
Obstrepuere sonis; et adunco tibia cornu,
Tinnulaque æra sonant: redolent myrrhæque crocique;
Resque fide major! cœpere virescere telæ,
Inque hederæ faciem pendens frondescere vestis.
Pars abit in vites: et quæ modo fila fuerunt,
Palmite mutantur: de stamine pampinus exit:
Purpura fulgorem pictis adcommodat uvis.
Jamque dies exactus erat, tempusque subibat,
Quod tu nec tenebras, nec possis dicere lucem;
Sed cum luce tamen dubiæ confinia noctis.
Tecta repente quati, pinguesque ardere videntur
Lampades, et rutilis collucere ignibus ædes;
Falsaque sævarum simulacra ululare ferarum.
Fumida jamdudum latitant per tecta sorores;
Diversæque locis ignes, ac lumina vitant:
Dumque petunt latebras, parvos membrana per artus
Porrigitur, tenuique inducit brachia penna:
Nec, qua perdiderint veterem ratione figuram,
Scire sinunt tenebræ: non illas pluma levavit;
Sustinuere tamen se perlucentibus alis;
Conatæque loqui, minimam pro corpore vocem
Emittunt, peraguntque levi stridore querelas;
Tectaque, non silvas, celebrant; lucemque perosæ
Nocte volant; seroque trahunt a Vespere nomen.

poursuivent leur travail avec zèle, méprisent le dieu et profanent sa fête : tout à coup des tambours que l'œil ne peut découvrir font entendre un sourd murmure, la flûte recourbée et l'airain sonore retentissent ; la myrrhe et le safran exhalent leur parfum. O prodige incroyable ! la toile commence à verdir, et le tissu flottant à se changer en feuilles de lierre. Une partie se transforme en vigne, la laine fait place aux ceps, des pampres sortent des fuseaux et la pourpre prête aux grappes son vif éclat. Déjà le jour parvenu à son terme amenait le moment où ce n'est ni la nuit qui règne ni la lumière, et qui sert de limite entre le jour et une obscurité douteuse. Soudain le toit s'ébranle, des torches répandent une abondante clarté, des feux étincelans brillent au loin dans le palais, où l'on croit entendre les hurlemens affreux de monstres imaginaires. Déjà les Minéides se cachent au fond du palais fumant : çà et là dispersées, elles cherchent à se dérober à la flamme et à la lumière. Tandis qu'elles fuient dans leurs retraites, une membrane déliée couvre leurs membres rétrécis, et des ailes légères prennent la place de leurs bras. Les ténèbres ne permettent pas de savoir comment elles ont perdu leur première forme : ce n'est pas à l'aide d'un plumage qu'elles volent ; des ailes d'un tissu transparent les soutiennent dans l'air. Elles veulent parler, mais elles ne font entendre qu'une voix proportionnée à la faiblesse de leur corps ; des cris aigus expriment seuls leurs plaintes, elles ont leur demeure dans les maisons et non dans les forêts : ennemies du jour, elles ne volent que la nuit et empruntent leur nom de Vesper.

II. Tum vero totis Bacchi memorabile Thebis
Numen erat; magnasque novi matertera vires
Narrat ubique Dei; de totque sororibus expers
Una doloris erat, nisi quem fecere sorores.
Adspicit hanc natis, thalamoque Athamantis habentem
Sublimes animos, et alumno numine, Juno;
Nec tulit, et secum : « Potuit de pellice natus
Vertere Mæonios pelagoque immergere nautas,
Et laceranda suæ nati dare viscera matri,
Et triplices operire novis Minyeidas alis :
Nil poterit Juno, nisi inultos flere dolores?
Idque mihi satis est? hæc una potentia nostra est?
Ipse docet, quid agam; fas est et ab hoste doceri;
Quidque furor valeat, Penthea cæde satisque
Ac super ostendit : cur non stimuletur, eatque
Per cognata suis exempla furoribus Ino? »
Est via declivis, funesta nubila taxo;
Ducit ad infernas per muta silentia sedes.
Styx nebulas exhalat iners; umbræque recentes
Descendunt illac, simulacraque functa sepulcris.
Pallor, Hiemsque tenent late loca senta; novique,
Qua sit iter, manes, Stygiam quod ducit ad urbem,
Ignorant; ubi sit nigri fera regia Ditis.
Mille capax aditus, et apertas undique portas
Urbs habet : utque fretum de tota flumina terra,

II. Thèbes retentissait du nom de Bacchus : la tante de ce nouveau dieu proclamait partout sa redoutable puissance. Parmi les filles de Minyas, une seule n'eut à souffrir que les maux causés par ses sœurs. Junon remarqua combien ses enfans, la couche d'Athamas et l'honneur d'avoir un dieu pour nourrisson, la rendaient fière! Indignée, elle s'écrie : « Le fils d'une adultère a pu imposer une forme nouvelle aux nautonniers de Méonie et les plonger dans les mers ; il a pu mettre en lambeaux les membres d'un enfant par les mains de sa mère et donner aux filles de Minyas des ailes jusqu'alors inconnues; et Junon serait réduite à nourrir dans les larmes son impuissante douleur! Dois-je m'en contenter? est-ce là tout mon pouvoir? Lui-même, il m'apprend ce que je dois faire : on peut bien recevoir des leçons, même d'un ennemi. Le meurtre de Penthée montre assez ce que peut la fureur. Pourquoi, excitée par cet exemple, Ino ne se précipiterait-elle pas dans les mêmes égaremens? »

Il est un sentier en pente, ombragé par des ifs funèbres : à travers un silence profond, il conduit aux demeures infernales. Là, des eaux dormantes du Styx s'élèvent des vapeurs; c'est par là que descendent les ombres nouvelles des morts qui ont reçu les honneurs du tombeau. La Pâleur et le Froid habitent ce séjour inculte, où gisent les mânes récemment arrivés, ne sachant ni quelle route mène à la cité baignée par le fleuve des enfers, ni où s'élève le terrible palais du tyran des morts. Mille avenues et des portes percées de toutes parts conduisent à cette cité immense : semblable à l'Océan, qui reçoit

Sic omnes animas locus accipit ille; nec ulli
Exiguus populo est, turbamve accedere sentit.
Errant exsangues sine corpore et ossibus umbrae;
Parsque forum celebrant, pars imi tecta tyranni;
Pars alias artes, antiquae imitamina vitae.
Sustinet ire illuc, coelesti sede relicta,
Tantum odiis iraeque dabat! Saturnia Juno.
Quo simul intravit, sacroque a corpore pressum
Ingemuit limen; tria Cerberus extulit ora,
Et tres latratus simul edidit : illa sorores
Nocte vocat genitas, grave et implacabile numen.
Carceris ante fores clausas adamante sedebant;
Deque suis atros pectebant crinibus angues :
Quam simul agnorunt inter caliginis umbras,
Surrexere Deae : sedes scelerata vocatur.
Viscera praebebat Tityos lanianda; novemque
Jugeribus distentus erat : tibi, Tantale, nullae
Deprenduntur aquae; quaeque imminet, effugit arbor :
Aut petis, aut urges ruiturum, Sisyphe, saxum :
Volvitur Ixion, et se sequiturque fugitque :
Molirique suis letum patruelibus ausae,
Adsidue repetunt, quas perdant, Belides undas.
Quos omnes acie postquam Saturnia torva
Vidit, et ante omnes Ixiona; rursus ab illo
Sisyphon adspiciens : « Cur hic e fratribus, inquit,

des fleuves de tous les points du globe, elle est ouverte à toutes les âmes. Jamais elle n'est trop étroite pour la foule qui s'y presse : elle ne la sent pas même approcher. De tous côtés se promènent des spectres pâles, sans chair et sans os : les uns accourent en foule au forum, d'autres dans le palais du souverain des Ombres; plusieurs se livrent aux occupations qu'ils eurent pendant leur vie. La fille de Saturne a le courage de quitter les célestes demeures pour descendre dans ce triste séjour; tant la haine et la colère la dominent! A peine est-elle entrée; à peine, foulé par ses pieds sacrés, le seuil a-t-il tremblé, que Cerbère relève sa triple tête et fait résonner sa triple voix. Junon appelle les filles de la Nuit, divinités implacables et terribles. Assises devant la porte de diamant qui ferme le Tartare, elles peignaient leurs cheveux hérissés d'horribles serpens. Dès qu'elles reconnaissent la reine des cieux à travers un brouillard épais, elles se lèvent. Leur demeure se nomme la région du crime : là Tityus remplit de son corps sept arpens et voit ses entrailles dévorées par un vautour; là, Tantale, tu ne peux arrêter l'eau, et l'arbre dont les branches couvrent ton front t'échappe toujours; et toi, Sisyphe, tu cours après le rocher qui fuit, ou tu le fais rouler. Là, Ixion tourne sur sa roue et se suit et s'évite; là, pour avoir osé donner la mort à leurs époux, les filles de Bélus puisent incessamment de l'eau qui s'échappe sans cesse. La fille de Saturne leur lance un regard sévère, surtout à Ixion : d'Ixion ses yeux se portent sur Sisyphe. « Pourquoi, dit-elle, parmi ses frères est-il seul condamné à un supplice éternel, tandis que le superbe Athamas habite un palais somptueux; lui qui toujours afficha du mépris pour moi, ainsi que sa compagne? » En

Perpetuas patitur pœnas? Athamanta superbum
Regia dives habet, qui me cum conjuge semper
Sprevit?» et exponit causas odiique viæque;
Quidque velit : quod vellet, erat, ne regia Cadmi
Staret; et in facinus traherent Athamanta sorores.
Imperium, promissa, preces confundit in unum,
Sollicitatque Deas. Sic hæc Junone loquuta,
Tisiphone canos, ut erat turbata, capillos
Movit, et obstantes rejecit ab ore colubras.
Atque ita, « Non longis opus est ambagibus, infit.
Facta puta, quæcumque jubes : inamabile regnum
Desere; teque refer cœli melioris ad auras.»
Læta redit Juno; quam cœlum intrare parantem
Roratis lustravit aquis Thaumantias Iris.
Nec mora; Tisiphone madefactam sanguine sumit
Importuna facem; fluidoque cruore rubentem
Induitur pallam, tortoque incingitur angue;
Egrediturque domo. Luctus comitantur euntem,
Et Pavor, et Terror, trepidoque Insania vultu.
Limine constiterat : postes tremuisse feruntur
Æolii; pallorque fores infecit acernas;
Solque locum fugit : monstris exterrita conjux,
Territus est Athamas; tectoque exire parabant.
Obstitit infelix, aditumque obsedit Erinnys;
Nexaque vipereis distendens brachia nodis,

même temps elle expose le sujet de sa haine et de son voyage et ce qu'elle désire ; or, elle désire que le palais de Cadmus ne reste pas debout, et que les trois infernales sœurs entraînent Athamas au crime. Ordres, promesses, prières, elle a recours à tout ; elle presse les trois déités par de vives sollicitations. Tisiphone alors secoue ses blancs cheveux en désordre et rejette en arrière les couleuvres suspendues autour de son front. « De longs discours sont superflus, répond-elle ; regardez vos ordres comme accomplis ; sortez de cet odieux empire et remontez à la pure clarté du ciel. »

Junon, transportée de joie, s'éloigne de l'infernal séjour : avant qu'elle ne rentre dans les cieux, la fille de Thaumas, Iris, répand sur elle une eau lustrale, qui la baigne comme une rosée. Au même instant, l'implacable Tisiphone s'arme d'une torche trempée dans le sang et revêt un manteau rougi dans le sang. Des serpens entrelacés forment sa ceinture ; elle sort de sa demeure : à ses côtés marchent le Deuil, l'Épouvante, la Terreur, et la Rage au visage tremblant. Elle s'arrête sur le seuil du palais d'Athamas ; les portes tremblèrent, dit-on, et leurs battans d'érable se couvrirent d'une pâleur livide. Le Soleil fuit bien loin ; l'aspect du monstre fait frissonner l'épouse d'Athamas et Athamas lui-même. Ils veulent quitter le palais ; l'inexorable Érinnys s'y oppose et assiège toutes les issues. Elle étend ses bras que les serpens enlacent de leurs anneaux et secoue sa

Cæsariem excussit : motæ sonuere colubræ;
Parsque jacent humeris; pars circum tempora lapsæ
Sibila dant, saniemque vomunt, linguasque coruscant.
Inde duos mediis abrumpit crinibus angues;
Pestiferaque manu raptos immisit : at illi
Inoosque sinus, Athamanteosque pererrant;
Inspirantque graves animas : nec vulnera membris
Ulla ferunt; mens est, quæ diros sentiat ictus.
Attulerat secum liquidi quoque monstra veneni,
Oris Cerberei spumas, et virus Echidnæ;
Erroresque vagos, cæcæque oblivia mentis,
Et scelus, et lacrymas, rabiemque, et cædis amorem;
Omnia trita simul; quæ sanguine mixta recenti
Coxerat ære cavo, viridi versata cicuta :
Dumque pavent illi, vertit furiale venenum
Pectus in amborum; præcordiaque intima movit.
Tum face jactata per eumdem sæpius orbem,
Consequitur motos velociter ignibus ignes.
Sic victrix, jussique potens, ad inania magni
Regna redit Ditis, sumtumque recingitur anguem.
Protinus Æolides media furibundus in aula
Clamat : « Io! comites, his retia tendite silvis :
Hic modo cum gemina visa est mihi prole leæna. »
Utque feræ, sequitur vestigia conjugis amens,
Deque sinu matris ridentem, et parva Learchum

chevelure. Les couleuvres s'agitent avec bruit, roulent sur son épaule, flottent autour de ses tempes, sifflent et distillent leur venin ou dardent leur aiguillon. Alors, du milieu de ses cheveux elle arrache deux serpens et les lance de sa main qui sème le poison. Ils errent autour du sein d'Ino et d'Athamas, qu'ils remplissent de leur souffle empesté : c'est leur âme et non leur corps qui en reçoit les cruelles atteintes. Erinnys avait aussi apporté avec elle de mortels poisons, tels que l'écume vomie par Cerbère et le venin d'Echidna, les vagues erreurs, l'aveugle oubli, le crime, les pleurs, la rage et l'ardeur du meurtre. Elle en composa un horrible mélange et les fit bouillir dans un vase d'airain avec de la ciguë et du sang nouvellement répandu. Les deux époux frémissent d'épouvante : Erinnys verse dans leur cœur ce poison mortel et agite toutes les fureurs au fond de leur âme. Ensuite, elle secoue rapidement sa torche qui décrit toujours le même cercle et produit une trace de flamme continue. Triomphante et quitte de la tâche qui lui fut imposée, elle rentre dans la demeure du puissant roi des Ombres et délie les serpens attachés à sa ceinture.

Tout à coup, saisi de fureur, le fils d'Éole s'écrie au milieu de son palais : « Io ! mes amis, courez tendre vos filets dans les bois; j'aperçois à l'instant une lionne avec deux lionceaux. » Insensé, il prend sa compagne pour une lionne et suit la trace de ses pas : sur le sein de sa mère, Léarque riait et tendait vers son père ses bras

Brachia tendentem, rapit, et bis terque per auras
More rotat fundae; rigidoque infantia saxo
Discutit ossa ferox: tum denique concita mater,
Seu dolor hoc fecit, seu sparsi causa veneni,
Exululat, passisque fugit male sana capillis;
Teque ferens parvum nudis, Melicerta, lacertis,
Evoe, Bacche! sonat. Bacchi sub nomine Juno
Risit: et, « Hos usus praestat tibi, dixit, alumnus. »
Imminet aequoribus scopulus: pars ima cavatur
Fluctibus, et tectas defendit ab imbribus undas:
Summa riget, frontemque in apertum porrigit aequor.
Occupat hunc, vires insania fecerat, Ino;
Seque super pontum, nullo tardata timore,
Mittit, onusque suum: percussa recanduit unda.
At Venus immeritae neptis miserata labores,
Sic patruo blandita suo est: « O numen aquarum,
Proxima cui coelo cessit, Neptune, potestas;
Magna quidem posco; sed tu miserere meorum,
Jactari quos cernis in Ionio immenso;
Et Dis adde tuis: aliqua et mihi gratia ponto est;
Si tamen in dio quondam concreta profundo
Spuma fui, Graiumque manet mihi nomen ab illa. »
Adnuit oranti Neptunus; et abstulit illis
Quod mortale fuit, majestatemque verendam
Imposuit; nomenque simul faciemque novavit;
Leucotheeque Deum cum matre Palaemona dixit.

délicats. Athamas le saisit, le fait tournoyer deux ou trois fois dans les airs comme une fronde; et, dans sa fureur, il brise ses os contre le marbre qui couvre les murs. Alors Ino, par l'effet de la douleur ou du poison jeté dans ses veines, pousse des hurlemens affreux. Elle fuit, les cheveux épars, hors d'elle-même et t'emportant dans ses bras nus, ô tendre Mélicerte! « Evohé, Bacchus! » s'écrie-t-elle. A ce nom, Junon souriant: « Voilà, dit-elle, comment il te paie des soins donnés à son enfance. » Près de là une roche domine la mer : sa base creusée par les flots la protège contre les tempêtes; sa cime escarpée s'allonge hardiment au dessus des eaux. Ino trouve des forces dans son délire, gravit ce rocher; et toujours inaccessible à la crainte, elle se précipite dans les flots avec son fardeau précieux : l'onde blanchit sous sa chute. Cependant Vénus, touchée des maux que sa petite-fille souffre sans les avoir mérités, cherche à désarmer Neptune par cette prière : « Souverain maître des eaux, toi dont l'empire ne le cède qu'au ciel, je te demande une grande faveur: prends pitié de mes proches que tu vois ballottés sur les vastes mers de l'Ionie; admets-les au nombre des dieux de ton royaume. Je dois déjà de la reconnaissance à la mer, s'il est vrai que j'ai été formée de l'écume au sein des profonds abîmes et que je porte un nom grec, tiré de cette origine. » Neptune répond par un signe d'approbation : il dépouille Mélicerte et sa mère de leur mortalité, les revêt d'une majesté auguste et leur donne un nouveau nom et une figure nouvelle : l'une devient Leucothoé, et l'autre le dieu Palémon.

Sidoniæ comites, quantum valuere, sequutæ
Signa pedum, primo videre novissima saxo :
Nec dubium de morte ratæ, Cadmeida palmis
Deplanxere domum, scissæ cum veste capillos :
Utque parum justæ, nimiumque in pellice sævæ,
Invidiam fecere Deæ : convicia Juno
Non tulit; et, « Faciam vos ipsas maxima, dixit,
Sævitiæ monumenta meæ. » Res dicta sequuta est :
Nam quæ præcipue fuerat pia, « Prosequar, inquit,
In freta reginam; » saltumque datura, moveri
Haud usquam potuit; scopuloque adfixa cohæsit.
Altera, dum solito tentat plangore ferire
Pectora, tentatos sentit riguisse lacertos.
Illa, manus ut forte tetenderat in maris undas,
Saxea facta manus in easdem porrigit undas :
Hujus, ut adreptum laniabat vertice crinem,
Duratos subito digitos in crine videres.
Quo quæque in gestu deprenditur, hæsit in illo.
Pars volucres factæ; quæ nunc quoque gurgite in illo
Æquora destringunt summis Ismenides alis.

III. Nescit Agenorides natam, parvumque nepotem
Æquoris esse Deos : luctu serieque malorum
Victus, et ostentis, quæ plurima viderat, exit
Conditor urbe sua; tanquam fortuna locorum,
Non sua se premeret; longisque erratibus actus,

Les compagnes d'Ino suivent ses traces autant qu'elles peuvent : elles voient la dernière au sommet du rocher, et, ne doutant plus de sa mort, elles meurtrissent leur sein, pleurent la famille de Cadmus, déchirent leurs vêtemens et arrachent leurs cheveux. La reine des dieux, injuste et trop cruelle envers une rivale, en conçoit une douleur jalouse : elle ne peut même supporter leurs plaintes. « Je ferai de vous, dit-elle, le plus grand monument de ma vengeance. » Sa menace est bientôt accomplie. Celle qui portait à Ino le plus vif attachement s'écrie : « Je suivrai la reine au fond de la mer. » Elle veut s'y jeter; mais tout mouvement lui est impossible et elle reste attachée au rocher. Une seconde tente de frapper encore son sein ; mais elle trouve les ressorts de ses bras rebelles à ses efforts ; une autre étend ses mains sur les eaux; et ses mains, changées en pierre, durcissent étendues; une quatrième enfin essaie d'arracher les cheveux qui ombragent son front et sent ses doigts et ses cheveux durcis tout à coup : chacune est immobile dans l'attitude où ces changemens sont venus la surprendre. Quelques-unes, changées en oiseaux, effleurent d'une aile légère la surface des ondes.

III. Cadmus ignore que sa fille et son petit-fils sont au nombre des divinités de la mer. Accablé de chagrin, vaincu par tant de maux l'un à l'autre enchaînés et par tous les prodiges dont il fut le témoin, il quitte la ville qu'il vient de fonder, comme s'il était poursuivi par une fatalité attachée à ces lieux et non par sa for-

Contigit Illyricos profuga cum conjuge fines.
Jamque malis annisque graves, dum prima retractant
Fata domus, releguntque suos sermone labores;
« Num sacer ille mea trajectus cuspide serpens,
Cadmus ait, fuerit tum, quum Sidone profectus
Vipereos sparsi per humum, nova semina, dentes?
Quem si cura Deum tam certa vindicat ira,
Ipse precor serpens in longam porrigar alvum. »
Dixit; et, ut serpens, in longam tenditur alvum;
Durataeque cuti squamas increscere sentit,
Nigraque caeruleis variari corpora guttis:
In pectusque cadit pronus; commissaque in unum
Paulatim tereti sinuantur acumine crura.
Brachia jam restant: quae restant, brachia tendit;
Et lacrymis per adhuc humana fluentibus ora,
« Accede, o conjux, accede, miserrima, dixit;
Dumque aliquid superest de me, me tange; manumque
Accipe, dum manus est; dum non totum occupat anguis. »
Ille quidem vult plura loqui; sed lingua repente
In partes est fissa duas: nec verba volenti
Sufficiunt; quotiesque aliquos parat edere questus,
Sibilat: hanc illi vocem Natura relinquit.
Nuda manu feriens exclamat pectora conjux,
« Cadme, mane; teque his infelix exue monstris.
Cadme, quid hoc? ubi pes? ubi sunt humerique manusque?

tune. Après avoir long-temps erré, il touche enfin aux limites de l'Illyrie avec son épouse, compagne de son exil. Là, sous le poids des revers et des années, ils rappellent les premières infortunes de leur famille et se plaisent à les retracer dans leurs entretiens. « Était-il donc consacré à un dieu, dit Cadmus, le serpent que perça ma lance, et dont, en m'éloignant de Tyr, j'enfouis les dents au sein de la terre qui n'avait jamais reçu de pareilles semences? Si le courroux inévitable des dieux veille pour sa vengeance, puissé-je voir mes membres s'allonger comme ceux du serpent. » Il dit et ses membres allongés prennent la forme d'un serpent ; il voit sa peau durcir et se couvrir d'écailles : des taches noires et bleuâtres brillent çà et là sur son dos. Il tombe sur sa poitrine et rampe : ses jambes, l'une à l'autre enchaînées, se recourbent insensiblement en un dard acéré et flexible. Il ne lui reste que ses bras : il les tend vers sa compagne ; des larmes coulent sur son visage, qui a encore la forme humaine. « Approche, ô mon épouse, approche, infortunée, dit-il ; tandis que je conserve quelque chose de moi, touche ton ami : prends cette main, puisqu'elle me reste et que le serpent ne m'a pas envahi tout entier. » Il veut parler encore ; mais sa langue tout à coup se fend et se partage : il veut parler ; mais les paroles lui manquent. Tente-t-il de faire entendre des plaintes, il siffle : la nature ne lui permet plus d'autres sons. Hermione de sa main frappe son sein découvert et s'écrie : « Cadmus, attends : infortuné! dépouille cette forme hideuse. Cadmus, qu'est-ce donc? où sont tes pieds? où sont tes épaules et tes mains? Tandis que je parle, que devient ton visage? que devient l'éclat de ton teint et tout ce qui fut en toi? Pourquoi, habitans du ciel, ne me

Et color, et facies, et, dum loquor, omnia? cur non
Me quoque, coelestes, in eamdem vertitis anguem?»
Dixerat: ille suae lambebat conjugis ora;
Inque sinus caros, veluti cognosceret, ibat;
Et dabat amplexus, adsuetaque colla petebat.
Quisquis adest, aderant comites, terretur: at illa
Lubrica permulcet cristati colla draconis,
Et subito duo sunt; junctoque volumine serpunt;
Donec in appositi nemoris subiere latebras.
Nunc quoque nec fugiunt hominem, nec vulnere laedunt;
Quidque prius fuerint, placidi meminere dracones.

   IV. Sed tamen ambobus versae solatia formae
Magna nepos fuerat, quem debellata colebat
India; quem positis celebrabat Achaia templis.
Solus Abantiades, ab origine cretus eadem,
Acrisius superest, qui moenibus arceat urbis
Argolicae; contraque Deum ferat arma; genusque
Non putet esse Jovis: neque enim Jovis esse putabat
Persea; quem pluvio Danae conceperat auro.
Mox tamen Acrisium, tanta est praesentia veri,
Tam violasse Deum, quam non agnosse nepotem,
Poenitet: impositus jam coelo est alter; at alter,
Viperei referens spolium memorabile monstri,
Aera carpebat tenerum stridentibus alis.
Quumque super Libycas victor penderet arenas,

changez-vous pas aussi en serpent ? » Elle dit : le reptile
lèche les traits de son ancienne compagne, se glisse autour
de son sein chéri, comme s'il la reconnaissait, la presse
de ses étreintes et veut, comme autrefois, s'attacher à son
cou. Tous ceux qui l'entourent (ce sont ses compagnons)
frémissent d'horreur ; mais Hermione caresse la tête du
dragon et sa crête brillante. Tout à coup à leurs yeux
s'offrent deux serpens qui, roulant leurs anneaux, rampent d'un pas égal, jusqu'à ce qu'ils aient pénétré dans
un réduit obscur de la forêt voisine. A présent même ils
ne fuient point l'homme et ne lui font aucune blessure :
inoffensifs, ils se souviennent de ce qu'ils furent jadis.

IV. Ils trouvaient tous deux une grande consolation
de cette métamorphose dans leur petit-fils qu'adorait
l'Inde vaincue et dont la Grèce honorait les exploits
par les temples érigés à sa gloire. Seul, un descendant
d'Abas, sorti du même sang, Acrisius le repousse des
murs d'Argos ; seul il porte les armes contre le dieu
et refuse de le regarder comme fils de Jupiter : il refuse
également ce nom à Persée, qu'une pluie d'or fit naître
du sein de Danaé. Bientôt Acrisius (tant la vérité est
puissante) n'est pas moins fâché d'avoir offensé le dieu
que d'avoir méconnu son petit-fils. L'un est déjà reçu
dans les célestes demeures ; l'autre, portant la tête d'un
monstre célèbre, hérissée de serpens, fend les plaines
éthérées sur ses ailes sifflantes. Vainqueur, son rapide
essor l'élève au dessus des sables de la Libye, lorsque
des gouttes de sang tombent du front de la Gorgone :
la terre les reçoit, les anime et les change en autant de
reptiles divers. De là sont nés les serpens qui rem-

Gorgonei capitis guttae cecidere cruentae :
Quas humus exceptas varios animavit in angues;
Unde frequens illa est, infestaque terra colubris.
Inde per immensum ventis discordibus actus
Nunc huc, nunc illuc, exemplo nubis aquosae,
Fertur, et ex alto seductas aethere longe
Despectat terras; totumque supervolat orbem.
Ter gelidas Arctos, ter Cancri brachia vidit :
Saepe sub occasus, saepe est ablatus in ortus.
Jamque cadente die veritus se credere nocti
Constitit Hesperio, regnis Atlantis, in orbe;
Exiguamque petit requiem, dum Lucifer ignes
Evocet Aurorae, currus Aurora diurnos.
Hic hominum cunctos ingenti corpore praestans
Iapetionides Atlas fuit : ultima tellus
Rege sub hoc, et pontus erat, qui Solis anhelis
Aequora subdit equis, et fessos excipit axes.
Mille greges illi, totidemque armenta per herbas
Errabant; et humum vicinia nulla premebant.
Arboreae frondes, auro radiante virentes,
Ex auro ramos, ex auro poma tegebant.
« Hospes, ait Perseus illi, seu gloria tangit
Te generis magni : generis mihi Jupiter auctor;
Sive es mirator rerum, mirabere nostras.
Hospitium, requiemque peto. » Memor ille vetustae

plissent et infestent cette contrée. Bientôt, dans les airs çà et là ballotté par des vents contraires, il vole tel qu'un nuage chargé de pluie : du haut des cieux il voit la terre au loin s'étendre et l'univers fuir sous ses pieds. Trois fois il voit et l'Ourse glacée et les bras du Cancer : il est tour-à-tour entraîné, tantôt vers l'occident, tantôt vers l'orient. Enfin, quand le jour touche à son déclin, il craint de se confier à la nuit et s'arrête au dessus des régions de l'Hespérie soumises au sceptre d'Atlas. Il demande quelques instans de repos, jusqu'à l'heure où Lucifer ramène les feux de l'Aurore, et l'Aurore le char du Soleil. Là règne le petit-fils de Japet que sa taille plaçait au dessus de tous les mortels : il tient sous ses lois la contrée jetée aux confins du monde et la mer qui ouvre ses flots aux coursiers du Soleil hors d'haleine et offre un asile à son char. Ses nombreux troupeaux de brebis et de bœufs errent dans de vastes prairies, et son royaume n'est point gêné par les limites d'un empire voisin. Là, les arbres, au riant feuillage, brillent de l'éclat de l'or et se couvrent de rameaux et de pommes du même métal. « Prince, lui dit Persée, si une illustre naissance te touche, Jupiter est mon père; si tu as de l'admiration pour les belles actions, tu admireras les miennes : je te demande l'hospitalité et le repos. » Atlas gardait le souvenir d'un ancien oracle de Thémis, qui, sur le Parnasse, lui dévoila en ces mots l'avenir : « Atlas, un jour les pommes d'or seront ravies à tes arbres ; cette noble proie fera la gloire d'un fils de Jupiter. » Effrayé de cet oracle, après avoir entouré ses jardins d'un mur inébranlable et préposé à leur garde un énorme serpent, il éloignait tous les étrangers des frontières de son empire. Dominé alors par la même

Sortis erat: Themis hanc dederat Parnasia sortem;
« Tempus, Atla, veniet, tua quo spoliabitur auro
Arbor: et hunc praedae titulum Jove natus habebit. »
Id metuens, solidis pomaria clauserat Atlas
Moenibus, et vasto dederat servanda draconi;
Arcebatque suis externos finibus omnes.
Hinc quoque, « Vade procul, ne longe gloria rerum,
Quas mentiris, ait, longe tibi Jupiter absit. »
Vimque minis addit; foribusque expellere tentat
Cunctantem, et placidis miscentem fortia dictis.
Viribus inferior; quis enim par esset Atlanti
Viribus? « At quoniam parvi tibi gratia nostra est;
Accipe munus, » ait; laevaque a parte Medusae
Ipse retroversus squalentia prodidit ora.
Quantus erat, mons factus Atlas: jam barba comaeque
In silvas abeunt; juga sunt humerique, manusque;
Quod caput ante fuit, summo est in monte cacumen;
Ossa lapis fiunt: tum partes auctus in omnes
Crevit in immensum, sic Di statuistis, et omne
Cum tot sideribus coelum requievit in illo.

V. CLAUSERAT Hippotades aeterno carcere ventos;
Admonitorque operum coelo clarissimus alto
Lucifer ortus erat: pennis ligat ille resumtis
Parte ab utraque pedes; teloque adcingitur unco;
Et liquidum motis talaribus aera findit.

crainte : « Fuis loin d'ici, répond-il ; la gloire de tes prétendus exploits et Jupiter lui-même ne pourraient te sauver. » Il joint la violence aux menaces, tente de chasser de son palais Persée, qui hésite et mêle dans ses paroles la douceur à la fermeté. Plus faible (car qui pourrait égaler Atlas?) : « Puisque tu ne tiens pas compte de mes prières, dit-il, reçois ta récompense. » Au même instant il se détourne à gauche et lui présente le hideux visage de Méduse. Le colosse est changé en montagne, sa barbe et ses cheveux deviennent des forêts, ses épaules et ses mains des coteaux, sa tête la cime de la montagne, ses os des pierres : tout son corps enfin prend un immense accroissement, et le ciel (dieux, vous l'avez ainsi voulu) repose sur lui avec ses légions d'étoiles.

V. Le petit-fils d'Hippotas avait renfermé les vents dans leur prison éternelle, et Lucifer, qui appelle les hommes au travail, brillait du plus vif éclat au haut des cieux. Persée reprend ses ailes et les attache à ses pieds : il s'arme d'un fer recourbé, et d'un vol rapide il sillonne les plaines de l'air. De vastes contrées à droite

Gentibus innumeris circumque infraque relictis,
Æthiopum populos, Cepheia conspicit arva.
Illic immeritam maternæ pendere linguæ
Andromedan pœnas immitis jusserat Ammon.
Quam simul ad duras religatam brachia cautes
Vidit Abantiades; nisi quod levis aura capillos
Moverat, et trepido manabant lumina fletu,
Marmoreum ratus esset opus : trahit inscius ignes,
Et stupet; et visæ correptus imagine formæ,
Pæne suas quatere est oblitus in aere pennas.
Ut stetit; « O, dixit, non istis digna catenis,
Sed quibus inter se cupidi jungantur amantes;
Pande requirenti nomen terræque tuumque;
Et cur vincla geras. » Primo silet illa; nec audet
Adpellare virum virgo; manibusque modestos
Celasset vultus, si non religata fuisset.
Lumina, quod potuit, lacrymis implevit obortis.
Sæpius instanti, sua ne delicta fateri
Nolle videretur, nomen terræque suumque,
Quantaque maternæ fuerit fiducia formæ,
Indicat : et, nondum memoratis omnibus, unda
Insonuit; veniensque immenso bellua ponto
Eminet; et latum sub pectore possidet æquor.
Conclamat virgo; genitor lugubris, et amens
Mater adest; ambo miseri, sed justius illa,

et à gauche ne peuvent attirer ses regards : il les fixe sur les peuples d'Éthiopie et les champs de Céphée. Là, malgré son innocence, Andromède, par l'ordre de l'implacable Ammon, expiait le superbe langage de sa mère. En voyant ses mains liées à un rocher sauvage, si un souffle léger n'eût pas agité ses cheveux, si des larmes n'avaient point coulé de sa paupière tremblante, Persée l'aurait prise pour une statue de marbre. A son insu, une vive flamme le dévore, il reste immobile, et, ravi de tant de charmes, il oublie presque de frapper l'air de ses ailes. Dès qu'il s'est arrêté, il s'écrie : « Non, tu n'es pas faite pour ces chaînes, mais pour celles qui unissent des amans passionnés : apprends-moi, je t'en conjure, ton nom, celui de ces contrées, et pourquoi tu portes ces liens. » D'abord elle se tait ; vierge, elle n'ose parler à un homme : de ses mains elle eût caché son front modeste, si elles n'avaient été attachées. Elle peut du moins pleurer ; aussi des larmes remplissent-elles ses yeux. Persée réitère ses instances : alors, pour ne pas être soupçonnée de cacher un crime par son refus, Andromède fait connaître son nom, sa patrie et le fol orgueil que la beauté avait inspiré à sa mère. Elle n'a pas encore tout dit, et soudain l'onde frémit : sur la vaste surface des mers, un monstre apparaît ; il s'avance et presse les flots de ses larges flancs. La jeune vierge pousse un cri ; son père affligé, sa mère hors d'elle-même, étaient présens, tous deux malheureux, surtout sa mère ; mais ils ne lui portent d'autre secours que des larmes dignes de son infortune et les cris du désespoir : ils serrent dans leurs bras Andromède enchaînée. « Vos larmes pourront couler à loisir, dit l'étranger ; mais il ne nous reste qu'un instant rapide pour la sauver.

Nec secum auxilium, sed dignos tempore fletus,
Plangoremque ferunt; vinctoque in corpore adhærent,
Quum sic hospes ait : « Lacrymarum longa manere
Tempora vos poterunt: ad opem brevis hora ferendam est;
Hanc ego si peterem Perseus Jove natus, et illa
Quam clausam implevit fecundo Jupiter auro,
Gorgonis anguicomæ Perseus superator, et alis
Ætherias ausus jactatis ire per auras ;
Præferrer cunctis certe gener : addere tantis
Dotibus et meritum, faveant modo numina, tento.
Ut mea sit, servata mea virtute, paciscor. »
Accipiunt legem, quis enim dubitaret? et orant,
Promittuntque super regnum dotale, parentes.
Ecce velut navis, præfixo concita rostro,
Sulcat aquas, juvenum sudantibus acta lacertis;
Sic fera, dimotis impulsu pectoris undis,
Tantum aberat scopulis, quantum Balearica torto
Funda potest plumbo medii transmittere cœli;
Quum subito juvenis, pedibus tellure repulsa,
Arduus in nubes abiit : ut in æquore summo
Umbra viri visa est, visam fera sævit in umbram.
Utque Jovis præpes, vacuo quum vidit in arvo
Præbentem Phœbo liventia terga draconem,
Occupat aversum; neu sæva retorqueat ora,
Squamigeris avidos figit cervicibus ungues :

Si je briguais sa main, moi Persée, fils de Jupiter et de celle qu'une rosée d'or, répandue sur sa tête, rendit féconde ; moi, vainqueur de la Gorgone au front hérissé de serpens ; moi qui, porté sur des ailes, osai voguer dans les plaines de l'air ; sans doute parmi tous mes rivaux je serais choisi pour gendre. A ces titres, je veux, si les dieux me favorisent, ajouter un bienfait : pour qu'elle m'appartienne, je m'engage à la sauver par mon intrépidité. » Cette condition est acceptée. Qui aurait pu balancer? Les parens d'Andromède pressent Persée et lui promettent, avec la main de leur fille, un royaume pour dot. Cependant, semblable au vaisseau dont la proue sillonne les ondes, quand il est poussé par le bras vigoureux de jeunes matelots, le monstre, de sa poitrine, bat et divise les flots : à peine entre le rocher et lui se trouve la distance que franchit le plomb lancé dans les airs par la fronde. Soudain Persée de ses pieds frappe la terre et s'envole jusqu'aux nues : son ombre se réfléchit sur la surface des eaux ; le monstre la voit et l'attaque avec fureur. L'oiseau de Jupiter voit-il dans la plaine découverte un dragon étaler aux rayons du soleil son dos livide ? il l'attaque par derrière ; et pour que le reptile ne tourne point contre lui sa gueule meurtrière, il plonge dans les écailles de son cou ses implacables serres : ainsi Persée, d'un vol léger, traverse l'immensité de l'espace, fond sur le monstre qui frémit, et dans son flanc droit enfonce jusqu'à la garde un glaive recourbé. Le dragon, atteint d'une large blessure, tantôt s'élève dans les airs, tantôt se glisse dans les eaux ou se roule comme le sanglier furieux qu'effraie de ses cris une meute bruyante. Par l'agilité de ses ailes, le héros échappe à

Sic celeri fissum praeceps per inane volatu
Terga ferae pressit; dextroque frementis in armo
Inachides ferrum curvo tenus abdidit hamo.
Vulnere laesa gravi modo se sublimis in auras
Attollit; modo subdit aquis; modo more ferocis
Versat apri, quem turba canum circumsona terret.
Ille avidos morsus velocibus effugit alis:
Quaque patent, nunc terga cavis super obsita conchis,
Nunc laterum costas, nunc qua tenuissima cauda
Desinit in piscem, falcato verberat ense.
Bellua poeniceo mixtos cum sanguine fluctus
Ore vomit: maduere graves adspergine pennae;
Nec bibulis ultra Perseus talaribus ausus
Credere, conspexit scopulum; cui vertice summo
Stantibus exit aquis, operitur ab aequore moto.
Nixus eo, rupisque tenens juga prima sinistra,
Ter quater exegit repetita per ilia ferrum.
Litora cum plausu clamor superasque Deorum
Implevere domos: gaudent, generumque salutant,
Auxiliumque domus servatoremque fatentur
Cassiope, Cepheusque pater: resoluta catenis
Incedit virgo, pretiumque et causa laboris.
Ipse manus hausta victrices abluit unda;
Anguiferumque caput dura ne laedat arena,
Mollit humum foliis; natasque sub aequore virgas

ses avides morsures : partout où elle peut trouver accès, sur son dos couvert d'épaisses écailles, sur ses flancs ou sur sa queue qui se termine en dard comme celle d'un poisson, son épée, semblable à une faux, le perce de mille coups. Le monstre, de sa gueule, vomit sur les ailes appesanties de Persée les flots mêlés à son sang rouge comme la pourpre. Les talonnières du héros en sont tellement pénétrées, qu'il n'osait plus s'y fier, quand il aperçut un rocher dont la cime s'élève au dessus de la mer lorsqu'elle est calme, mais qui disparaît sous les eaux en courroux. Il s'y soutient par un pénible effort, et saisissant d'une main la pointe qui s'avance à gauche, de l'autre il plonge plusieurs fois le fer dans les flancs du monstre. Des cris, des applaudissemens remplissent le rivage et montent aux célestes demeures. Transportés d'allégresse, Cassiope et Céphée, père d'Andromède, saluent Persée du nom de gendre et le proclament l'appui et le sauveur de leur famille. Libre de ses chaînes, Andromède s'avance; elle qui est tout à la fois l'objet et la récompense de ce périlleux exploit. Le héros lave dans l'onde qu'il puise lui-même ses mains victorieuses; et pour que le sable ne blesse point les serpens dont le front de Méduse est chargé, il couvre la terre d'un lit de feuilles tendres sur lesquelles il étend des branches nées dans les flots : c'est là qu'il place la tête de la fille de Phorcys. La branche, fraîche encore, et dont la sève est vive et spongieuse, en éprouve aussitôt le pouvoir et durcit en la touchant : ses rameaux et ses feuilles contractent une raideur nouvelle. Les nymphes de la mer essaient le même prodige sur plusieurs branches et se réjouissent de le voir toujours reproduit. A diverses reprises, elles en jettent les débris dans les eaux;

Sternit, et imponit Phorcynidos ora Medusae.
Virga recens, bibulaque etiamnum viva medulla,
Vim rapuit monstri, tactuque induruit hujus;
Percepitque novum ramis et fronde rigorem.
At pelagi Nymphae factum mirabile tentant
Pluribus in virgis, et idem contingere gaudent;
Seminaque ex illis iterant jactata per undas.
Nunc quoque curaliis eadem natura remansit,
Duritiem tacto capiant ut ab aere; quodque
Vimen in aequore erat, fiat super aequora saxum.

VI. Dis tribus ille focos totidem de cespite ponit,
Laevum Mercurio; dextrum tibi, bellica virgo;
Ara Jovis media est: mactatur vacca Minervae;
Alipedi vitulus; taurus tibi, summe Deorum.
Protinus Andromedan, et tanti praemia facti
Indotata rapit : taedas Hymenaeus Amorque
Praecipiunt : largis satiantur odoribus ignes;
Sertaque dependent tectis; lotique, lyraeque,
Tibiaque, et cantus, animi felicia laeti
Argumenta, sonant : reseratis aurea valvis
Atria tota patent, pulchroque instructa paratu
Cephenum proceres ineunt convivia regis.
Postquam epulis functi, generosi munere Bacchi
Diffudere animos; cultusque habitusque locorum
Quaerit Abantiades; quaerenti protinus unus

comme autant de semences. Aujourd'hui la même vertu se retrouve dans le corail : il durcit par le contact de l'air ; et, tige flexible sous les flots, il devient une pierre hors de la mer.

VI. Persée construit en l'honneur de trois dieux trois autels de gazon ; l'un à gauche pour Mercure ; l'autre à droite pour toi, chaste déesse des combats, et celui du milieu pour Jupiter. Il immole à Minerve une génisse, à Mercure un veau, et à toi, souverain des dieux, un taureau. Soudain il emmène Andromède qui, même sans dot, lui suffit pour prix d'un si noble exploit. L'Hyménée et l'Amour allument leurs flambeaux ; des parfums abondans tourbillonnent en vapeur au dessus du feu sacré ; des guirlandes sont suspendues aux lambris ; le luth, la lyre, la flûte et les chants s'unissent pour célébrer la joie qui remplit les âmes. La porte s'ouvre, l'or brille au loin dans les vastes portiques du palais : l'élite des Céphéens prend place au somptueux banquet préparé par le roi. Bientôt le festin s'anime, et un vin généreux échauffe les esprits. Le fils de Danaé fait diverses questions sur les mœurs et les usages de cette contrée : au même instant Lyncides lui répond. Après avoir instruit le héros de ce qu'il dési-

Narrat Lyncides, moresque habitusque virorum.
Quæ simul edocuit: « Nunc, o fortissime, dixit,
Fare, precor, Perseu, quanta virtute, quibusque
Artibus abstuleris crinita draconibus ora. »
Narrat Agenorides, gelido sub Atlante jacentem
Esse locum, solidæ tutum munimine molis;
Cujus in introitu geminas habitasse sorores
Phorcydas, unius partitas luminis usum:
Id se solerti furtim, dum traditur, astu
Supposita cepisse manu; perque abdita longe,
Deviaque, et silvis horrentia saxa fragosis
Gorgoneas tetigisse domos; passimque per agros,
Perque vias vidisse hominum simulacra, ferarumque
In silicem ex ipsis visa conversa Medusa:
Se tamen horrendæ, clypei quod læva gerebat
Ære repercusso, formam adspexisse Medusæ:
Dumque gravis somnus colubrasque ipsamque tenebat,
Eripuisse caput collo; pennisque fugacem
Pegason, et fratrem, matris de sanguine natos.
Addidit et longi non falsa pericula cursus:
Quæ freta, quas terras sub se vidisset ab alto;
Et quæ jactatis tetigisset sidera pennis:
Ante exspectatum tacuit tamen. Excipit unus
E numero procerum, quærens, cur sola sororum
Gesserit alternis immixtos crinibus angues.

rait connaître : « Maintenant, intrépide Persée, ajouta-t-il, dis-moi, je t'en supplie, par quelle audace et par quels artifices tu as tranché cette tête hérissée de serpens. » — Sous les flancs glacés d'Atlas, réplique le petit-fils d'Agénor, est un lieu protégé par de solides barrières de roc : à l'entrée habitaient deux sœurs, filles de Phorcys, qui n'avaient qu'un œil dont elles se servaient tour-à-tour. Au moment où l'une le remettait à l'autre, je m'en emparai par une ruse, en substituant adroitement ma main à celle qui devait le recevoir ; et à travers des sentiers cachés, inaccessibles, obstrués d'épaisses forêts et de pierres énormes, j'arrivai jusqu'au séjour des Gorgones : cà et là dans les champs et sur toutes les routes, je vis des hommes et des animaux changés en rochers par l'aspect de Méduse. Ses traits hideux s'offrirent aussi à mes regards, mais réfléchis par le bouclier suspendu à ma main gauche, et, tandis que le sommeil tenait engourdis le monstre et ses couleuvres, je séparai sa tête de son cou : à l'instant Pégase, porté sur une aile rapide, et son frère Chrysaor, naquirent du sang de la Gorgone. — Persée raconte ensuite quels dangers l'ont menacé dans sa longue course ; quelles mers, quels pays il a vus du haut des cieux, et quels astres il a effleurés de ses ailes balancées dans les airs. Il se tait plutôt qu'on ne le désire : un des convives lui demande pourquoi, seule parmi ses sœurs, Méduse avait des serpens mêlés à ses cheveux et pressés l'un sur l'autre. Il répond : « Ce que vous demandez mérite d'être raconté ; apprenez-en la cause. Célèbre par sa beauté, cette fille de Phorcys fut recherchée par une foule de prétendans, jaloux de l'obtenir. Sa chevelure était son plus bel orne-

Hospes ait : « Quoniam scitaris digna relatu,
Accipe quaesiti causam : clarissima forma,
Multorumque fuit spes invidiosa procorum
Illa; nec in tota conspectior ulla capillis
Pars fuit : inveni, qui se vidisse referrent.
Hanc Pelagi rector templo vitiasse Minervae
Dicitur : aversa est, et castos aegide vultus
Nata Jovis texit : neve hoc impune fuisset,
Gorgoneum turpes crinem mutavit in hydros.
Nunc quoque, ut attonitos formidine terreat hostes,
Pectore in adverso, quos fecit, sustinet angues. »

ment : j'ai rencontré des hommes qui m'ont assuré l'avoir vue. Le souverain des mers attenta, dit-on, à son honneur dans un temple de Minerve. La fille de Jupiter détourna les yeux, couvrit de l'égide ses chastes regards ; et pour ne pas laisser un pareil attentat impuni, elle changea les cheveux de la Gorgone en d'horribles serpens. Aujourd'hui même, afin de remplir ses ennemis de terreur et d'effroi, elle porte sur son sein les serpens qu'elle fit naître. »

LIVRE V.

ARGUMENTUM.

I. Phineum cum suis Perseus saxeum reddit. — II. Bœtus et Polydectes in saxa convertuntur. Puer in stellionem; Lyncus in lyncem; Ascalaphus in bubonem; Cyana et Arethüsa in fontes; Pierides in picas. — Raptus Proserpinæ. Cereris et Triptolemi peregrinationes.

ARGUMENT.

I. Persée change Phinée et ses compagnons en rochers. — II. Même métamorphose subie par Bétus et Polydectes. Changement d'un enfant en lézard; de Lyncus en lynx; d'Ascalaphe en hibou; de Cyane et d'Aréthuse en fontaines, et des Piérides en pies. — Enlèvement de Proserpine. Voyages de Cérès et de Triptolème.

P. OVIDII NASONIS

METAMORPHOSEON

LIBER QUINTUS.

I. Dumque ea Cephenum medio Danaeius heros
Agmine commemorat, fremitu regalia turbæ
Atria complentur : nec conjugialia festa
Qui canat, est clamor : sed qui fera nuntiet arma :
Inque repentinos convivia versa tumultus
Adsimilare freto possis, quod sæva quietum
Ventorum rabies motis exasperat undis.
Primus in his Phineus, belli temerarius auctor,
Fraxineam quatiens æratæ cuspidis hastam ;
« En, ait, en adsum præreptæ conjugis ultor.
Nec mihi te pennæ, nec falsum versus in aurum
Jupiter, eripient. » Conanti mittere Cepheus,
« Quid facis? exclamat : quæ te, germane, furentem
Mens agit in facinus? meritisne hæc gratia tantis
Redditur? hac vitam servatæ dote rependis?

MÉTAMORPHOSES

DE

P. OVIDE

LIVRE CINQUIÈME.

I. Tandis que le héros, fils de Danaé, raconte ces aventures aux Céphéens assemblés autour de lui, les cris de la foule inondent les royaux portiques; ce n'étaient point des chants de fête en l'honneur d'Hyménée, mais un bruit annonçant la fureur des combats. Tout à coup le festin fait place au tumulte : ainsi la mer paisible est bouleversée jusque dans ses abîmes par le déchaînement des vents courroucés. A la tête des turbulens, le téméraire auteur de cette guerre, Phinée, brandit sa pique de frêne, armée d'airain. « Me voici, dit-il, me voici prêt à venger l'épouse qui m'est enlevée : ni tes ailes, ni Jupiter que tu prétends s'être changé en or, ne pourront te dérober à ma fureur. » Il allait lancer son javelot. « Que fais-tu, lui crie Céphée? quel aveuglement, ô mon frère! t'égare et te pousse au crime? Voilà donc la récompense de ses services; c'est ainsi que tu le paies d'avoir sauvé ma fille? Si tu veux entendre la vérité, ce n'est point Persée qui t'a ravi Andromède, ce sont les implacables Néréides; c'est Ammon adoré

Quam tibi non Perseus, verum si quæris, ademit,
Sed grave Nereidum numen, sed corniger Ammon,
Sed quæ visceribus veniebat bellua ponto
Exsaturanda meis : illo tibi tempore rapta est,
Quo peritura fuit ; nisi si crudelis id ipsum
Exigis, ut pereat, luctuque levabere nostro.
Scilicet haud satis est, quod, te spectante, revincta est ;
Et nullam quod opem patruus sponsusve tulisti :
Insuper, a quoquam quod sit servata, dolebis,
Præmiaque eripies ? quæ si tibi magna videntur,
Ex illis scopulis, ubi erant adfixa, petisses :
Nunc sine, qui petiit, per quem hæc non orba senectus,
Ferre, quod et meritis et voce est pactus ; eumque
Non tibi, sed certæ prælatum intellige morti. »
ILLE nihil contra : sed et hunc, et Persea vultu
Alterno spectans, petat hunc ignorat, an illum ;
Cunctatusque brevi, contortam viribus hastam,
Quantas ira dabat, nequicquam in Persea misit.
Ut stetit illa toro ; stratis tum denique Perseus
Exsiluit ; teloque ferox inimica remisso
Pectora rupisset ; nisi post altaria Phineus
Isset : et, indignum ! scelerato profuit ara.
Fronte tamen Rhœti non irrita cuspis adhæsit ;
Qui postquam cecidit, ferrumque ex osse revulsum est,
Palpitat, et positas adspergit sanguine mensas.

sous les traits d'un bélier ; c'est le monstre qui traversait les flots pour venir se repaître de mes entrailles. Elle te fut ravie du moment où elle dut mourir. Cruel, aurais-tu préféré qu'elle pérît ? ma douleur pourrait-elle seule alléger la tienne ? Sans doute, ce n'est pas assez qu'elle ait été chargée de chaînes en ta présence, sans lui porter aucun secours, toi, son oncle et son prétendant ; tu dois encore te plaindre qu'un autre l'ait sauvée, et lui ôter sa récompense. Si cette récompense te paraît belle, que n'allais-tu la chercher sur les rochers où elle était attachée ? Laisse maintenant celui qui l'a conquise, celui qui a préservé ma vieillesse d'une perte cruelle, jouir du salaire convenu et si bien mérité ; comprends enfin que ce n'est pas à toi, mais à une mort certaine qu'il est préféré. »

Phinée se tait ; son frère et Persée appellent tour-à-tour ses regards : il ne sait sur qui doivent tomber ses coups. Il hésite un moment, puis, avec toutes les forces que la fureur lui donne, il lance, mais en vain, son javelot contre Persée. Au moment où le javelot se fixe dans le siège du héros, celui-ci se lève : courroucé et relançant l'arme funeste, il l'eût plongée dans le cœur de son ennemi, si Phinée n'eût cherché un abri derrière un autel qui, ô sacrilège indigne ! protège un scélérat. Cependant le trait ne passe point sans blessure sur le front de Rhœtus : il tombe, et quand le fer est retiré de son sein, ses membres palpitent et son sang baigne la table dressée près de lui. Alors, la fureur implacable des soldats s'allume ; ils lancent leurs traits ; plusieurs

Tum vero indomitas ardescit vulgus in iras;
Telaque conjiciunt; et sunt, qui Cephea dicant
Cum genero debere mori : sed limine tecti
Exierat Cepheus ; testatus Jusque, Fidemque,
Hospitiique Deos, ea se prohibente moveri.
Bellica Pallas adest; et protegit ægide fratrem,
Datque animos. Erat Indus Athis, quem flumine Gange
Edita Limnate vitreis peperisse sub antris
Creditur, egregius forma; quam divite cultu
Augebat, bis adhuc octonis integer annis;
Indutus chlamydem Tyriam, quam limbus obibat
Aureus : ornabant aurata monilia collum ;
Et madidos myrrha curvum crinale capillos.
Ille quidem jaculo quamvis distantia misso
Figere doctus erat; sed tendere doctior arcus.
Tum quoque lenta manu flectentem cornua Perseus
Stipite, qui media positus fumabat in aula,
Perculit; et fractis confudit in ossibus ora.
Hunc ubi laudatos jactantem in sanguine vultus
Assyrius vidit Lycabas ; junctissimus illi
Et comes, et veri non dissimulator amoris :
Postquam exhalantem sub acerbo vulnere vitam
Deploravit Athin ; quos ille tetenderat arcus
Adripit : et, « Mecum tibi sint certamina, dixit :
Nec longum pueri fato lætabere; quo plus

disent que Céphée et son gendre ont mérité la mort ;
mais Céphée a déjà franchi le seuil de son palais, attestant la justice, la bonne-foi et les dieux protecteurs de
l'hospitalité, que ce désordre éclate malgré lui. Avec son
égide, la déesse des combats, Pallas, fait un rempart au
fils de son frère et soutient son courage. Parmi les
compagnons de Phinée était Athis, né sous le ciel de
l'Inde ; Limnate, fille du Gange, lui donna, dit-on, le
jour dans une grotte humide. Il était d'une beauté remarquable, que rehaussait encore l'éclat de la parure ;
il avait à peine atteint sa seizième année. Il portait une
robe de pourpre ornée de franges d'or, et son cou était
paré d'un collier du même métal. Ses cheveux arrosés
de myrrhe étaient attachés par un élégant bandeau ; sa
main sûre savait frapper du javelot les objets les plus
éloignés, et mieux encore tendre l'arc : il courbait avec
effort l'arc flexible, lorsque Persée l'atteignit d'un tison
qui, placé sur l'autel, répandait une épaisse fumée : ses
dents fracassées tombèrent en désordre.

Ses traits, si beaux naguère, se montrent baignés de
sang aux yeux de l'Assyrien Lycabas, qui lui était uni
par les liens du plus tendre amour et n'en faisait point
mystère. Il pleure Athis dont la vie s'exhale par une
profonde blessure, et soudain saisissant l'arc tendu par
son ami : « Combats contre moi, dit-il ; la mort d'un
enfant ne te donnera point une joie durable ; elle
doit t'attirer plus de haine que de gloire. » Ces paroles
n'étaient pas encore achevées, et le trait acéré s'élance

Invidiæ, quam laudis, habes. » Hæc omnia nondum
Dixerat : emicuit nervo penetrabile telum ;
Vitatumque tamen sinuosa veste pependit.
Vertit in hunc harpen spectatam cæde Medusæ
Acrisioniades, adigitque in pectus : at ille
Jam moriens, oculis sub nocte natantibus atra
Circumspexit Athin; seque acclinavit in illum,
Et tulit ad manes junctæ solatia mortis.
Ecce Syenites, genitus Methione, Phorbas,
Et Libys Amphimedon, avidi committere pugnam,
Sanguine, quo tellus late madefacta tepebat,
Conciderant lapsi : surgentibus obstitit ensis,
Alterius costis, jugulo Phorbantis adactus.
At non Actoriden Erithon, cui lata bipennis
Telum erat, hamato Perseus petit ense ; sed altis
Exstantem signis, multæque in pondere massæ,
Ingentem manibus tollit cratera duabus ;
Infregitque viro : rutilum vomit ille cruorem ;
Et resupinus humum moribundo vertice pulsat.
Inde Semiramio Polydæmona sanguine cretum,
Caucasiumque Abarin, Sporchionidenque Lycetum,
Intonsumque comas Elycen, Phlegiamque, Clytumque
Sternit ; et adstructos morientum calcat acervos.
Nec Phineus ausus concurrere cominus hosti,
Intorquet jaculum : quod detulit error in Idan,

de la corde. Il est paré, mais il reste suspendu dans les plis des vêtemens de Persée. Le petit-fils d'Acrisius lève sur la tête de son ennemi un glaive éprouvé par la mort de Méduse et le plonge dans son sein. Lycabas mourant tourne vers Athis sa paupière ensevelie déjà dans la nuit du trépas : il se penche sur lui, et emporte aux enfers la consolation d'avoir uni sa mort à celle de son ami.

Cependant le fils de Méthion, Phorbas, né à Syène, et le Libyen Amphimédon, brûlant de combattre, sont tombés dans le sang qui fume au loin sur le parvis. Ils veulent se relever ; mais ils sont arrêtés par le fer qui frappe Amphimédon dans les flancs, et Phorbas à la gorge. Le fils d'Actor, Érithus, armé d'une hache à deux tranchans, ne pouvait être blessé par l'épée du héros ; mais près de là était un vase d'un poids énorme et chargé de ciselures : Persée le soulève de ses deux mains et le jette à la tête de son ennemi : des flots de sang jaillissent de sa bouche ; il tombe expirant et son front frappe la terre. Polydémon issu de Sémiramis, Abaris nourri sur le Caucase, Lycetus né sur les bords du Sperchius, Élyx dont la chevelure n'a jamais senti le ciseau, Phlégias et Clytus, périssent sous les coups du fils de Danaé, qui foule aux pieds des monceaux de victimes. Phinée craint de combattre de près un pareil adversaire ; mais il lui lance son javelot : le trait s'égare et va frapper Ida qui vainement ne s'est point mêlé aux fureurs du combat et n'a marché sous aucun drapeau. Regardant d'un œil courroucé l'implacable Phinée : « Tu veux m'entraîner dans cette lutte, lui dit-il ; eh bien,

Expertem frustra belli, et neutra arma sequutum.
Ille tuens oculis immitem Phinea torvis,
« Quandoquidem in partes, ait, attrahor, accipe, Phineu,
Quem fecisti hostem ; pensaque hoc vulnere vulnus. »
Jamque remissurus tractum de corpore telum,
Sanguine defectos cecidit collapsus in artus.
Hic quoque Cephenum post regem primus Odites
Ense jacet Clymeni ; Protenora perculit Hypseus ;
Hypsea Lyncides ; fuit et grandævus in illis
Emathion, æqui cultor, timidusque Deorum ;
Quem quoniam prohibent anni bellare, loquendo
Pugnat, et incessit, scelerataque devovet arma.
Huic Chromis amplexo tremulis altaria palmis
Demetit ense caput, quod protinus incidit aræ ;
Atque ibi semianimi verba exsecrantia lingua
Edidit, et medios animam exspiravit in ignes.
Hinc gemini fratres, Broteasque et cæstibus Ammon
Invicti, vinci si possent cæstibus enses,
Phinea cecidere manu ; Cererisque sacerdos
Ampucus, albenti velatus tempora vitta.
Tu quoque, Iapetide, non hos adhibendus in usus ;
Sed qui, pacis opus, citharam cum voce moveres ;
Jussus eras celebrare dapes, festumque canendo.
Cui procul adstanti, plectrumque imbelle tenenti,
Pettalus, « I, ridens, Stygiis cane cetera, dixit,

défends-toi, Phinée, contre l'ennemi que tu viens de te faire : cette blessure va compenser celle que j'ai reçue de toi. » Déjà il s'apprêtait à lui renvoyer le fer arraché de son sein ; mais le sang s'épuise dans ses veines, il tombe et il expire.

Alors Oditès, qui occupe la première place après le roi, périt sous l'épée de Clymène ; Hypsée frappe Protenor et Lyncidas Hypsée. Au milieu d'eux paraît le vieil Émathion, célèbre par son amour pour la justice et par son respect envers les dieux. Les années l'empêchent de combattre ; mais il combat de la voix, et, parcourant tous les rangs, il maudit cette lutte impie. Tandis que ses mains tremblantes embrassent l'autel, Chromis avec son épée lui tranche la tête, qui roule dans les feux sacrés. Au même instant, sa voix à demi éteinte profère des imprécations et le souffle de sa vie s'exhale au milieu des flammes. Après lui, deux frères, Broléas et Ammon que le ceste eût rendus invincibles, si le ceste pouvait triompher de l'épée, sont immolés par la main de Phinée ; ainsi que le prêtre de Cérès, Ampycus dont le front est ceint d'un bandeau éclatant de blancheur. Et toi, fils de Japet, tu n'étais point destiné à ces jeux sanglans ; voué à un ministère de paix, tu devais unir ta voix aux accords de la lyre, pour célébrer la joie des festins et le bonheur de l'hymen. — Il s'est éloigné, et sa faible main ne tient que l'archet ; Pettalus lui dit avec un rire moqueur : « Va finir tes chants dans le séjour des ombres. » Et il lui plonge dans la tempe gauche la pointe de son épée. Le chantre est renversé ;

Manibus : » et laevo mucronem tempore figit.
Concidit, et digitis morientibus ille retentat
Fila lyrae, casuque canit miserabile carmen.
Non sinit hunc impune ferox cecidisse Lycormas;
Raptaque de dextro robusta repagula posti,
Ossibus illidit mediae cervicis : at ille
Procubuit terrae, mactati more juvenci.
Demere tentabat laevi quoque robora postis
Cinyphius Pelates : tentanti dextera fixa est
Cuspide Marmaridae Corythi, lignoque cohaesit :
Haerenti latus hausit Abas ; nec corruit ille,
Sed retinente manum moriens e poste pependit.
Sternitur et Menaleus, Perseia castra sequutus,
Et Nasamoniaci Dorylas ditissimus agri ;
Dives agri Dorylas, quo non possederat alter
Latius, aut totidem tollebat farris acervos.
Hujus in obliquo missum stetit inguine ferrum :
Letifer ille locus : quem postquam vulneris auctor
Singultantem animam, et versantem lumina vidit
Bactrius Halcyoneus, « Hoc, quod premis, inquit, habeto
De tot agris terrae : » corpusque exsangue reliquit.
Torquet in hunc hastam calido de vulnere raptam
Victor Abantiades : media quae nare recepta
Cervice exacta est, in partesque eminet ambas.
Dumque manum Fortuna juvat, Clytiumque Claninque

ses doigts, glacés par la mort, errent sur les cordes de sa lyre; et dans sa chute il fait entendre des accens de douleur. Le fier Lycormas ne laisse point son trépas impuni; il arrache un des étais qui soutiennent la porte à droite et frappe Pettalus au milieu du crâne : celui-ci tombe comme un jeune taureau sous la main qui l'immole. De l'autre côté Pélatès, né sur les bords du Cinyphius, fait une tentative pareille; mais, au même instant, sa main percée par la lance de Corythus, venu de la Marmarique, reste attachée à la porte. Tandis qu'elle y est retenue, Abas lui plonge son épée dans les reins. Il ne tombe pas : il expire suspendu par la main. Là périssent aussi Ménalée, qui avait suivi l'étendard de Persée, et Dorilas, le plus riche habitant du pays des Nasamones : personne, dans cette contrée, ne possédait des terres plus vastes et n'entassait autant de moissons dans ses greniers. Le fer l'atteint obliquement dans l'aine et s'y fixe : là, tous les coups sont mortels. A peine le Bactrien Halcyonée, qui l'a blessé, voit-il sa vie s'échapper au milieu des sanglots, et ses yeux rouler presque éteints : « L'espace que couvre ton corps, dit-il, te restera seul dans tes immenses domaines; » et il s'éloigne de son corps inanimé; mais Persée vainqueur lui lance le javelot retiré de la blessure où le sang fume encore; le fer atteint le Bactrien au nez, se fait jour à travers le crâne et le perce d'outre en outre. La fortune dirige le bras du héros; Clytius et Clanis, nés de la même mère, tombent par lui frappés de coups divers. Lancé d'un bras vigoureux, le frêne converti en javelot traverse les cuisses de Clytius; Clanis au contraire le reçoit dans sa bouche et le mord avec rage. Là succombent encore Céladon, originaire de Mendes;

Matre satos una, diverso vulnere fudit:
Nam Clytii per utrumque gravi librata lacerto
Fraxinus acta femur; jaculum Clanis ore momordit.
Occidit et Celadon Mendesius; occidit Astreus,
Matre Palæstina, dubio genitore creatus;
Æthionque sagax quondam ventura videre,
Tunc ave deceptus falsa; regisque Thoactes
Armiger; et cæso genitore infamis Agyrtes.
Plus tamen exhausto superest; namque omnibus unum
Opprimere est animus: conjurata undique pugnant
Agmina pro causa meritum impugnante fidemque.
Hac pro parte socer frustra pius, et nova conjux,
Cum genetrice, favent, ululatuque atria complent.
Sed sonus armorum superat, gemitusque cadentum;
Pollutosque semel multo Bellona Penates
Sanguine perfundit; renovataque prœlia miscet.
Circueunt unum Phineus, et mille sequuti
Phinea: tela volant hiberna grandine plura
Præter utrumque latus, præterque et lumen, et aures.
Adplicat hinc humeros ad magnæ saxa columnæ;
Tutaque terga gerens, adversaque in agmina versus,
Sustinet instantes: instabant parte sinistra
Choanius Molpeus, dextra Nabatæus Ethemon.
Tigris ut, auditis diversa valle duorum
Exstimulata fame mugitibus armentorum,

Astrée dont la mère naquit dans la Palestine et dont le père n'était pas connu ; Æthion, qui, jadis habile à lire dans l'avenir, fut alors trompé par le vol d'un oiseau ; Thoacte, écuyer de Phinée ; et Agyrtès, souillé d'un parricide.

Cependant il reste plus de sang à répandre qu'il n'y en a de versé : mille bras veulent écraser le seul Persée. De toutes parts il est assailli par des combattans ligués pour une cause contraire à la justice et à la bonne foi. Il n'a d'autres soutiens que son beau-père dont la piété est impuissante, sa nouvelle épouse et sa mère, qui remplissent le palais d'affreux gémissemens qu'étouffent le bruit des armes et les cris des mourans. Bellone arrose de flots de sang les Pénates déjà profanés et renouvelle toutes les horreurs des combats. Autour du seul Persée accourent Phinée et ses mille compagnons : les traits, plus nombreux que la grêle vomie par l'hiver, volent çà et là, brillent à ses yeux et sifflent à ses oreilles. Il appuie son dos contre une vaste colonne, et, sûr qu'il ne peut plus être surpris par derrière, le front tourné vers les rangs ennemis, il résiste à toutes les attaques. A gauche, il a en tête Molpée de Chaonie ; à droite, l'Arabe Éthémon. Un tigre, pressé par la faim, a-t-il entendu sortir de deux vallons opposés le cri des troupeaux ? il ne sait où il doit courir de préférence, et voudrait s'élancer vers les deux côtés à la fois : tel Persée, incertain s'il doit se porter à droite ou à gauche, frappe Molpée à

Nescit, utro potius ruat; et ruere ardet utroque:
Sic dubius Perseus, dextra laevane feratur,
Molpea trajecti submovit vulnere cruris,
Contentusque fuga est: neque enim dat tempus Ethemon,
Sed furit: et, cupiens alto dare vulnera collo,
Non circumspectis exactum viribus ensem
Fregit; et extrema percussae parte columnae
Lamina dissiluit, dominique in gutture fixa est.
Non tamen ad letum causas satis illa valentes
Plaga dedit: trepidum Perseus, et inermia frustra
Brachia tendentem Cyllenide confodit harpe.
VERUM ubi virtutem turbae succumbere vidit,
« Auxilium, Perseus, quoniam sic cogitis ipsi,
Dixit, ab hoste petam; vultus avertite vestros,
Si quis amicus adest: » et Gorgonis extulit ora.
« Quaere alium, tua quem moveant miracula, » dixit
Thescelus: utque manu jaculum fatale parabat
Mittere, in hoc haesit signum de marmore gestu.
Proximus huic Ampyx animi plenissima magni
Pectora Lyncidae gladio petit; inque petendo
Dextera diriguit, nec citra mota, nec ultra.
At Nileus, qui se genitum septemplice Nilo
Ementitus erat, clypeo quoque flumina septem
Argento partim, partim caelaverat auro,
« Adspice, ait, Perseu, nostrae primordia gentis:

la jambe, le force à se retirer, et se contente de le mettre en fuite. Éthémon ne lui laisse point de repos : emporté par sa fureur et brûlant de tracer dans le cou de Persée une profonde blessure; sans mesurer ses forces, il l'attaque : son épée se brise, vole en éclats, et sa pointe, repoussée par la colonne, vient se plonger dans la gorge de son maître. Le coup néanmoins ne lui donne pas la mort : Éthémon chancelle et tend vainement ses bras désarmés; Persée le frappe du glaive que lui donna Mercure.

Voyant enfin sa valeur près de succomber sous le nombre, le héros s'écrie : « Vous m'y forcez; eh bien! j'implorerai le secours d'un ennemi : détournez vos regards, ô mes amis! s'il en est ici pour moi. » Et il présente la tête de la Gorgone. « Cherche ailleurs un adversaire qui se laisse effrayer par de vains prodiges, » répond Thescelus; mais, au moment où sa main s'apprêtait à lancer au héros un trait fatal ; immobile dans cette attitude, il est changé en une statue de marbre. A ses côtés, Ampyx dirige son glaive contre la poitrine de Lyncidas, qui renferme un cœur généreux. Sa main va le frapper; mais, durcie tout à coup, elle ne peut se mouvoir en aucun sens. Nilée, qui se prétendait fils du Nil, et sur son bouclier avait gravé en argent et en or les sept bouches de ce fleuve, s'avance vers Persée : « Regarde, lui dit-il, le berceau de ma famille : tu emporteras dans le silencieux séjour des Ombres une grande consolation, en tombant sous les coups d'un illustre en-

Magna feres tacitas solatia mortis ad umbras
A tanto cecidisse viro. » Pars ultima vocis
In medio suppressa sono est; adapertaque velle
Ora loqui credas, nec sunt ea pervia verbis.
Increpat hos, « Vitioque animi, non crinibus, inquit,
Gorgoneis torpetis., Eryx : incurrite mecum ;
Et prosternite humi juvenem magica arma moventem. »
Incursurus erat : tenuit vestigia tellus ;
Immotusque silex, armataque mansit imago.
Hi tamen ex merito pœnam subiere : sed unus
Miles erat Persei, pro quo dum pugnat, Aconteus,
Gorgone conspecta saxo concrevit oborto :
Quem ratus Astyages etiamnum vivere, longo
Ense ferit : sonuit tinnitibus ensis acutis.
Dum stupet, Astyages naturam traxit eamdem;
Marmoreoque manet vultus mirantis in ore.
Nomina longa mora est media de plebe virorum
Dicere : bis centum restabant corpora pugnæ ;
Gorgone bis centum riguerunt corpora visa.
POENITET injusti nunc denique Phinea belli.
Sed qui agat? simulacra videt diversa figuris ;
Agnoscitque suos, et nomine quemque vocatos
Poscit opem ; credensque parum, sibi proxima tangit
Corpora : marmor erant : avertitur ; atque ita supplex,
Confessasque manus, obliquaque brachia tendens,

nemi. » Les derniers sons de sa voix sont étouffés ; sa bouche entr'ouverte semble vouloir parler ; mais elle n'offre plus d'issue à la parole. « C'est votre lâcheté et non la tête de la Gorgone qui enchaîne vos bras, leur crie Éryx en fureur : accourez avec moi, et faites mordre la poussière à ce jeune présomptueux qui n'a pour armes que des enchantemens. » Il veut s'élancer ; mais ses pas restent attachés à la terre : il n'est plus qu'un rocher inanimé, sous les traits d'un guerrier en armes.

Ceux-ci du moins méritaient leur châtiment ; mais un des soldats de Persée, Acontée, en combattant pour lui, regarde la Gorgone, et tout à coup il est changé en rocher. Astyage le croit encore vivant et le frappe de sa longue épée, qui rend des sons aigus. Il s'arrête immobile d'étonnement : son corps se change aussi en rocher, et la surprise est empreinte sur ses traits de marbre. Il serait trop long de dire tous les noms des soldats de Phinée : deux cents avaient survécu au combat ; deux cents subirent la même métamorphose à l'aspect de la Gorgone.

Phinée déplore alors cette guerre injuste ; mais que faire ? il ne voit que des statues dans diverses attitudes ; il reconnaît ses compagnons, les appelle par leur nom, et invoque leur secours : il ne peut en croire ses yeux, et porte sa main sur ceux qui se trouvent près de lui : c'était un marbre insensible. Il détourne la tête, et, d'un air suppliant, il élève ses mains et ses bras en signe de défaite : « Tu triomphes, dit-il, ô Persée ! éloigne ce

« Vincis, ait, Perseu; remove fera monstra, tuæque
Saxificos vultus, quæcumque ea, tolle Medusæ.
Tolle precor; non nos odium, regnive cupido
Compulit ad bellum : pro conjuge movimus arma.
Causa fuit meritis melior tua, tempore nostra :
Non cessisse piget; nihil, o fortissime, præter
Hanc animam concede mihi : tua cetera sunto. »
Talia dicenti, neque eum, quem voce rogabat,
Respicere audenti, « Quod, ait, timidissime Phineu,
Et possum tribuisse, et magnum munus inerti est,
Pone metum, tribuam : nullo violabere ferro.
Quin etiam mansura dabo monumenta per ævum;
Inque domo soceri semper spectabere nostri,
Ut mea se sponsi soletur imagine conjux. »
Dixit : et in partem Phorcynida transtulit illam,
Ad quam se trepido Phineus obverterat ore.
Tunc quoque conanti sua flectere lumina, cervix
Diriguit, saxoque oculorum induruit humor.
Sed tamen os timidum, vultusque in marmore supplex,
Submissæque manus, faciesque obnoxia mansit.

II. Victor Abantiades patrios cum conjuge muros
Intrat, et immeriti vindex ultorque parentis
Adgreditur Prœtum ; nam fratre per arma fugato
Acrisioneas Prœtus possederat arces.
Sed nec ope armorum, nec, quam male ceperat, arce,

monstre terrible; écarte cette tête de Méduse qui enfante des rochers; écarte-la, je t'en conjure : ce n'est ni la haine ni la soif de commander qui m'ont poussé à cette guerre; je n'ai pris les armes que pour une épouse : tes droits sont fondés sur tes services et les miens sur le temps : je me repens de ne pas t'avoir cédé. Vainqueur intrépide, laisse-moi la vie : tout le reste est à toi. » En proférant ces paroles, il n'ose lever les yeux sur celui que sa voix implore : « Timide Phinée! répond le héros, je puis me rendre à ta prière et t'accorder une faveur d'un grand prix pour les lâches; sois sans crainte, tu l'obtiendras : le fer ne portera pas atteinte à tes jours. Bien plus, tu seras un monument à jamais respecté par le temps; dans le palais de mon beau-père, tu t'offriras sans cesse aux yeux de mon épouse, et l'image de celui qui lui fut destiné sera pour elle une consolation. » Il dit et tourne la tête de la fille de Phorcys du côté où Phinée portait ses regards effrayés. En vain s'efforce-t-il encore de l'éviter, son cou se durcit et la larme se cristallise dans ses paupières. La crainte respire dans tous ses traits; sous le marbre, son air est humble, sa main suppliante et son front marqué du sceau des remords.

II. Vainqueur, le petit-fils d'Abas rentre avec sa compagne au foyer paternel. Malgré les torts de son aïeul, pour le venger il attaque Prétus, qui prit les armes contre son frère, le mit en fuite et s'empara d'Acrisium. Mais ni ses armes, ni la citadelle dont il s'était rendu maître par un crime, ne peuvent le faire triompher de

Torva colubriferi superavit lumina monstri.
Te tamen, o parvae rector, Polydecta, Seriphi,
Nec juvenis virtus, per tot spectata labores,
Nec mala mollierant: sed inexorabile durus
Exerces odium; nec iniqua finis in ira est.
Detrectas etiam laudes, fictamque Medusae
Arguis esse necem. « Dabimus tibi pignora veri;
Parcite luminibus, » Perseus ait, oraque regis
Ore Medusaeo silicem sine sanguine fecit.
HACTENUS aurigenae comitem Tritonia fratri
Se dedit : inde cava circumdata nube Seriphon
Deserit, a dextra Cythno Gyaroque relictis.
Quaque super pontum via visa brevissima, Thebas,
Virgineumque Helicona petit; quo monte potita
Constitit, et doctas sic est adfata sorores :
« Fama novi fontis nostras pervenit ad aures;
Dura Medusaei quem praepetis ungula rupit.
Is mihi causa viae : volui mirabile monstrum
Cernere; vidi ipsum materno sanguine nasci. »
Excipit Uranie : « Quaecumque est causa videndi
Has tibi, Diva, domos, animo gratissima nostro es :
Vera tamen fama est, et Pegasus hujus origo
Fontis; » et ad latices deducit Pallada sacros;
Quae mirata diu factas pedis ictibus undas,
Silvarum lucos circumspicit antiquarum,

l'aspect terrible du monstre hérissé de serpens. Et toi, dont le royaume est renfermé dans l'étroite enceinte de Seriphos, ô Polydecte, ni la valeur du jeune héros, éprouvée par tant d'exploits, ni ses travaux ne peuvent te désarmer : toujours inflexible, tu nourris une haine immortelle ; car la haine injuste est sans terme. Tu rabaisses même sa gloire et tu accuses d'imposture la mort de Méduse. « Je vais te donner une preuve éclatante de la vérité, dit Persée; amis, détournez les yeux : » il élève la tête de Méduse, et, sans effusion de sang, il change le roi en rocher.

Pallas avait jusqu'alors accompagné son frère, né d'une pluie d'or. En ce moment, enveloppée d'un profond nuage, elle quitte Seriphos, laissant à droite Cythnus et Gyarus. Par le chemin qui lui paraît le plus court au dessus des flots, elle se rend à Thèbes et vers l'Hélicon, séjour des chastes Muses. Elle s'arrête sur ce mont et parle ainsi aux doctes sœurs : « Mes oreilles ont été frappées du nom de la nouvelle source qu'un coursier ailé a fait naître sous ses pieds vigoureux. Elle est l'objet de mon voyage : je désire contempler cet étonnant prodige, après avoir vu naître ce coursier du sang de sa mère. » Uranie lui répond : « Quel que soit le motif qui vous fait visiter nos demeures, ô déesse ! vous portez le bonheur dans notre âme : la renommée dit vrai : Pégase est le père de cette source. » A ces mots, elle conduit vers l'onde sacrée Minerve, qui long-temps admire la fontaine qu'un coursier a fait jaillir en frappant la terre : elle promène ses yeux autour de ces bois antiques, des antres et des prairies émaillées de mille fleurs; elle trouve les filles de Mnémosyne heu-

Antraque, et innumeris distinctas floribus herbas :
Felicesque vocat pariter studiique, locique
Mnemonidas, quam sic adfata est una sororum :
« O, NISI te virtus opera ad majora tulisset,
In partem ventura chori Tritonia nostri,
Vera refers; meritoque probas artesque, locumque ;
Et gratam sortem, tutæ modo simus, habemus.
Sed, vetitum est adeo sceleri nihil! omnia terrent
Virgineas mentes, dirusque ante ora Pyreneus
Vertitur; et nondum me tota mente recepi.
Daulia Threicio, Phoceaque milite rura
Ceperat ille ferox, injustaque regna tenebat.
Templa petebamus Parnasia : vidit euntes;
Nostraque fallaci veneratus numina cultu :
« Mnemonides, cognorat enim, consistite, dixit ;
Nec dubitate, precor, tecto grave sidus et imbrem,
Imber erat, vitare meo : subiere minores
Sæpe casas Superi. » Dictis et tempore motæ
Adnuimusque viro, primasque intravimus ædes.
Desierant imbres ; victoque Aquilonibus Austro
Fusca repurgato fugiebant nubila cœlo.
Impetus ire fuit : claudit sua tecta Pyreneus ;
Vimque parat, quam nos sumtis effugimus alis.
Ipse sequuturo similis stetit arduus arce :
« Quaque via est vobis, erit et mihi, dixit, eadem ; »

reuses par leurs travaux, comme par les charmes de leur séjour. L'une d'elles lui répond :

« Oui, si ton courage ne t'avait appelée à de plus hautes entreprises, tu te serais mêlée à nos chœurs ; tu dis vrai, et tu donnes à nos études et à notre demeure des louanges méritées. Notre sort serait prospère, sans les inquiétudes qui nous agitent; mais est-il un rempart assuré contre le crime ! Tout effraie des cœurs de vierges ; à mes yeux est toujours présent le barbare Pyrène, et je n'ai pu reprendre encore mes sens. Le cruel inondait de soldats thraces les plaines de Daulis et de la Phocide qu'il tenait injustement sous le joug. Nous allions aux temples élevés sur le Parnasse ; il nous vit avancer, et nous rendit des hommages trompeurs : « Filles de Mnémosyne (car il savait « notre nom), arrêtez-vous, dit-il : ne craignez pas, « je vous en conjure, de chercher sous mon toit un « abri contre l'orage et la pluie (il pleuvait en effet). « Souvent les dieux entrèrent dans les plus modestes « asiles. » Entraînées par ces paroles et par l'orage, nous cédons à ses vœux et nous franchissons le seuil de son palais. La pluie ne tombait plus, l'Auster avait fui devant les Aquilons, et les nuages obscurs quittaient l'atmosphère épurée. Nous faisons un mouvement pour nous éloigner : Pyrène ferme les portes et s'apprête à user de violence ; nous ne l'évitons qu'en nous élevant sur des ailes : il monte au haut d'une tour, comme pour nous suivre. « Quelle que soit votre route, dit-il, ce sera la « mienne ; » et dans le transport qui l'égare, il s'élance du faîte de cette tour ; mais il tombe, la tête la première ;

Seque jacit vecors e summæ culmine turris ;
Et cadit in vultus, discussique ossibus oris
Tundit humum moriens scelerato sanguine tinctam. »
Musa loquebatur : pennæ sonuere per auras ;
Voxque salutantum ramis veniebat ab altis.
Suspicit ; et linguæ quærit, tam certa loquentes,
Unde sonent ; hominemque putat Jove nata loquutum :
Ales erat ; numeroque novem, sua fata querentes,
Institerant ramis imitantes omnia picæ.

Miranti sic orsa Deæ Dea : « Nuper et istæ
Auxerunt volucrem victæ certamine turbam.
Pieros has genuit Pellæis dives in arvis.
Pæonis Evippe mater fuit : illa potentem
Lucinam novies, novies paritura, vocavit.
Intumuit numero stolidarum turba sororum ;
Perque tot Hæmonias, et per tot Achaidas urbes
Huc venit, et tali committunt prœlia voce :
« Desinite indoctum vana dulcedine vulgus
« Fallere ; nobiscum, si qua est fiducia vobis,
« Thespiades certate Deæ; nec voce, nec arte
« Vincemur ; totidemque sumus : vel cedite victæ
« Fonte Medusæo, et Hyantea Aganippe :
« Vel nos Emathiis ad Pæonas usque nivosos
« Cedemus campis : dirimant certamina Nymphæ. »
Turpe quidem contendere erat ; sed cedere visum

ses os se brisent et il expire, en frappant la terre qu'il baigne de son sang criminel. »

La Muse parlait encore, lorsque des ailes s'agitent avec bruit dans les airs : une voix, qui semblait dire adieu à la déesse, descendit du haut des branches. La fille de Jupiter lève les yeux et cherche d'où partent les sons distincts qui ont frappé son oreille : elle croit avoir entendu la voix d'un homme : c'était celle d'un oiseau. Au nombre de neuf, des pies, déplorant leur destinée, s'étaient arrêtées sur les arbres et imitaient le langage des humains.

Minerve s'étonne, et la Muse poursuit : « Naguère vaincues dans un combat, celles que vous entendez ont augmenté le nombre des oiseaux. L'opulent Piérus leur donna la vie dans les champs de Pella : elles eurent pour mère Évippé de Péonie, qui, neuf fois féconde, invoqua neuf fois Lucine. Ses filles, fières de leur nombre, en conçoivent un fol orgueil. A travers les villes de l'Hémonie et de l'Achaïe, elles viennent jusqu'ici nous provoquer par ces insolentes paroles: « Cessez de séduire un igno-
« rant vulgaire par vos frivoles et doux accens : c'est
« avec nous, si vous avez quelque assurance, qu'il faut
« vous mesurer, filles de Thespie. Vous ne l'emportez
« sur nous ni pour l'art ni pour la voix, et nous vous
« égalons en nombre. Vaincues, vous devrez nous aban-
« donner l'Hippocrène et l'Aganippe : si nous succom-
« bons, nous vous abandonnerons l'Émathie jusqu'aux
« plaines de la Péonie, toujours couronnées de neige;
« les Nymphes seront juges de ce combat. »

Une semblable lutte était honteuse; mais il eût paru

Turpius : electæ jurant per flumina Nymphæ,
Factaque de vivo pressere sedilia saxo.
Tunc, sine sorte prior, quæ se certare professa est,
Bella canit Superum ; falsoque in honore Gigantas
Ponit, et extenuat magnorum facta Deorum,
Emissumque ima de sede Typhoea terræ
Cœlitibus fecisse metum ; cunctosque dedisse
Terga fugæ ; donec fessos Ægyptia tellus
Ceperit, et septem discretus in ostia Nilus.
Huc quoque terrigenam venisse Typhoea narrat,
Et se mentitis Superos celasse figuris ;
« Duxque gregis, dixit, fit Jupiter : unde recurvis
Nunc quoque formatus Libys est cum cornibus Ammon ;
Delius in corvo ; proles Semeleia capro ;
Fele soror Phœbi ; nivea Saturnia vacca ;
Pisce Venus latuit ; Cyllenius ibidis alis. »
« Hactenus ad citharam vocalia moverat ora.
Poscimur Aonides : sed forsitan otia non sunt,
Nec nostris præbere vacat tibi cantibus aurem. »
« Ne dubita, vestrumque mihi refer ordine carmen,
Pallas ait ; nemorisque levi consedit in umbra.
Musa refert : « Dedimus summam certaminis uni. »
Surgit, et immissos hedera collecta capillos
Calliope querulas prætentat pollice chordas ;
Atque hæc percussis subjungit carmina nervis : »

plus honteux de céder : les Nymphes choisies pour arbitres jurent par les fleuves et se placent sur les sièges taillés dans le roc. Aussitôt la Piéride, qui proposa le défi sans consulter le sort, chante la guerre des dieux, exalte injustement la gloire des Géans et rabaisse celle de leurs vainqueurs : elle raconte comment Typhée, enfant de la Terre, fit trembler les Immortels, qui prirent tous la fuite, jusqu'à ce qu'épuisés de fatigue, ils s'arrêtèrent en Égypte et près du Nil aux sept bouches. Elle ajoute qu'il les y poursuivit, et que les dieux alors se cachèrent sous des formes d'emprunt. « A leur tête, dit-elle, était Jupiter, depuis ce temps adoré en Libye, sous le nom d'Ammon aux cornes menaçantes; Apollon fut changé en corbeau; le fils de Sémélé en bouc; la sœur de Phébus en chatte; la fille de Saturne en une génisse blanche comme la neige. Vénus se cacha sous l'écaille d'un poisson, et Mercure sous les ailes d'un ibis. »

« Tels sont les chants qu'elle fit entendre, en mariant sa voix aux sons de la lyre. Les Nymphes nous pressent de commencer...... Mais peut-être le temps et le loisir vous manquent pour prêter l'oreille à nos accords. » — « Hâtez-vous, dit Pallas, de célébrer de nouveau en « ma présence le sujet que vous aviez choisi ; » et elle s'assied à l'ombre, sous le feuillage qu'agite un léger souffle. La Muse reprend : « Une seule soutient tout le poids du combat. Calliope se lève et, rassemblant ses cheveux enlacés de lierre, elle interroge de ses doigts sa lyre plaintive; la corde vibre et d'un flot d'harmonie accompagne ces mots : »

« Prima Ceres unco glebas dimovit aratro;
Prima dedit fruges, alimentaque mitia terris;
Prima dedit leges : Cereris sumus omnia munus;
Illa canenda mihi est : utinam modo dicere possem
Carmina digna Deæ! certe Dea carmine digna est.
Vasta giganteis injecta est insula membris
Trinacris, et magnis subjectum molibus urget
Ætherias ausum sperare Typhoea sedes.
Nititur ille quidem, pugnatque resurgere sæpe;
Dextra sed Ausonio manus est subjecta Peloro;
Læva, Pachyne, tibi; Lilybæo crura premuntur;
Degravat Ætna caput; sub qua resupinus arenas
Ejectat, flammamque fero vomit ore Typhoeus.
Sæpe remoliri luctatur pondera terræ;
Oppidaque, et magnos evolvere corpore montes.
Inde tremit tellus; et rex pavet ipse silentum,
Ne pateat, latoque solum retegatur hiatu,
Immissusque dies trepidantes terreat umbras.
Hanc metuens cladem tenebrosa sede tyrannus
Exierat; curruque atrorum vectus equorum,
Ambibat Siculæ cautus fundamina terræ.
Postquam exploratum satis est, loca nulla labare,
Depositique metus; videt hunc Erycina vagantem
Monte suo residens, natumque amplexa volucrem :
« Arma, manusque meæ, mea, nate, potentia, dixit,

« Cérès fut la première qui déchira le sein de la terre par le fer recourbé de la charrue; la première, elle nous donna les productions de la terre, une nourriture plus douce, et nous apprit les lois. Tout est un bienfait de Cérès : je veux chanter ses louanges! Puissé-je faire entendre des accens dignes d'elle, car elle est digne de mes chants! Une île, Trinacrie, couvre les restes d'un Géant et, sous son poids énorme, enchaîne Typhée, qui osa aspirer au céleste séjour. Il lutte contre ce fardeau accablant, et s'efforce mille fois de se relever; mais sa main droite est placée sous le Pélore, voisin de l'Ausonie; sa gauche, sous tes pieds, ô Pachyn! et ses jambes sous le Lilybée; l'Etna pèse sur sa tête. C'est par le sommet de cette montagne que Typhée répand des tourbillons de sable, et de sa bouche ardente vomit un torrent de flammes. Souvent il tente de briser les masses qu'il porte et de secouer les villes et les monts entassés sur son sein. La terre tremble sous ses efforts; le souverain du silencieux empire des morts craint qu'elle ne soit sillonnée par des cavités profondes et que le jour, trouvant un libre passage, n'aille glacer d'effroi les Ombres épouvantées. La peur de ce désastre lui avait fait quitter son obscur palais; et sur son char, traîné par de noirs coursiers, il parcourait d'un œil attentif les fondemens de la Sicile : lorsqu'après un examen sévère il a vu que rien ne chancelle, ses craintes l'abandonnent. Tandis qu'il erre de tous côtés, la déesse qui règne sur l'Éryx l'aperçoit du haut des rochers. Embrassant aussitôt son agile fils : «O toi, mon appui, « ma force et ma puissance, ô mon fils! dit-elle; prends « ces traits qui domptent les cœurs, ô Cupidon, et « frappe d'une flèche légère le dieu à qui le sort as-

« Illa, quibus superas omnes, cape tela, Cupido,
« Inque Dei pectus celeres molire sagittas,
« Cui triplicis cessit fortuna novissima regni.
« Tu Superos, ipsumque Jovem, tu numina ponti
« Victa domas, ipsumque regit qui numina ponti.
« Tartara quid cessant? cur non matrisque tuumque
« Imperium profers? agitur pars tertia mundi.
« Et tamen in cœlo (quæ jam patientia nostra est!)
« Spernimur; ac mecum vires tenuantur Amoris.
« Pallada nonne vides, jaculatricemque Dianam
« Abscessisse mihi? Cereris quoque filia virgo,
« Si patiamur, erit; nam spes adfectat easdem.
« At tu, pro socio si qua est mea gratia regno,
« Junge Deam patruo. » Dixit Venus: ille pharetram
Solvit; et, arbitrio matris, de mille sagittis
Unam seposuit, sed qua nec acutior ulla,
Nec minus incerta est, nec quæ magis audiat arcum;
Oppositoque genu curvavit flexile cornu;
Inque cor hamata percussit arundine Ditem.
« Haud procul Hennæis lacus est a mœnibus altæ,
Nomine Pergus, aquæ: non illo plura Caystros
Carmina cycnorum labentibus audit in undis.
Silva coronat aquas, cingens latus omne; suisque
Frondibus, ut velo, Phœbeos submovet ictus.
Frigora dant rami, Tyrios humus humida flores,

« signa le dernier des trois lots de l'empire du monde :
« les dieux du ciel et Jupiter lui-même, par toi vaincus,
« subissent ton joug, ainsi que les divinités de la mer,
« et le roi qui les tient sous son sceptre. Pourquoi l'enfer
« nous échappe-t-il? pourquoi ne pas l'ajouter à ton
« empire et à celui de ta mère? Il s'agit de la troisième
« partie du monde. Dans le ciel (voilà le fruit de notre
« patience), déjà on nous méprise; la puissance de
« l'Amour et la mienne tombent en ruines. Ne vois-tu
« point Pallas, et la déesse habile à lancer le javelot,
« rebelles à mes lois? Il en sera de même de la fille de
« Cérès, si nous mollissons: elle nourrit cette espérance.
« O mon fils! si l'empire que tu partages me donne quel-
« ques droits sur toi, unis la déesse à son oncle. » Ainsi
parla Vénus. Cupidon ouvre son carquois; au gré de sa
mère, parmi les mille flèches qui le garnissent, il en
choisit une seule, mais plus que toute autre acérée,
inévitable et docile à l'impulsion de l'arc flexible. Il le
courbe sur le genou, et plonge un trait pénétrant dans
le cœur du dieu des enfers.

« Non loin des remparts d'Enna est un lac profond
qu'on appelle Pergus: le Caystre, dans son cours,
ne retentit pas du chant de plus de cygnes: des arbres touffus couronnent les eaux et les couvrent au
loin; leurs branches, comme un voile, ferment tout
accès aux rayons de Phébus et répandent une agréable
fraîcheur: la terre, incessamment humide, enfante des

Perpetuum ver est : quo dum Proserpina luco
Ludit, et aut violas, aut candida lilia carpit ;
Dumque puellari studio calathosque sinumque
Implet, et æquales certat superare legendo ;
Pæne simul visa est, dilectaque, raptaque Diti :
Usque adeo properatur amor ! Dea territa mœsto
Et matrem, et comites, sed matrem sæpius, ore
Clamat ; et, ut summa vestem laniarat ab ora,
Collecti flores tunicis cecidere remissis :
Tantaque simplicitas puerilibus adfuit annis ;
Hæc quoque virgineum movit jactura dolorem.
Raptor agit currus, et nomine quemque vocatos
Exhortatur equos ; quorum per colla jubasque
Excutit obscura tinctas ferrugine habenas ;
Perque lacus altos, et olentia sulfure fertur
Stagna Palicorum, rupta ferventia terra ;
Et qua Bacchiadæ, bimari gens orta Corintho,
Inter inæquales posuerunt mœnia portus.
« Est medium Cyanes, et Pisææ Arethusæ,
Quod coit angustis inclusum cornibus æquor.
Hic fuit, a cujus stagnum quoque nomine dictum est,
Inter Sicelidas Cyane celeberrima Nymphas ;
Gurgite quæ medio summa tenus exstitit alvo,
Agnovitque Deum : « Nec longius ibitis, inquit :
« Non potes invitæ Cereris gener esse ; roganda,

fleurs brillantes comme la pourpre. Là règne un éternel printemps : c'est dans ce bocage que Proserpine se livre à mille jeux. Elle y cueille la violette et le lis éclatant de blancheur : avec toute la vivacité de son âge, elle en remplit et sa corbeille et son sein; elle brûle d'en amasser plus que ses compagnes. Un seul instant suffit à Pluton pour la voir, l'aimer et l'enlever : tant l'amour a de hâte ! La déesse troublée appelle d'une voix plaintive sa mère et ses compagnes; mais plus souvent sa mère. Elle déchire les longs plis de sa robe, et les fleurs qu'elle a cueillies tombent de ses vêtemens en lambeaux; touchante est l'ingénuité de son âge : cette perte surtout jette la douleur dans son âme virginale. Le ravisseur presse les coursiers attelés à son char, et les anime en les désignant par leur nom : sur leur cou et sur leur crinière, il secoue les rênes noircies de rouille. Il franchit dans sa course les lacs profonds, les étangs de Palices d'où s'exhale l'odeur du soufre qui bouillonne au sein de la terre entr'ouverte, et les champs où les Bacchiades, originaires de Corinthe baignée par une double mer, fondèrent une ville que des ports ceignent de bassins inégaux.

« Entre Cyane et Aréthuse, sortie de Pise, coule une mer resserrée dans une gorge en forme de croissant. Là réside Cyane, qui donna son nom au lac, et fut célèbre parmi les Nymphes de Sicile. Elle se montre au dessus des flots jusqu'à la ceinture et reconnaît le dieu : « Vous
« n'irez pas plus loin, dit-elle; vous ne pouvez, en dé-
« pit de Cérès, devenir son gendre : il fallait demander
« Proserpine et non la ravir. S'il m'est permis de faire
« une comparaison, malgré la distance qui nous sé-

« Non rapienda fuit : quod si componere magnis
« Parva mihi fas est, et me dilexit Anapis :
« Exorata tamen, nec, ut haec, exterrita nupsi. »
Dixit ; et, in partes diversas brachia tendens,
Obstitit : haud ultra tenuit Saturnius iram ;
Terribilesque hortatus equos, in gurgitis ima
Contortum valido sceptrum regale lacerto
Condidit : icta viam tellus in Tartara fecit ;
Et pronos currus medio cratere recepit.
At Cyane, raptamque Deam, contemtaque fontis
Jura sui moerens, inconsolabile vulnus
Mente gerit tacita, lacrymisque absumitur omnis :
Et, quarum fuerat magnum modo numen, in illas
Extenuatur aquas : molliri membra videres,
Ossa pati flexus, ungues posuisse rigorem ;
Primaque de tota tenuissima quaeque liquescunt,
Caerulei crines, digitique, et crura, pedesque ;
Nam brevis in gelidas membris exilibus undas
Transitus est : post haec tergumque, humerique, latusque,
Pectoraque in tenues abeunt evanida rivos :
Denique pro vivo vitiatas sanguine venas
Lympha subit ; restatque nihil, quod prendere possis.
« Interea pavidae nequicquam filia matri
Omnibus est terris, omni quaesita profundo.
Illam non rutilis veniens Aurora capillis

« pare, je fus aimée d'Anapis; mais si je lui donnai ma
« main, ce ne fut qu'après avoir été fléchie par ses
« prières, et non par l'effet de la peur. » Elle dit, et,
tendant les bras en sens contraire, elle s'oppose à la
marche de Pluton. Le fils de Saturne ne peut contenir
sa fureur, il presse ses terribles coursiers; et son sceptre,
lancé d'un bras vigoureux, disparaît dans les eaux. La
terre, ébranlée du coup, lui ouvre un chemin jusqu'au
Tartare et reçoit son char qui s'engloutit dans l'abîme.
Cyane déplore l'enlèvement de la déesse et l'injure faite
à son onde : en silence elle nourrit dans son cœur une
plaie incurable, fond en larmes et s'évanouit dans ces
mêmes eaux, placées naguère sous sa tutelle. Ses membres s'amollissent, ses os deviennent flexibles, et ses
ongles perdent leur dureté : les parties les plus délicates de son corps, ses brillans cheveux, ses doigts,
ses jambes, ses pieds, sont les premières qui deviennent
liquides ; car, pour ces membres, la métamorphose en
une onde glacée est rapide. Bientôt son dos, ses épaules,
ses flancs, son sein s'écoulent en ruisseaux ; enfin le
sang pur s'altère dans ses veines et se change en eau ;
il ne reste plus rien que la main puisse saisir.

« Cependant, la mère de Proserpine, inquiète sur le
sort de sa fille, la cherche en vain dans toutes les contrées de la terre et jusqu'au sein des mers. Ni l'Aurore,

Cessantem vidit, non Hesperus; illa duabus
Flammifera pinus manibus succendit ab Ætna;
Perque pruinosas tulit irrequieta tenebras.
Rursus, ut alma dies hebetarat sidera, natam
Solis ad occasum, Solis quaerebat ab ortu.
Fessa labore sitim collegerat, oraque nulli
Colluerant fontes; quum tectam stramine vidit
Forte casam, parvasque fores pulsavit : at inde
Prodit anus; Divamque videt, lymphamque roganti
Dulce dedit, tosta quod coxerat ante polenta.
Dum bibit illa datum, duri puer oris et audax
Constitit ante Deam; risitque, avidamque vocavit.
Offensa est; neque adhuc epota parte, loquentem
Cum liquido mixta perfudit Diva polenta.
Combibit os maculas; et, qua modo brachia gessit,
Crura gerit : cauda est mutatis addita membris;
Inque brevem formam, ne sit vis magna nocendi,
Contrahitur; parvaque minor mensura lacerta est.
Mirantem, flentemque, et tangere monstra parantem
Fugit anum, latebramque petit; aptumque colori
Nomen habet, variis stellatus corpora guttis.
« Quas Dea per terras, et quas erraverit undas,
Dicere longa mora est : quaerenti defuit orbis.
Sicaniam repetit; dumque omnia lustrat eundo,
Venit et ad Cyanen : ea, ni mutata fuisset,

déployant sa chevelure dorée, ni Vesper ne l'ont vue s'arrêter. Elle arme ses mains d'un tison allumé dans les flammes de l'Etna et le porte sans relâche au milieu des froides ténèbres. Quand le soleil a effacé la clarté des étoiles, elle cherche sa fille, depuis les contrées où cet astre se lève jusque dans les contrées où il se couche. Accablée de fatigues, la soif dévore son palais brûlant, et aucune source ne s'offre pour l'éteindre : en ce moment elle aperçoit une cabane cachée sous le chaume, et frappe à la porte qui en ferme la modeste entrée : une vieille sort et voit la déesse qui lui demande à boire; elle lui offre un doux breuvage, composé d'eau, de farine et de miel, qu'elle venait de faire bouillir. Tandis que Cérès se désaltère, un enfant, au regard dur et méchant, s'arrête devant elle, et rit de son avidité. La déesse en est offensée. Le breuvage n'était pas encore bu entièrement; Cérès jette le reste sur le front de l'insolent qui parle encore. Soudain sa figure se couvre de mille taches; ses bras font place à deux pattes et une queue termine son corps. Rapetissé, pour qu'il ne puisse nuire, il n'est plus qu'un lézard : la vieille s'étonne de ce prodige, pleure et veut porter sa main sur lui; mais il fuit, se retire au fond d'une cavité obscure et reçoit le nom de Stellion, convenable à sa peau basanée, où les gouttes du fatal breuvage sont parsemées comme autant d'étoiles.

« Il serait trop long de dire quelles terres et quelles mers parcourut la déesse d'un pas errant. L'univers manque à ses recherches. Elle revient en Sicile, et, l'explorant de nouveau, elle arrive auprès de Cyane. Si cette Nymphe n'avait été transformée, elle aurait tout

Omnia narrasset; sed et os, et lingua volenti
Dicere non aderant, nec, quo loqueretur, habebat.
Signa tamen manifesta dedit; notamque parenti,
Illo forte loco delapsam gurgite sacro,
Persephones zonam summis ostendit in undis.
Quam simul agnovit, tanquam tum denique raptam
Scisset, inornatos laniavit Diva capillos;
Et repetita suis percussit pectora palmis.
Nec scit adhuc, ubi sit; terras tamen increpat omnes;
Ingratasque vocat, nec frugum munere dignas,
Trinacriam ante alias, in qua vestigia damni
Repperit: ergo illic sæva vertentia glebas
Fregit aratra manu; parilique irata colonos
Ruricolasque boves leto dedit; arvaque jussit
Fallere depositum, vitiataque semina fecit.
Fertilitas terræ, latum vulgata per orbem,
Cassa jacet: primis segetes moriuntur in herbis:
Et modo sol nimius, nimius modo corripit imber:
Sideraque, ventique nocent; avidæque volucres
Semina jacta legunt: lolium, tribulique fatigant
Triticeas messes, et inexpugnabile gramen.
« Tum caput Eleis Alpheias extulit undis;
Rorantesque comas a fronte removit ad aures;
Atque ait: « O toto quæsitæ virginis orbe,
« Et frugum genetrix, immensos siste labores;

raconté ; mais elle voudrait en vain parler : elle n'a plus ni bouche, ni langue, ni aucun autre moyen de se faire entendre. Elle donne pourtant des indices certains, en montrant à la déesse la ceinture de sa fille, qui, tombée par hasard dans l'onde sacrée, flotte à sa surface. Cérès la reconnaît sans peine : alors, comme si elle apprenait pour la première fois l'enlèvement de Proserpine, elle arrache ses cheveux qui errent en désordre, et frappe son sein à coups redoublés. Elle ne sait encore où est sa fille ; et cependant elle se plaint de la terre entière, l'accuse d'ingratitude et la déclare indigne de la fécondité qu'elle lui a donnée : elle accuse surtout Trinacrie, où elle trouve la trace de son malheur. Sa main irritée brise la charrue dont la dent retourne la terre ; dans son courroux, elle fait également périr et le laboureur et le bœuf, compagnon de ses travaux ; elle défend aux sillons de rendre le grain qui leur fut confié, et le corrompt jusque dans son germe. La fertilité de ces campagnes, vantée dans l'univers, s'épuise à l'instant. Dès leur naissance, les semences sont détruites, tantôt par les rayons brûlans du soleil, tantôt par des torrens de pluie. Les astres, les vents exercent une maligne influence ; des oiseaux avides dévorent les grains à peine déposés dans la terre ; l'ivraie, le chardon et les plantes parasites étouffent le blé.

« En ce moment Aréthuse élève sa tête au dessus de ses eaux, qui d'abord ont arrosé l'Élide ; loin de son front elle rejette sa chevelure humide, et s'écrie :
« O vous, qui avez cherché Proserpine, votre fille,
« dans l'univers entier ; vous, mère de toutes les pro-

« Neve tibi fidæ violenta irascere terræ.
« Terra nihil meruit ; patuitque invita rapinæ.
« Nec sum pro patria supplex : huc hospita veni.
« Pisa mihi patria est ; et ab Elide ducimus ortum.
« Sicaniam peregrina colo ; sed gratior omni
« Hæc mihi terra solo est : hos nunc Arethusa penates,
« Hanc habeo sedem ; quam tu, mitissima, serva.
« Mota loco cur sim, tantique per æquoris undas
« Advehar Ortygiam, veniet narratibus hora
« Tempestiva meis ; quum tu curisque levata,
« Et vultus melioris eris : mihi pervia tellus
« Præbet iter ; subterque imas ablata cavernas
« Hic caput attollo ; desuetaque sidera cerno.
« Ergo, dum Stygio sub terris gurgite labor,
« Visa tua est oculis illic Proserpina nostris.
« Illa quidem tristis, nec adhuc interrita vultu ;
« Sed regina tamen, sed opaci maxima mundi ;
« Sed tamen inferni pollens matrona tyranni. »

MATER ad auditas stupuit, ceu saxea, voces,
Attonitæque diu similis fuit ; utque dolore
Pulsa gravi gravis est amentia, curribus auras
Exit in ætherias : ibi toto nubila vultu
Ante Jovem passis stetit invidiosa capillis :
« Proque meo supplex venio tibi, Jupiter, inquit,
« Sanguine, proque tuo : si nulla est gratia matris,

« ductions, mettez un terme à vos immenses fatigues,
« et ne poursuivez pas de vos terribles vengeances une
« contrée fidèle; elle ne les a pas méritées : c'est contre
« son gré qu'elle a donné un passage au ravisseur. Si
« je vous implore, ce n'est point pour ma patrie : ici je
« suis étrangère; ma patrie, c'est Pise. Sortie de l'Élide,
« j'ai trouvé dans la Sicile une hospitalité qui me l'a
« rendue plus chère que toute autre contrée; et, sous
« le nom d'Aréthuse, j'y ai fixé mes pénates et mon sé-
« jour. Apaisez votre colère et daignez l'épargner. Je
« pourrai plus tard vous raconter comment je change
« de demeure, comment, me frayant une route sous les
« mers, j'arrive jusqu'à Ortygie : mais, avant tout, ban-
« nissez vos soucis et ramenez le calme sur votre front.
« La terre m'offre un chemin dans ses antres profonds,
« et, après les avoir traversés, je relève ma tête en ce
« lieu, où je revois les astres qui s'étaient dérobés à mes
« regards : en roulant mes eaux dans ces routes souter-
« raines, près des gouffres du Styx, j'ai vu votre fille :
« elle m'a paru triste et portant encore dans tous ses
« traits l'empreinte de la frayeur; mais elle est reine; elle
« est la souveraine du ténébreux empire, la puissante
« compagne du dieu des enfers. »

Cérès, à ces paroles, reste immobile comme une statue de marbre; long-temps elle semble glacée d'effroi :
lorsque l'égarement de sa raison a fait place à la plus
vive douleur, sur son char elle remonte aux célestes demeures. Le visage baigné de larmes, les cheveux épars
et le désespoir dans l'âme, elle s'arrête devant le trône
du roi des cieux : « C'est pour mon sang et pour le tien
« que je viens t'implorer, ô Jupiter ! Si la voix d'une
« mère est impuissante, ah! du moins que le sort de ma

« Nata patrem moveat : neu sit tibi cura, precamur,
« Vilior illius, quod nostro est edita partu.
« En, quæsita diu tandem mihi nata reperta est :
« Si reperire vocas, amittere certius ; aut si,
« Scire ubi sit, reperire vocas : quod rapta, feremus :
« Dummodo reddat eam ; neque enim prædone marito
« Filia digna tua est ; si jam mea filia digna est. »
Jupiter excepit : « Commune est pignus onusque.
« Nata mihi tecum : sed, si modo nomina rebus
« Addere vera placet, non hoc injuria factum,
« Verum amor est ; neque erit nobis gener ille pudori ;
« Tu modo, Diva, velis. Ut desint cetera, quantum est
« Esse Jovis fratrem ! quid, quod nec cetera desunt,
« Nec cedit nisi sorte mihi ? sed, tanta cupido
« Si tibi discidii est, repetet Proserpina cœlum ;
« Lege tamen certa, si nullos contigit illic
« Ore cibos ; nam sic Parcarum fœdere cautum est. »

« Dixerat : at Cereri certum est educere natam.
Non ita fata sinunt ; quoniam jejunia virgo
Solverat ; et cultis dum simplex errat in hortis,
Pœniceum curva decerpserat arbore pomum,
Sumtaque pallenti septem de cortice grana
Presserat ore suo ; solusque ex omnibus illud
Viderat Ascalaphus, quem quondam dicitur Orphne

« fille touche le cœur de son père ! Je t'en conjure,
« quoique je lui aie donné le jour, ne sois pas indiffé-
« rent à son malheur. Après de longues recherches, je
« l'ai enfin retrouvée ; si, à tes yeux, c'est la retrou-
« ver qu'être plus certaine de l'avoir perdue ; si c'est
« la retrouver que savoir où elle est. Je ne me plain-
« drai plus de son enlèvement, si elle m'est rendue ;
« car la fille de Jupiter ne doit pas être l'épouse d'un
« ravisseur, si pourtant ma fille peut avoir quelque
« droit. » Jupiter lui répond : « Elle est le gage de
« notre tendresse et l'objet commun de notre sollici-
« tude ; mais donnons aux choses leur véritable nom :
« cet enlèvement n'est pas un outrage, il est plutôt
« l'œuvre de l'amour. Nous n'aurons pas à rougir d'un
« tel gendre, si tu consens à l'accepter, ô déesse ! Sans
« parler de ses autres titres, quelle prérogative d'avoir
« Jupiter pour frère ! Que lui manque-t-il ? le sort ne l'a
« placé qu'au dessous de moi. Cependant, si tu as vive-
« ment à cœur d'arracher ta fille de ses bras, elle ren-
« trera dans l'empire céleste ; pourvu qu'aux enfers aucun
« aliment n'ait approché de ses lèvres : tel est l'arrêt
« des Parques. »

« Il dit : Cérès est décidée à ramener sa fille de l'empire de Pluton ; mais les destins s'y opposent : Proserpine
avait enfreint la loi qui lui interdisait toute nourriture.
Errant dans les jardins du Tartare, des branches d'un
arbre qui pliait sous les fruits elle cueillit, avec toute
la simplicité de son âge, une grenade, et mangea sept
graines tirées de sa pâle écorce. Ascalaphe seul en fut
témoin. Célèbre parmi les nymphes de l'Averne, Or-
phné, aimée de l'Achéron, lui donna, dit-on, le jour

Inter Avernales haud ignotissima Nymphas,
Ex Acheronte suo furvis peperisse sub antris:
Vidit, et indicio reditum crudelis ademit.
Ingemuit regina Erebi; testemque profanam
Fecit avem; sparsumque caput Phlegethontide lympha
In rostrum, et plumas, et grandia lumina vertit.
Ille sibi ablatus fulvis amicitur ab alis;
Inque caput crescit, longosque reflectitur ungues,
Vixque movet natas per inertia brachia pennas;
Fœdaque fit volucris, venturi nuntia luctus,
Ignavus bubo, dirum mortalibus omen.
« Hic tamen indicio pœnam, linguaque videri
Commeruisse potest: vobis, Acheloides, unde
Pluma pedesque avium, quum virginis ora geratis?
An quia, quum legeret vernos Proserpina flores,
In comitum numero mixtæ, Sirenes, eratis?
Quam postquam toto frustra quæsistis in orbe,
Protinus ut vestram sentirent æquora curam,
Posse super fluctus alarum insistere remis
Optastis; facilesque Deos habuistis, et artus
Vidistis vestros subitis flavescere pennis.
Ne tamen ille canor, mulcendas natus ad aures,
Tantaque dos oris linguæ deperderet usum,
Virginei vultus, et vox humana remansit.
« At medius fratrisque sui mœstæque sororis

dans un antre obscur. Il avait vu Proserpine, et, par une cruelle révélation, il empêcha son retour. La reine de l'Érèbe gémit, change le délateur en un oiseau profane ; et sur sa tête arrosée des eaux du Phlégéthon, elle fait naître un bec, des plumes et de grands yeux. Dépouillé de sa première forme, il se couvre d'ailes jaunâtres ; sa tête grossit, ses ongles s'allongent et se recourbent. A peine agite-t-il les plumes nées sur ses bras engourdis : il n'est plus qu'un oiseau hideux, précurseur d'un avenir sinistre ; un triste hibou, qui apporte aux mortels de funestes présages.

« Du moins Ascalaphe peut paraître avoir mérité un pareil châtiment par ses indiscrètes révélations ; mais vous, filles d'Achéloüs, pourquoi ces ailes et ces pieds d'oiseaux avec vos traits de vierges ? Serait-ce parce qu'au moment où Proserpine cueillait les fleurs du printemps, vous formiez son cortège, ô Sirènes ! Vous l'aviez en vain cherchée sur toute la terre : la mer devait être aussi témoin de votre sollicitude, et vous désirâtes pouvoir traverser les flots, soutenues par des ailes comme par des rames. Les dieux exaucèrent vos prières : vous vîtes soudain votre corps se couvrir de plumes ; et, pour que vos chants mélodieux qui séduisent l'oreille, et les trésors de votre voix ne fussent point perdus, vous conservâtes les traits et le langage des humains.

« Arbitre entre son frère et sa sœur infortunée, Ju-

Jupiter ex æquo volventem dividit annum.
Nunc Dea, regnorum numen commune duorum,
Cum matre est totidem, totidem cum conjuge menses.
Vertitur extemplo facies, et mentis, et oris;
Nam, modo quæ poterat Diti quoque mœsta videri,
Læta Deæ frons est; ut Sol, qui tectus aquosis
Nubibus ante fuit, victis ubi nubibus exit.
« Exigit alma Ceres, nata secura recepta,
Quæ tibi causa viæ? cur sis, Arethusa, sacer fons?
Conticuere undæ; quarum Dea sustulit alto
Fonte caput, viridesque manu siccata capillos
Fluminis Elei veteres narravit amores:
« Pars ego Nympharum, quæ sunt in Achaide, dixit,
« Una fui; nec me studiosius altera saltus
« Legit, nec posuit studiosius altera casses.
« Sed, quamvis formæ nunquam mihi fama petita est,
« Quamvis fortis eram, formosæ nomen habebam.
« Nec mea me facies nimium laudata juvabat:
« Quaque aliæ gaudere solent, ego rustica dote
« Corporis erubui, crimenque placere putavi.
« Lassa revertebar, memini, Stymphalide silva:
« Æstus erat, magnumque labor geminaverat æstum;
« Invenio sine vortice aquas, sine murmure euntes,
« Perspicuas imo, per quas numerabilis alte
« Calculus omnis erat; quas tu vix ire putares.

piter divise l'année en deux portions égales et ordonne que Proserpine, tour-à-tour divinité dans deux empires, passera six mois auprès de sa mère et six autres auprès de son époux. Quel changement dans l'âme et sur les traits de Cérès ! Naguère son front pouvait paraître triste, même à Pluton; dès ce moment, la joie l'épanouit : tel le soleil, d'abord voilé d'un brouillard humide, se montre radieux, quand il sort vainqueur du sein des nuages.

« La bienfaisante Cérès, après avoir retrouvé sa fille sans crainte de la perdre une seconde fois, veut savoir, Aréthuse, quel est le motif de ton voyage, et pourquoi tu es une source sacrée ? Ses ondes se taisent; la Naïade élève sa tête au dessus des flots : de sa main elle essuie sa blonde chevelure et raconte les anciennes amours d'Alphée : « Je fus une des Nymphes qui habitent l'Achaïe,
« dit-elle ; aucune autre ne montra plus d'adresse pour
« chasser dans les bois, ni pour tendre les filets. Jamais
« je n'ambitionnai la gloire de la beauté ; je n'aspirais
« qu'à celle du courage ; cependant je passais pour belle;
« mais je n'aimais point les louanges prodiguées à mes
« attraits ; et tandis que les autres Nymphes s'énorgueil-
« lissaient de leurs charmes, dans ma simplicité je rou-
« gissais des miens : plaire était un crime à mes yeux.
« Excédée de fatigue, je revenais, il m'en souvient, de
« la forêt de Stymphale; la chaleur était extrême, et
« ma lassitude la rendait plus accablante encore. Je ren-
« contre un ruisseau qui roulait lentement et sans mur-
« mure : il était si transparent jusqu'au fond de son
« lit, qu'à travers le miroir de son onde l'œil pouvait
« compter les cailloux répandus sur le sable : à peine
« semblait-il couler. Des saules à la cime blanchie, et

« Cana salicta dabant, nutritaque populus unda,
« Sponte sua natas ripis declivibus umbras.
« Accessi primumque pedis vestigia tinxi;
« Poplite deinde tenus : neque eo contenta, recingor;
« Molliaque impono salici velamina curvæ;
« Nudaque mergor aquis : quas dum ferioque trahoque
« Mille modis labens, excussaque brachia jacto,
« Nescio quod medio sensi sub gurgite murmur;
« Territaque insisto propioris margine ripæ.
« Quo properas, Arethusa ? suis Alpheus ab undis,
« Quo properas? iterum rauco mihi dixerat ore:
« Sicut eram, fugio sine vestibus; altera vestes
« Ripa meas habuit : tanto magis instat, et ardet;
« Et quia nuda fui, sum visa paratior illi.
« Sic ego currebam, sic me ferus ille premebat;
« Ut fugere accipitrem penna trepidante columbæ,
« Ut solet accipiter trepidas agitare columbas.
« Usque sub Orchomenon, Psophidaque, Cyllenenque,
« Mænaliosque sinus, gelidumque Erimanthon, et Elin
« Currere sustinui; nec me velocior ille:
« Sed tolerare diu cursus ego, viribus impar,
« Non poteram; longi patiens erat ille laboris.
« Per tamen et campos, per opertos arbore montes,
« Saxa quoque et rupes, et qua via nulla, cucurri.
« Sol erat a tergo : vidi præcedere longam

« des peupliers nourris dans ses eaux, répandaient sur
« la rive inclinée un ombrage qui ne devait rien à l'art.
« J'approche, et d'abord je mouille dans l'onde la plante
« de mes pieds; ensuite je me baigne jusqu'au genou;
« mais c'est trop peu, je détache mes légers vêtemens,
« je les suspends aux saules flexibles, et je me plonge
« nue au sein de l'eau. Je la frappe de mes mains, je la
« divise de mille façons en me jouant, et j'agite mes
« bras dans tous les sens : j'entends sortir du ruisseau je
« ne sais quel bruit; saisie d'effroi, je m'arrête auprès
« du rivage voisin : — Où fuis-tu, Aréthuse? me dit
« Alphée du milieu de ses eaux; où fuis-tu? répète sa
« voix à demi éteinte. — Je m'échappe sans vêtemens :
« ils étaient sur la rive opposée. Il me poursuit et brûle
« davantage : l'état où il m'a surprise lui paraît propice
« à ses désirs : plus je me hâte, et plus, dans son
« délire, il me presse vivement; ainsi la colombe, d'une
« aile tremblante, fuit l'épervier; ainsi l'épervier serre
« de près la colombe tremblante. Mes forces me suf-
« fisent encore pour pénétrer jusqu'aux murs d'Orcho-
« mène et de Psophis. Je franchis le mont Cyllène, le
« Ménale qui serpente en mille sinuosités, le sommet
« glacé d'Érymanthe, et j'arrive dans l'Élide. Alphée n'est
« pas plus agile que moi. Mais je ne pouvais long-temps
« supporter ma course fugitive : mes forces s'épuisaient,
« tandis que mon amant était accoutumé à de longues
« fatigues. Cependant, je courus à travers les plaines,
« les montagnes hérissées de forêts, les pierres, les ro-
« chers et des lieux où ne s'ouvrait aucune route. Le
« soleil était derrière moi; je vis une ombre immense
« précéder mes pas : peut-être était-ce une illusion née
« de la peur; mais certainement j'entendis avec effroi

« Ante pedes umbram, nisi si timor illa videbat;
« Sed certe sonituque pedum terrebar; et ingens
« Crinales vittas adflabat anhelitus oris.
« Fessa labore fugæ, — Fer opem, deprendimur, inquam
« Armigeræ, Dictynna, tuæ; cui sæpe dedisti
« Ferre tuos arcus, inclusaque tela pharetra. »
« Mota Dea est, spissisque ferens e nubibus unam
« Me super injecit. Lustrat caligine tectam
« Amnis; et ignarus circum cava nubila quærit,
« Bisque locum, quo me Dea texerat, inscius ambit;
« Et bis, Io Arethusa, Io Arethusa, vocavit.
« Quid mihi tunc animi miseræ fuit? anne quod agnæ est,
« Si qua lupos audit circum stabula alta frementes?
« Aut lepori, qui vepre latens hostilia cernit
« Ora canum, nullosque audet dare corpore motus?
« Non tamen abscedit; neque enim vestigia cernit
« Longius ire pedum; servat nubemque, locumque.
« Occupat obsessos sudor mihi frigidus artus;
« Cæruleæque cadunt toto de corpore guttæ;
« Quaque pedem movi, manat lacus; eque capillis
« Ros cadit, et citius, quam nunc tibi facta renarro,
« In laticem mutor: sed enim cognoscit amatas
« Amnis aquas; positoque viri, quod sumserat, ore,
« Vertitur in proprias, ut se mihi misceat, undas.
« Delia rumpit humum: cæcis ego mersa cavernis

« la marche bruyante d'Alphée ; et je sentis un souffle
« rapide qui, s'échappant de sa bouche, se jouait dans
« le bandeau noué autour de mes cheveux. Épuisée par
« la fuite : — Vole au secours de la Nymphe chargée
« de porter tes armes, m'écriai-je, ô Dictynne ! elle est
« surprise. Souvent tu me confias ton arc et les flèches
« renfermées dans ton carquois. — La déesse, touchée
« de ma prière, saisit un des nuages auprès d'elle amas-
« sés et le jette sur moi. A peine en suis-je envelop-
« pée, que le fleuve me cherche dans ses flancs caver-
« neux. Deux fois, sans le savoir, il tourne autour
« de moi ; deux fois il m'appelle : Io ! Aréthuse, Io !
« Aréthuse. Quels sentimens alors s'élevèrent dans mon
« âme troublée ? Je fus comme la brebis qui, au fond
« de son étable, entend les loups frémir ; ou comme le
« lièvre qui, blotti sous le buisson, voit la meute en-
« nemie et n'ose faire le plus léger mouvement. Al-
« phée ne s'éloigne pas encore, parce qu'il n'aperçoit
« au delà de ce lieu aucune trace de mes pas ; ses re-
« gards se fixent sur le nuage où je suis cachée. Investie
« de tous côtés, une froide sueur baigne mes membres,
« et des gouttes bleuâtres découlent de mon corps. Par-
« tout l'eau naît sous mes pieds ; elle tombe de mes
« cheveux, et je suis changée en fontaine plus vite en-
« core que je ne te raconte ce prodige. Le fleuve re-
« connaît dans l'onde son amante adorée ; il dépouille la
« forme humaine dont il s'était revêtu, et reprend sa
« forme liquide, pour s'unir à moi. Diane ouvre la terre :
« plongée dans ses antres obscurs, je roule jusqu'à Or-
« tygie ; et, dans cette île qui me plaît, puisqu'elle porte
« le nom de ma bienfaitrice, je reparais enfin à la clarté
« des cieux. »

« Advehor Ortygiam ; quæ me cognomine Divæ
« Grata meæ superas eduxit prima sub auras. »
« Hac Arethusa tenus : geminos Dea fertilis angues
Curribus admovit, frenisque coercuit ora ,
Et medium cœli terræque per aera vecta est ;
Atque levem currum Tritonida misit in arcem
Triptolemo ; partimque rudi data semina jussit
Spargere humo, partim post tempora longa recultæ.
Jam super Europen sublimis et Asida terras
Vectus erat juvenis ; Scythicas advertitur oras :
Rex ibi Lyncus erat : regis subit ille penates.
Qua veniat, causamque viæ, nomenque rogatus,
Et patriam ; « Patria est claræ mihi, dixit, Athenæ;
« Triptolemus nomen ; veni nec puppe per undas,
« Nec pede per terras : patuit mihi pervius æther.
« Dona fero Cereris ; latos quæ sparsa per agros
« Frugiferas messes, alimentaque mitia reddant. »
Barbarus invidit ; tantique ut muneris auctor
Ipse sit, hospitio recipit, somnoque gravatum
Adgreditur ferro : conantem figere pectus
Lynca Ceres fecit, rursusque per aera misit
Mopsopium juvenem sacros agitare jugales.

« Finierat doctos e nobis maxima cantus.
At Nymphæ vicisse Deas, Helicona colentes,
Concordi dixere sono : convicia victæ

« Ainsi parle Aréthuse : la déesse des guérets attèle à son char deux serpens, leur impose le frein et s'élance dans les airs, entre la terre et le ciel. Le char léger descend dans la ville de Pallas; Cérès le confie à Triptolème, et lui remet des semences, en lui ordonnant d'en jeter une partie dans des terres incultes et le reste dans celles qui seront de nouveau cultivées, après un long repos. Bientôt le jeune Triptolème a pris son essor dans les plaines éthérées ; il franchit l'Europe et l'Asie et va s'arrêter sur les côtes de la Scythie. Là régnait Lyncus ; il se rend au palais de ce prince, qui lui demande d'où il vient, quel est le but de son voyage, quel est son nom et quelle est sa patrie. «Ma patrie, dit-il, c'est la célèbre « Athènes; mon nom, Triptolème : pour venir en ces « lieux, je n'ai traversé ni la mer sur un vaisseau, ni « la terre à pied: dans les régions de l'air, une route s'est « ouverte devant moi. Je vous apporte les présens de « Cérès: répandus dans le vaste sein de la terre, ils pro- « duisent d'abondantes moissons et de doux alimens. » L'envie naît dans le cœur du barbare Lyncus : jaloux d'être lui-même l'auteur d'un si grand bienfait, il offre à Triptolème l'hospitalité; et, dès que l'étranger est enchaîné dans les liens du sommeil, il s'apprête à le frapper de son poignard. Il l'aurait immolé ; mais Cérès le change en lynx et commande au jeune Athénien de lancer de nouveau dans les airs ses coursiers sacrés.

« La Muse la plus âgée d'entre nous avait fini ses doctes chants; les Nymphes, d'une voix unanime, décernent la palme aux déités qui résident sur l'Hélicon. Nos rivales vaincues se vengent par des injures. « C'est

Quum jacerent : « Quoniam, dixit, certamine vobis
« Supplicium meruisse parum est, maledictaque culpæ
« Additis, et non est patientia libera nobis ;
« Ibimus in pœnas ; et quo vocat ira, sequemur. »
Rident Emathides, spernuntque minacia verba ;
Conatæque loqui, et magno clamore protervas
Intentare manus, pennas exire per ungues
Adspexere suos, operiri brachia plumis ;
Alteraque alterius rigido concrescere rostro
Ora videt, volucresque novas accedere silvis.
Dumque volunt plangi, per brachia mota levatæ,
Aere pendebant, nemorum convicia, picæ.
Nunc quoque in alitibus facundia prisca remansit,
Raucaque garrulitas, studiumque immane loquendi. »

« donc trop peu, leur dit Calliope, d'avoir mérité votre
« châtiment en vous mesurant avec nous : à cette faute
« vous ajoutez l'insulte. La patience n'est plus en notre
« pouvoir ; nous saurons vous punir et satisfaire notre
« ressentiment. » Les filles de l'Émathie sourient et méprisent ces menaces : elles veulent parler, et, poussant de grands cris, elles élèvent vers nous leurs insolentes mains. Tout à coup, elles voient des plumes se faire jour à travers leurs ongles et leurs bras se couvrir de duvet : l'une après l'autre elles voient aussi leur bouche se changer en un long bec ; oiseaux d'une espèce nouvelle, elles vont peupler les forêts. Elles veulent frapper leur sein ; mais leurs bras qui s'agitent les soulèvent et les tiennent suspendues dans les airs : métamorphosées en pies, elles remplissent les forêts de leurs accens moqueurs et bruyans : sous la forme qu'elles viennent de revêtir, elles conservent leur ancien caquet, une voix rauque et un insatiable désir de parler. »

NOTES

DU LIVRE PREMIER.

1. *Je veux dire* (Page 5). La locution latine, *fert animus*, semble ici tout-à-fait synonyme de *volo*, *cupio*. Ainsi Ovide dit plus bas, v. 775 :

> Si modo fert animus ; gradere ; et scitabere ab ipso.

Cf. Drakenb., *ad Silium*, lib. xvii, v. 294.

2. *Avant la mer* (p. 5). Cette traduction est conforme à la leçon adoptée par la plupart des éditeurs. J'ai néanmoins suivi dans le texte celle de Burmann, donnée par Heinsius, et d'après laquelle *ante* aurait le sens de *in principio*, et correspondrait au grec τὸ πρίν, qui se trouve dans un passage analogue d'Apollonius de Rhodes (*Argon.*, liv. 1, v. 496):

> .... Ὡς γαῖα, καὶ οὐρανός τε, ἠδὲ θάλασσα
> Τὸ πρὶν ἐπ' ἀλλήλοισι μιῇ συναρηρότα μορφῇ
> Νείκεος ἐξ ὀλοοῖο διέκριθεν ἀμφὶς ἕκαστα.

3. *Chaos* (p. 5). Ovide est l'écho d'Hésiode (*Théog.*, v. 116) :

> Ἤτοι μὲν πρώτιστα Χάος γένετ' αὐτὰρ ἔπειτα
> Γαῖ' εὐρύστερνος, πάντων ἕδος ἀσφαλὲς αἰεὶ
> Ἀθανάτων, κ. τ. λ.

Lucrèce et Diodore de Sicile nous ont transmis les mêmes notions cosmogoniques d'après le système des anciens philosophes grecs, qui admettaient une matière préexistante : Dieu n'en était pas le créateur ; il n'avait fait que la soumettre à l'ordre et à l'harmonie. « Au commencement, dit Aristophane (*In Avib.*, v. 693), il n'y avait que le chaos, la nuit, le noir Érèbe et le profond Tartare : la terre, l'air et le ciel n'existaient pas encore. »

On croit que les Grecs avaient emprunté le chaos du Phénicien Sanchoniaton, qui écrivit probablement avant la guerre de Troie.

4. *La nature* (p. 7). D'après Virgile, développant le système des platoniciens, la nature, c'était Dieu, et Dieu était lui-même l'assemblage de tous les êtres. Sénèque la définit ainsi : « Nihil autem aliud est natura quam Deus et divina quædam ratio toti mundo et partibus ejus inserta. »

5. *La figure d'un vaste globe* (p. 7). Cf. Cicéron, *Tim.*, ch. xv : « Deus mundum ita tornavit, ut nihil fieri possit rotundius. »

6. *Zones* (p. 9). La division du ciel en zones se trouve aussi dans Virgile, *Géorg.*, liv. 1, v. 233 et suiv.; dans Tibulle, liv. iv, élég. 1, v. 152-174, et dans Claudien, *Enlèv. de Proserp.*, liv. 1, v. 257-263.

7. *Inhabitable* (p. 9). Les anciens regardaient comme inhabitables la zone glaciale et la zone torride. Lucrèce, *de la Nature des choses*, liv. v, v. 205 :

    Inde duas porro prope partes fervidus ardor,
    Assiduusque geli casus mortalibus aufert.

    Des climats dévorans, des régions de glace,
    De la moitié du monde usurpent la surface.

    (*Traduction de* M. de Pongerville.)

8. *Autant l'air est plus lourd que le feu* (p. 9). Ce sens, évident par le texte même, est confirmé par Planude (p. 4, éd. Boissonade) : Ἀὴρ, ὃς, ὅσον ἐστὶ τοῦ κουφοτέρου τῆς γῆς ὕδατος τῷ βάρει κουφότερος, τοσοῦτον βαρύτερος τοῦ πυρός ἐστιν. Je ne puis être de l'avis de M. Villenave, qui traduit : « L'air, *plus léger que la terre et que l'onde*, est plus pesant que le feu. »

9. *Et pourtant ils sont frères* (p. 9) ! Hésiode (*Théog.*, v. 378) les dit fils d'Astréus et de l'Aurore.

10. *Nabata* (p. 9). Aujourd'hui l'Arabie Pétrée. Elle tirait son ancien nom de celui que portait sa capitale avant de s'appeler Pétra. Voyez Strabon, liv. xvi, p. 767.

11. *Le pluvieux Auster* (p. 11). Manilius fixe la région de chacun de ces vents :

    Asper ab axe ruit Boreas, fugit Eurus ab ortu,
    Auster habet medium Solem, Zephyrusque cadentem.

12. *L'éther* (p. 11). Il naquit du mélange de l'Érèbe et de la nuit. Virgile en parle comme du souverain maître de la nature (*Géorg.*, liv. 11, v. 325):

> Tum pater omnipotens fecundis imbribus Æther
> Conjugis in gremium lætæ descendit, et omnes
> Magnus alit, magno commixtus corpore, fœtus.

Cf. LUCRÈCE, liv. 1.

Pour plus de détails sur cette cosmogonie, on pourra consulter avec fruit CUDWORTH, *Syst. intell.*, t. 1, p. 340-348; *ibid.*, p. 354-367, et surtout les notes de Mosheim.

13. *Les étoiles* (p. 11). Cicéron (*de Nat. Deor.*, lib. 11, cap. 21) place les astres au rang des dieux : « Hanc igitur in stellis constantiam, hanc tantam tam variis cursibus in omni æternitate convenientiam temporum, non possum intelligere sine mente, ratione, consilio. Quæ quum in sideribus inesse videamus, non possumus ea ipsa non in deorum numero reponere. »

14. *L'air, ami du mouvement* (p. 11). Sénèque (*Questions naturelles*, liv. VI, ch. 16) lui attribue la même qualité : « Nihil..... tam inquietum quam aer, et tam versabile et agitatione gaudens. »

15. *Le fils de Japet* (p. 11). Hésiode, Eschyle, Apollodore, Apollonius de Rhodes ont raconté la fable de Prométhée : c'est donc chez eux qu'il faut en chercher les détails, fort connus d'ailleurs.

Brucker (*Hist. phil.*, t. 1, p. 11, c. 1, *de Phil. græc. fabular.*, p. 368-372) s'efforce de découvrir, à travers les traditions fabuleuses, la vérité historique concernant ce personnage célèbre dans l'antiquité. Le résultat le plus probable de ses recherches, c'est que Prométhée fut un homme fort éclairé pour son temps. Nous ne nous arrêterons pas à une tradition d'après laquelle Prométhée, roi des Scythes, n'ayant pu s'opposer au débordement du fleuve l'Aigle, fut enchaîné sur le Caucase, où il passa tout le temps de sa détention à observer la marche des astres, jusqu'au moment où il fut délivré par Hercule. N'est-il pas plus vraisemblable, de supposer, avec Brucker (*ub. sup.*, p. 371), que Prométhée, initié aux connaissances de l'Égypte, où il fut conseiller d'Osiris, chercha à divulguer une science que le prince voulait tenir cachée ? qu'il fut arrêté par Hermès, autre conseiller d'Osiris, et enfermé dans une prison où, nuit et jour, il endura les plus cruels tourmens jusqu'au moment de sa délivrance? Du reste, ici tout est hypothétique; et la conclusion de Brucker est le guide le plus sûr au milieu de tant de ténèbres : « Pro conjectura tamen hanc explicationem fabulæ Promethei tantum venditamus, et lubenter quemvis suo sensu abundare patimur. »

16. *Vers les astres* (p. 11). Les mêmes pensées se trouvent dans Sénèque (*de Otio Sapientis*, cap. xxxii) : « Nec erexit tantummodo hominem, sed etiam ad contemplationem factum; ut ab ortu sidera in occasum labentia prosequi posset, et vultum suum circumferre cum toto, sublime fecit illi caput. » Cf. Silius Italicus, liv. xv, v. 84 :

Nonne vides hominem ut celsos ad sidera vultus.
Sustulerit Deus, ac sublimia finxerit ora.

17. *L'âge d'or* (p. 11). Les anciens poètes ne sont pas d'accord sur le nombre des âges. Hésiode (*les OEuvres et les Jours*, v. 109-208) en compte cinq au lieu de quatre; Ovide omet l'âge des héros, après l'âge d'airain. Virgile (*Géorg.*, liv. 1, v. 125 et suiv.; *Énéide*, liv. viii, v. 314 et suiv.) et Tibulle (liv. 1, élég. 3, v. 35 et suiv.) n'en mentionnent que deux.

18. *Sur l'airain* (p. 13). C'est-à-dire les lois qu'Ovide désigne par *minacia verba*, à cause des châtimens dont elles menaçaient les coupables. Gravées sur des tables qu'on suspendait aux murs du Capitole, elles y restaient exposées aux regards publics.

19. *L'épée* (p. 13). Tibulle, liv. 1, élég. 3, v. 47 :

Non acies, non ira fuit, non bella; nec ensem
Immiti sævus duxerat arte faber.

20. *Rarement l'union règne parmi les frères* (p. 17). Hésiode, v. 182 et suiv. :

Οὐδὲ πατὴρ παίδεσσιν ὁμοῖος, οὐδέ τι παῖδες,
Οὐδὲ ξεῖνος ξεινοδόκῳ, καὶ ἑταῖρος ἑταίρῳ,
Οὐδὲ κασίγνητος φίλος ἔσσεται........

21. *Les dieux l'ont quittée* (p. 17). Si l'on veut rapprocher ces traditions sur l'âge d'or et les autres âges de ce que l'Écriture raconte sur l'état d'Adam dans le Paradis terrestre et sur sa chute, il

sera utile de prendre pour guides Bochart et le traité *de l'Idolâtrie* par Vossius.

22. *Les Géans* (p. 17). Ovide confond ici deux mythes séparés dans d'autres auteurs qui distinguent la guerre des Titans de celle des Géans : l'une fut faite par les princes de la famille de Jupiter ; l'autre par quelques brigands qu'on appela enfans de la terre, parce qu'on ignorait leur origine.

Cette fable semble avoir une origine égyptienne ; suivant Banier, cette guerre, mise par les poètes dans l'histoire de Jupiter, est celle que Typhon fit à son frère Osiris.

23. *Lycaon* (p. 17). Apollodore (liv. III, ch. 8) et Pausanias (liv. VIII, ch. 2) le disent fils de Pelasgus et contemporain de Cécrops.

24. *Le conseil des dieux* (p. 19). A propos de ce conseil des dieux et de la place assignée par le poète aux différentes divinités, il ne paraît pas inutile de rappeler en quelques mots leur division par classes :

1°. Les grands dieux ou dieux du conseil, *Dei censentes* ou *consulentes ;* ou enfin les dieux des grandes nations, *Dei majorum gentium*. On en comptait douze : Vesta, Junon, Minerve, Cérès, Diane, Vénus, Mars, Mercure, Jupiter, Neptune, Vulcain, Apollon. Ils étaient reconnus par les Égyptiens, les Syriens, les Phéniciens, les Grecs et les Latins.

11°. Les dieux subalternes ou des moindres nations, *Dii minorum gentium*. Ils étaient en très-grand nombre.

111°. Les dieux choisis, *Dei selecti ;* ils étaient au nombre de huit : Janus, Saturne, Rhéa, le Génie, le Soleil, la Lune, Pluton et Bacchus.

IV°. Les demi-dieux, *Semi Dei,* qui tiraient leur origine d'un dieu et d'une mortelle, ou d'un mortel et d'une déesse. On rangea dans cette classe les hommes qui s'étaient rendus chers à l'humanité par de grands services ou par des actions d'éclat.

V°. Les dieux topiques, qui n'étaient adorés qu'en certains lieux.

VI°. Les dieux indigètes ou indigènes, qui étaient attachés à certains lieux.

VII°. Enfin, les dieux communs, ou qui favorisaient tous les partis.

On divisait aussi les dieux en trois espèces :

I°. Les divinités théologiques, telles que les grands dieux et les dieux choisis.

II°. Les divinités naturelles ou physiques, telles que Uranus, la Terre, Oceanus, etc.; ou bien la Chimère, les Tritons et les autres qui avaient la forme d'animaux naturels ou monstrueux; enfin les divinités qui représentaient quelque fonction animale.

III°. Les divinités allégoriques ou morales, qui représentaient les passions, les vertus, etc.

Le mot *Dii* s'appliquait aux dieux du premier ordre, et le mot *Divi* à ceux de la deuxième et de la troisième classe.

25. ......*Les célestes voûtes* (p. 19). Homère (*Iliade*, liv I, v. 529) nous montre aussi l'Olympe ébranlé par un seul signe de la tête de Jupiter :

Ἀμβρόσιαι δ' ἄρα χαῖται ἐπερρώσαντο ἄνακτος
Κρατὸς ἀπ' ἀθανάτοιο· μέγαν δ' ἐλέλιξεν Ὄλυμπον.

Virgile l'a imité (*Énéide*, liv. x, v. 115) :

Annuit, et totum nutu tremefecit Olympum.

26. *Cent bras* (p. 19). Allusion à Briarée, Cottus et Gygès.

27. *L'Arcadie* (p. 23). Les habitans de l'Arcadie étaient regardés comme le peuple le plus ancien de la Grèce :

Ante Jovem genitum terras habuisse feruntur
Arcades, et Luna gens prior illa fuit.

C'est pour cela, sans doute, que les poètes en firent le berceau de tant de fables.

28. *Métamorphosé en loup* (p. 23). Suivant Nicolas Damascène (*Valesii excerpt.*, p. 446), Lycaon, voulant inspirer à ses sujets l'amour de la justice, leur dit que Jupiter venait quelquefois chez lui sous la forme d'un voyageur. Un jour, il annonça qu'il attendait le dieu et prépara un pompeux sacrifice. Plusieurs de ses fils y assistèrent; et pour s'assurer si l'étranger était réellement un dieu, ils mêlèrent parmi les chairs de la victime celles d'un enfant qu'ils avaient tué. Une tempête s'éleva tout à coup, et ceux qui avaient pris part à la mort de cet enfant périrent, frappés de la foudre.

Ératosthène (*Catastér.*, c. VIII) et Clément d'Alexandrie (*Protrept.*, p. 31) racontent le fait comme Ovide.

Le but de cette fable fut sans doute de détourner les Grecs de l'usage des sacrifices humains qu'ils tenaient des Phéniciens. Cf. CLAVIER; *not. sur Apollodore*, tome II, p. 412.

30. *Doit s'écrouler* (p. 25). Non-seulement d'après la Sibylle, citée par Lactance (*de Ira Dei*, cap. XXIII), mais aussi d'après Sénèque. « Quum tempus advenerit, dit-il (*Consol. à Marcia*), quo se mundus renovaturus extinguat, etc., et omni flagrante materia uno igne, quidquid nunc ex disposito lucet ardebit. » Et ailleurs (*Quest. Nat.*, liv. III, ch. 28) : « Qua ratione, inquis ? — Eadem, qua conflagratio futura est. Utrumque fit, quum Deo visum ordiri meliora, vetera finiri. Aqua et ignis terrenis dominantur. Ex his ortus, et ex his interitus est. »

31. *Sous les eaux* (p. 25). Apollodore (liv. III, ch. 8) et le scoliaste d'Euripide (*ad Orest.*, v. 1646) attribuent aussi le déluge au crime de Lycaon et de ses enfans.

La vérité historique semble se borner à ceci : Deucalion vint de l'Asie dans la Grèce vers l'an 1574 avant Jésus-Christ. De son temps, les fleuves de Thessalie, grossis par des pluies abondantes, franchirent leurs digues, et se répandirent sur la Thessalie et sur les contrées voisines. (Cf. APOLLOD., *ub. sup.*, et ARIST., *Météor.*, liv. I, ch. 14.) Deucalion et ceux de ses sujets qui purent échapper à l'inondation se retirèrent sur le Parnasse : quand les eaux se furent écoulées, ils redescendirent dans la plaine.

Leurs enfans sont ces pierres mystérieuses, qui, jetées par Deucalion et Pyrrha, repeuplèrent le monde.

32. *D'Éolie* (p. 25). Les poètes ont placé les vents sous l'empire d'Éole, parce que son savoir en astronomie l'avait rendu capable de connaître le cours des vents et de prédire les tempêtes.

Les cavernes et les montagnes d'Éolie, où il tenait les vents renfermés, étaient dans les îles Éoliennes ou Éolides, situées entre la Sicile et l'Italie. Les modernes les appellent Lipari.

33. *Néréides* (p. 29). Orphée (*Hymne* XXIII) et Hésiode (*Théog.*, v. 240) en comptent *cinquante*; Homère (*Iliade*, liv. XVIII) n'en compte que *trente*, et Apollodore (liv. III, ch. 6) *quarante-cinq*.

34. *Le sanglier* (p. 29). C'est ainsi que Phèdre (liv. 1, fab. 21, v. 5) appelle les défenses du sanglier, *fulminei dentes*.

35. *La Phocide* (p. 29). J'ai substitué *OEtæis* à l'ancienne leçon *Actæis*, qui introduisait dans Ovide une erreur géographique déjà remarquée par les commentateurs. En effet, les mots *Actæa arva* désignaient l'Attique, et par *Aonios* il faut entendre les habitans de la Béotie, appelés *Aoni* avant l'arrivée de Cadmus dans cette contrée. D'après l'ancienne leçon :

Separat Aonios Actæis Phocis ab arvis,

la Phocide se trouverait placée entre l'Attique et la Béotie, tandis que c'est la Béotie qui se trouve entre la Phocide et l'Attique. On sait que le mont OEta est placé au nord-ouest de la Phocide.

36. *Corycie* (p. 31). Antre situé au pied du Parnasse, et consacré aux Muses. Il tirait son nom de la nymphe Corycia (Pausanias, liv. x, ch. 6 et 32). « L'antre Corycien est plus grand que tous ceux dont je viens de parler, et l'on peut y marcher presque partout sans flambeau. La voûte en est suffisamment élevée au dessus du sol, et on y trouve beaucoup de sources ; mais il découle encore une bien plus grande quantité d'eau de la voûte, de sorte qu'à terre on aperçoit des traces à chaque pas. Les habitans du Parnasse croient que cet antre est plus particulièrement consacré aux Muses. » (Clavier, trad. de *Pausan.*, liv. x, ch. 32.)

37. *Les oracles* (p. 31). Ce fut d'abord la Terre qui rendit des oracles à Delphes, puis Thémis et Apollon. Cf. Apollod., liv. 1 ; le Schol. d'Eurip., *ad Orest.*, act. v, v. 163, et Lucain, liv. v, v. 81.

. . . . Quum regna Themis tripodasque teneret.

38. « *O ma sœur* (p. 33) ! » C'est une expression de tendresse qui ne doit pas être prise ici dans le sens rigoureux du mot : Deucalion, fils de Prométhée, n'était point le frère, mais le cousin germain de Pyrrha, fille d'Épiméthée.

39. *Céphise* (p. 35). Fleuve de la Béotie, célèbre par la limpidité de ses eaux. Homère (*Hym. ad Apoll.*, v. 240) l'appelle καλλιρέεθρος, qui roule de belles eaux. Cf. Pausan., liv. 1, ch. 38 ; liv. ix, ch. 24, *et passim*.

40. *Peu à peu* (p. 37). Dans le texte, *mora* est employé dans le sens de *diuturnitate*. Cf. Freinshem., *Ind. Flor.* Ainsi, quelques lignes plus bas, Ovide dit, v. 421 :

.... Faciemque aliquam cepere morando.

41. *Les autres animaux* (p. 39). L'opinion d'après laquelle la terre échauffée par les rayons du soleil enfanta divers animaux, était venue de l'Égypte dans la Grèce. Aristote (*Hist. des Anim.*, liv. v, chap. 19) croit aussi que des animaux naissent du limon échauffé par le soleil. Cf. Lucrèce, liv. v, v. 393-813.

42. *Quand le Nil* (p. 39). Les crues régulières du Nil ont donné lieu à une foule de conjectures chez les anciens. Cf. Plutarque, *Opin. des philosoph.*, liv. iv; Pline, *Hist. Nat.*, liv. v, ch. 8; Sénèque, *Quest. Nat.*, liv. iv, ch. 1; Diod. Sic., liv. i, ch. 38.

43. *Un grand nombre d'animaux* (p. 39). Surtout beaucoup de rats. Cf. Macrobe, *Saturn.*, liv. vii, ch. 16; Pomp. Mela, liv. i, ch. 9-25.

44. *Python* (p. 39). Cette fable a été diversement expliquée. Macrobe (*Saturn.*, liv. i, ch. 17) croit qu'elle fait allusion à quelque monstre tué par Apollon dans son enfance. Éphore (*apud Strabon.*, lib. ix) voit dans Python quelque brigand qu'on surnomma *Dragon*. — Il est utile de remarquer, en passant, qu'au temps de Deucalion, Apollon n'était pas encore connu à Delphes : ainsi, l'évènement, placé par Ovide immédiatement après le déluge, ne put arriver que long-temps après.

45. *Pythiens* (p. 41). Suivant Pausanias (liv. ii, ch. 32), Diomède fut le premier qui célébra ces jeux en l'honneur d'Apollon. Les jeux Pythiens ou Pythiques, renouvelés la troisième année de la quarantième olympiade, avaient lieu tous les quatre ans, et servaient d'époque aux habitans de Delphes. Cf. Scaliger (*Poet.*, liv. i, ch. 23), les *Marbres de Paros* (p. 202 et 203, éd. d'Oxford) et Meursius (*Græc. feriat.*). Les amphyctions étaient juges, et décernaient le prix aux vainqueurs.

46. *Pénée* (p. 41). Il traverse la Thessalie d'Occident en Orient. Sur ses bords croissaient un grand nombre de lauriers : c'est là sans doute ce qui a donné lieu à la fable de Daphné, dont le nom grec ($\delta\acute{\alpha}\varphi\nu\eta$) signifie *laurier*.

Diodore de Sicile (liv. IV) voit dans Daphné, Mantho, fille de Tirésias, qui fut reléguée à Delphes, et dont les poètes ont fait l'amante d'Apollon.

47. *Aux premiers rayons du jour* (p. 45). Le poète fait allusion à un usage des anciens. Quand ils voyageaient de nuit, ils avaient coutume de s'éclairer au moyen de torches appelées γάβρια : souvent, par inadvertance, ils les approchaient trop des haies, ou bien ils les y déposaient encore allumées, à l'arrivée du jour ; ce qui occasionait de fréquens incendies. Cf. Ovide, *Fastes*, liv. IV, v. 167, et Casaub., *ad Suet. Cæs.*, cap. XXXI.

48. *Claros* (p. 47). Non loin de Colophon. Il y avait un temple célèbre et un oracle d'Apollon. Cf. Strabon, liv. XIV, p. 442, et Pausan., liv. VII, ch. 3 et 5.

49. *Ténédos* (p. 47). Apollon y était honoré sous le nom de *Smyntheus*.

50. *Patare* (p. 47). Ville de la Lycie. Apollon y rendait des oracles pendant six mois, c'est-à-dire pendant l'hiver et l'automne (Hérodote, liv. I, ch. 182 ; Serv., *ad Virg. Æn.*, lib. IV, v. 143) : de là le surnom de *Patareus* que lui donne Horace, liv. III, *Od.* IV, v. 64.

51. *L'amour* (p. 47). Tibulle (liv. II, élég. 3, v. 12) dit, en parlant d'Apollon :

Nec potuit curas sanare salubribus herbis;
Quidquid erat medicæ, vicerat, artis amor.

Un passage analogue se trouve dans Properce, liv. II, élég. 1, v. 57 :

Omnes humanos sanat medicina dolores :
Solus amor morbi non amat artificem.

52. *Chien gaulois* (p. 47). Les chiens gaulois étaient renommés pour leur vitesse : on s'en servait surtout dans la chasse aux lièvres. Cf. Gratian, *Cyneg.*, v. 203.

52. *La tenir* (p. 47). Ces vers rappellent un passage de Virgile, *Énéide*, liv. XII, v. 753 :

. . . . Vividus Umber
Hæret hians, jam jamque tenet, similisque tenenti
Increpuit malis, morsuque clusus inani est.

54. *Gardienne..... couronne de chêne* (p. 49). Au dessus du palais des Césars était suspendue une couronne de chêne, et de chaque côté s'élevait un laurier (Ovide, *Fastes*, liv. iv, v. 393). Pline dit (*Hist. Nat.*, liv. xv, ch. 39) : « Laurus..... vel gratissima domibus, janitrix Cæsarum pontificumque : sola et domos exornat, et ante limina excubat. »

55. *Hémonie* (p. 51). Strabon (liv. ix, p. 449) tire du roi Hémon, père de Thessalus, cet ancien nom de la Thessalie.

56. *Tempé* (p. 51). Outre les descriptions poétiques de cette célèbre vallée, arrosée par le Pénée et couverte de bois toujours frais, Cf. Pline, *Hist. Nat.*, liv. iv, ch. 15 ; Élien, *Hist. diverses*, liv. iii, ch. 1, et liv. xliv, ch. 6.

57. *Sperchius* (p. 51). Il avait sa source dans le mont OEta, et se jetait dans le golfe Maliaque. Il était bordé de peupliers comme le Pinde était bordé de lauriers.

58. *Énipeus* (p. 51). Rivière de Thessalie, qui sortait du mont Othrys, et se jetait dans l'Apidane. Virgile (*Géorg.*, liv. iv, v. 368) l'appelle *altus Enipeus*.

59. *Apidanus* (p. 51). Autre rivière de la Thessalie : elle avait sa source dans la Perrhébie. Suivant quelques interprètes, l'épithète *senex* lui fut donnée parce qu'elle roulait lentement ses eaux, jusqu'à ce qu'elle eût reçu celle de l'Énipeus. Il est plus raisonnable de donner ici au mot *senem* le sens de *antiquum*, c'est-à-dire *antiquissimis temporibus notum ;* c'est ainsi que Denys (*Géogr.*, p. 417) dit : ὠγύγιος Λαδῶν. L'explication d'Eustathe, ὠγύγιον δὲ λέγει, διὰ τὴν περὶ αὐτοῦ ἀρχαιολογίαν, est d'autant plus plausible, qu'on trouve plusieurs passages analogues : παλαιότατον ὕδωρ, dans Callimaque (*Hym. Jov.*, v. 40), et γέρων Φενανός (*Ibid. Hym. Del.*, v. 71).

60. *Amphrysus* (p. 51). Fleuve de Thessalie.

61. *Éas* (p. 51). Fleuve de l'Épire : il traversait la Thessalie pour se rendre dans la mer Ionienne.

62. *Inachus* (p. 51). Il fut le premier roi d'Argos, et fit creuser le lit de la rivière Amphiloque, qui depuis porta son nom.

63. *Lerne* (p. 53). Eschyle parle aussi des vastes pâturages voisins de ce fameux lac ou marais : πρὸς Λέρνης βαθύν λειμῶνα, dit-il (*Prométhée*, v. 657).

64. *Lyrcée* (p. 53). Montagne de l'Arcadie.

65. *Argus* (p. 55). Suivant les traditions égyptiennes, Argus était frère d'Osiris, qui, au moment de partir pour les Indes, donna à Isis Argus pour ministre, Hermès pour conseil, et Hercule pour général. Argus établit d'abord dans les villes principales cent intendans, que leur dévoûment à sa personne fit appeler les *cent yeux d'Argus*. Bientôt après, il se révolta, enferma Isis dans une tour, et se fit proclamer roi à l'aide de ses cent intendans. Hermès rassembla une armée, marcha contre Argus, le vainquit et lui coupa la tête.

66. *Phoronée* (p. 59). Second roi d'Argos, fils d'Inachus, et frère d'Io.

67. *Une brillante Pléiade* (p. 59). C'est-à-dire Maïa, fille d'Atlas.

68. *Le caducée* (p. 59). Virgile en décrit les différentes vertus, *Énéide*, liv. IV, v. 242 :

> Tum virgam capit : hac animas ille evocat Orco
> Pallentes, alias sub tristia Tartara mittit;
> Dat somnos adimitque, et lumina morte resignat.

69. *La marche du jour* (p. 59). Parmi les nombreuses explications données sur ce passage, la plus plausible me paraît être celle de Seidenstuecker : « Diem, qui alias multa loquendo festinare solent *sermone*, inter loquendum, vi sua divina suspendit, tardiorem aut longiorem facit. »

70. *Les Hamadryades* (p. 61). Les Dryades et les Hamadryades avaient été imaginées pour empêcher la destruction des forêts. Il n'était permis de couper des arbres que lorsqu'on était certain que les Dryades les avaient abandonnés.

71. *Nonacris* (p. 61). Montagne et ville de l'Arcadie, non loin du fleuve Ladon. Cf. PLINE, *Hist. Nat.*, liv. II, ch. 103.

72. *Satyres* (p. 61). Leur gaîté lascive les fit regarder comme les compagnons de Bacchus : ils étaient les acteurs des chœurs dionysiaques qui donnèrent naissance à la tragédie et à la comédie.

73. *Pan* (p. 61). Le Lycée et le Ménale passaient pour les résidences favorites de ce dieu. Cf. THÉOCR., *Idyl.*, liv. I, v. 123; VIRG., *Géorg.*, liv. I, v. 16; HORACE, liv. IV, *Od.* 4, v. 12.

74. *Couronnes de pin* (p. 61). Le pin était consacré à Pan, parce

qu'il avait aimé la nymphe Pitys. Cf. Brouck., ad Propert., lib. 1, eleg. 18, v. 20. Cette fiction poétique semble fondée sur le mot πίτυς, qui signifie *pin* : il y avait beaucoup de pins sur le Lycée.

Les femmes aussi aimaient à ceindre leurs têtes de couronnes de pin. Cf. Ovide, *Héroïdes*, épît. v, v. 137.

75. *Ladon* (p. 61). Fleuve d'Arcadie, célèbre par la limpidité de ses eaux. Cf. Callimaque, *Hym. Jov.*, v. 16; Pausanias, liv. viii, ch. 20; Denys, *Perieg.*, p. 417.

76. *Des roseaux* (p. 61). Pline dit, en parlant du roseau (*Hist. Nat.*, liv. xvi, ch. 66) : « Calamus vero alius totus concavus, quem syringiam vocant, utilissimus fistulis, quoniam nihil est ei cartilaginis atque carnis. »

77. *Le nom de la jeune nymphe* (p. 61). Les anciens connaissaient trois espèces de flûte : l'une, appelée μονοκάλαμος, et dont on attribuait l'invention à Mercure (Hom., *Hym. in Merc.*, v. 509); l'autre, appelée πολυκάλαμος; enfin celle qui se composait de roseaux de grandeur inégale, mis en faisceau par la cire, et que Virgile (*Égl.* ii, v. 32) dit aussi avoir été inventée par le dieu Pan, tandis qu'Athénée (liv. iv, p. 184) fait honneur de cette découverte à Marsyas. D'autres regardent Pan comme l'inventeur de la *flûte traversière*, appelée πλαγίαυλος. Cf. Spanheim, *ad Callim. Hymn. Dian.*, v. 245.

Lucrèce (*de la Nature des choses*, liv. v, v. 1381) dégage de toute fiction l'origine de la flûte :

Et Zephyri cava per calamorum sibila primum
Agrestes docuere cavas inflare cicutas.

Ovide appelle la nymphe Syrinx, du mot grec σύριγξ, *flûte*.

78. *Cyllène* (p. 61). Maïa mit Mercure au monde sur le mont Cyllène dans l'Arcadie.

79. *Avec son glaive* (p. 63). Dans Apollodore, Mercure tue Argus d'un coup de pierre.

80. *Sa queue* (p. 63). L'opinion de Banier, qui voit quelques traces de physique sous cette fiction, ne paraît pas dénuée de fondement. Les dieux n'étaient souvent que des symboles de la nature : Junon représentait l'*air* ou l'*éther*, et comme c'est lui qui nous transmet la lumière, les anciens ont pu orner de tous ces yeux l'oiseau consacré à cette déesse.

81. *O Nil* (p. 63). Hérodote (liv. i, ch. 1) raconte qu'Io fut enlevée par les Phéniciens et transportée en Égypte, où elle devint Isis (*Ibid.*, liv. ii, ch. 42). Cf. PLUTARQUE, *Traité sur Isis.*

82. *De Jupiter* (p. 63). Suivant Eschyle (*Prométhée*), Jupiter la rendit mère en la touchant de sa main : ἐπαφῶν ἀταρβεῖ χειρὶ καὶ θίγων μόνον. De là le nom d'*Epaphus* donné à son fils, qu'Hérodote (liv. ii, ch. 153, et liv. iii, ch. 27) dit être le même que l'Apis des Égyptiens.

83. *Clymène* (p. 65). Plusieurs femmes portèrent ce nom dans les temps héroïques. Il s'agit ici de la nymphe que Phébus rendit mère de Phaéthuse et de Phaéthon : elle était femme de Mérops, roi d'Éthiopie. Cf. OVIDE, *Fastes*, liv. iii, v. 30.

84. *L'Éthiopie, l'Inde* (p. 67). Les anciens comprenaient sous ces dénominations les peuples les plus reculés vers l'Orient. Cf. CUPER, *Observ.*, liv. iv, ch. 7.

LIVRE DEUXIÈME.

1. *Pyrope* (page 73). Pline (*Hist. Nat.*, liv. xxxiv, ch. 8) croit que le *pyrope* était l'airain coronaire, ou alliage de trois quarts de cuivre et d'un quart d'or. Suivant d'autres auteurs, c'était une pierre précieuse, brillante comme l'escarboucle.

2. *Protée* (p. 73). Cf. VIRGILE, *Géorg.*, liv. iv, v. 387-450. Ovide (liv. viii, v. 732 et suiv.) énumère les principales figures que Protée aimait à prendre.

3. *Égéon* (p. 73). Fils de Neptune, ou bien son gendre (HÉSIOD., *Théog.*, v. 817 et suiv.). Il s'appelait *Égéon* parmi les hommes, et *Briarée* parmi les dieux.

4. *Doris* (p. 73). Fille de l'Océan : elle épousa Nérée, et devint mère de cinquante filles, appelées *Néréides*. Cf. HÉSIODE, *Théog.*, v. 240, et ORPHÉE, *Hymne* xxiii.

5. *Et six à gauche* (p. 75). C'est l'équateur, qui coupe de cette manière le globe en deux hémisphères; l'hémisphère septentrional et l'hémisphère méridional.

6. *Par une route opposée* (p. 79). Le même système astronomique se trouve dans Pline (*Hist. Nat.*, liv. 11, ch. 6) : « Omnium autem errantium siderum meatus, interque ea solis et lunæ, contrarium mundo agere cursum, id est, lævum, illo semper in dextram præcipiti. Et quamvis assidua conversione immensæ celeritatis attollantur ab eo, rapianturque in occasum, adverso tamen ire motu per suos quæque passus : ita fieri, ne convolutus aer eamdem in partem æterna mundi vertigine, ignavo globo torpeat, sed findatur, adverso siderum verbere discretus et digestus. » Cf. LALANDE, *Astron.*, § 62.

7. *Le Centaure d'Hémonie* (p. 79). C'est-à-dire le Sagittaire, qui avait d'abord été Centaure : les Centaures étaient originaires de l'Hémonie ou Thessalie.

8. *Du Lion* (p. 79). Ce signe fut ainsi nommé, parce qu'il représentait le Lion de la forêt de Némée.

9. *L'espace opposé* (p. 79). L'un est tourné vers le couchant, et l'autre vers l'orient.

10. *Le Cancer* (p. 79). Le signe appelé *Cancer* représentait l'écrevisse que Junon envoya contre Hercule, lorsqu'il combattait l'Hydre de Lerne.

11. *Par les flots du Styx* (p. 81). Les dieux qui violaient leur serment, après avoir juré par le Styx, subissaient des peines terribles : ils étaient privés de vie pendant un an, et tout commerce avec les dieux leur était interdit pendant neuf autres années. Cf. HÉSIODE, *Théog.*, v. 794.

12. *L'ambitieux Phaëthon* (p. 81). Nul doute que *magnanimus* ne doive être pris ici dans le sens de *qui magna appetit*. Lucrèce (*de la Nature des choses*, liv. v, v. 401) lui donne la même épithète :

> At pater omnipotens, ira tum percitus acri,
> Magnanimum Phaethonta, repenti fulminis ictu,
> Deturbavit equis in terram................

13. *Aux Heures* (p. 81). Elles étaient filles de Thémis et messagères du Soleil. Cf. HÉSIODE, *Théog.*, v. 901, et ORPHÉE, *Hymne* XLII. Suivant Homère (*Iliade*, liv. IX, v. 433 et suiv.), le char et les coursiers de Junon étaient confiés à leurs soins.

14. *D'ambroisie* (p. 83). L'ambroisie servait de nourriture non-

seulement aux dieux, mais aussi à leurs coursiers. Ovide (liv. IV, v. 215) dit :

Ambrosiam pro gramine habent........

15. *Du Serpent* (p. 83). Constellation de l'hémisphère septentrional. Les mythologues croient qu'elle tirait son nom du Dragon, préposé à la garde des Hespérides, et qui fut tué par Hercule, ou bien du serpent Python, ou enfin de celui qui apporta à Esculape l'herbe par laquelle il ressuscita Androgée.

16. *De l'Autel* (p. 83). Constellation méridionale, ainsi nommée de l'autel où Chiron immola un loup, ou bien de celui sur lequel les dieux jurèrent fidélité à Jupiter, avant la guerre contre les Titans. Le poète lui donne l'épithète de *pressam*, parce qu'à l'hémisphère méridional, la terre semble s'abaisser en pente sous l'horizon.

17. *Les rapides coursiers du Soleil* (p. 85). Sur les divers noms donnés aux coursiers du Soleil, Cf. Hygin, *Fab.* CLXXXIII, et Spanheim, *ad Callimach.*, *Hymn.*, *Delph.*, CLXIX.

18. *De son petit-fils* (p. 85). Clymène, mère de Phaéthon, était fille de Téthys et de l'Océan.

19. *Des cieux* (p. 85). Le texte porte *mundi*, qui s'emploie fréquemment pour *cœlum*. Cf. Lemaire, *Notes sur Ovide*, liv. I, v. 157.

20. *Les Trions* (p. 87). Les Latins appelèrent ainsi les *sept étoiles* les plus brillantes de la grande Ourse, représentées par sept *bœufs*. Dans l'ancien langage, *Triones* avait le même sens que *boves*. Cf. Hygin, *P. A.*, liv. II, ch. 2; Aulu-Gelle, *Nuits Attiques*, liv. II, ch. 21.

21. *Les flots qui leur sont interdits* (p. 87). Virgile dit la même chose (*Géorg.*, liv. I, v. 246) :

Arctos Oceani metuentes æquore tingi.

22. *Bouvier* (p. 87). Constellation placée derrière la grande Ourse, à laquelle elle sert, pour ainsi dire, de gardien ; ce qui la fit appeler aussi *Arctophylax*. Virgile donne pareillement l'épithète de *tardus* aux bouviers (*Égl.* X, v. 19) :

..................Tardi venere bubulci.

23. *Des peuples et des pays entiers* (p. 91). Parmi les diverses interprétations avancées par les commentateurs sur *populi* et *gentes*, j'ai choisi celle de Burmann, qui fait observer avec raison que *gentes* s'emploie souvent dans le sens de *terræ* ou *regiones*, comme l'a prouvé Gronovius, *ad Liv.*, lib. v, cap. 34. De cette manière, j'ai évité la version littérale, *les peuples et les nations*, qui semble entraîner des distinctions trop subtiles.

24. *L'Athos* (p. 91). La plupart des noms de montagnes et de fleuves que le poète va citer avec une sorte de complaisance, sont connus ; je me renfermerai dans les détails les plus indispensables.

25. *Tmolus* (p. 91). Montagne couverte de vignobles qui produisaient un vin fort estimé chez les anciens : c'est à raison de cette circonstance, sans doute, qu'on la choisit pour y rendre un culte à Bacchus.

Le Pactole, fameux par ses sables d'or, avait sa source dans le Tmolus.

26. *OEta* (p. 91). Montagne célèbre dans la mythologie, par la mort d'Hercule. Cf. STRAB., liv. ix, p. 655.

27. *L'Ida* (p. 91). Nom de deux montagnes ; l'une dans la Troade, et l'autre dans l'île de Crète. Il est question ici de la première : Ovide l'appelle *celeberrimus fontibus*, et Homère πολυπίδαξ (*Iliade*, liv. xiv, v. 283) :

Ἴδην δ' ἱκέσθην πολυπίδακα, μητέρα θηρῶν.

28. *Donné son nom* (p. 91). Il le prit, lorsque Orphée, fils d'OEagre, eut été déchiré sur cette montagne par les Ménades.

29. *L'Etna* (p. 91). Ses éruptions les plus connues dans les fastes de l'antiquité eurent lieu : 1° du temps des Argonautes ; 2° à l'époque où Énée aborda en Sicile ; 3° à l'époque où les Grecs s'emparèrent de cette île ; 4° peu de temps avant la mort de Jules César ; 5° sous Caligula.

30. *L'Éryx* (p. 91). Montagne de la Sicile, fameuse par un temple de Vénus, qui fut surnommé *Erycina*. Cf. ÉLIEN, *Hist. diverses*, liv. i, ch. 15 ; HEYNE, Excurs. ii, *ad Virg. Æneid.*, lib. v. C'est sur l'Éryx qu'Anchise reçut les honneurs de la sépulture, et qu'Énée lui érigea un tombeau.

31. *Cynthe* (p. 91). Montagne située au milieu de l'île de Délos, célèbre par la naissance d'Apollon, à qui elle donna le surnom de *Cynthius*. Cf. HOMÈRE, *Hymn.* 1; APOLL., XXVI.

32. *Othrys* (p. 91). Montagne de la Thessalie, qui servait de demeure aux Lapithes. Cf. VIRGILE, *Énéide*, liv. VII, v. 675, et SÉNÈQUE, *Herc. sur l'OEta*, v. 494.

33. *Mimas* (p. 91). Montagne d'Asie : sa hauteur la faisait appeler ὑψίκρημνος. Cf. HOMÈRE, *Épigr.*, p. 117.

34. *Dindyme* (p. 91). Montagne de la Phrygie, consacrée à Cybèle, qui en tira le surnom de *Dindymène*. Cf. VIRGILE, *Én.*, liv. IX, v. 617.

35. *Dans ses frimas* (p. 91). Virgile (*Géorg.*, liv. III, v. 349) décrit avec pompe la Scythie et ses frimas :

>   Illic clausa tenent stabulis armenta..........
>   ....
>   .... et magno læti clamore reportant.

J'emprunte quelques vers à son immortel traducteur :

>   Aucun troupeau ne sort de son étable obscure :
>   Là, les champs sont sans herbe et les bois sans verdure ;
>   Là le temps l'un sur l'autre entasse les hivers ;
>   L'œil ébloui n'y voit que de brillans déserts,
>   Que des plaines de neige ou des rochers de glace,
>   Dont jamais le soleil n'effleura la surface :
>   Des frimas éternels et des brouillards épais
>   Éteignent tous ses feux, émoussent tous ses traits ;
>   Et soit que le jour naisse, où qu'il meure dans l'onde,
>   La nature y sommeille en une horreur profonde.

36. *Les Alpes voisines des plaines de l'air* (p. 91). Virgile (*Géorg.*, liv. III, v. 473) leur donne la même épithète :

>   Tum sciat, aërias Alpes, et Norica si quis
>   Castella in tumulis............

37. *Couleur d'ébène* (p. 91). Hygin (*Fab.* CLIV) dit, d'après Hésiode : « Indi autem, quod calore vicini ignis, sanguis in atrum colorem versus est, nigri sunt facti. »

Sur les conjectures des anciens, à propos de cet étrange phénomène, *voyez* Brouck., *ad Propert.*, lib. iv, éleg. iii, v. 10; et sur les opinions des modernes, Haller, *Élémens de Physiologie*, t. v, p. 17 sqq.

38. *Amymone....* (p. 91). Fontaine voisine de Lerne (Strabon, liv. viii, p. 371): elle tira son nom de la nymphe Amymone (Hygin, *Fab.* clxix.

39. *Éphyre* (p. 91). Ancien nom de Corinthe.

40. *Qui baigne Psophis* (p. 93). L'ancienne leçon *Phocaico* est fautive, puisqu'il n'y a dans la Phocide aucun fleuve appelé *Érymanthe*. J'ai adopté *Psophaico*, d'après plusieurs commentateurs (Cf. Lemaire, *Notes sur Ovide*, liv. i, v. 244): Psophis, ville de l'Arcadie, était, en effet, baignée par l'Érymanthe. D'autres proposent *Psophæo*, également admissible (Palmer., *ad Pausan.*, liv. viii, ch. 24).

41. *A un nouvel embrasement* (p. 93). Le poète fait allusion à la fable d'après laquelle, au moment où le Xanthe débordé allait fondre sur Achille, Vulcain jeta tant de feux dans ses eaux, qu'elles s'allumèrent. Cf. Homère, *Iliade*, liv. xxi, v. 212-384.

42. *Le Ténare* (p. 93). Promontoire du Péloponnèse, au pied duquel se trouvait un antre profond : comme il en sortait une vapeur noire et malsaine, les poètes en firent le chemin des enfers.

43. *L'Oronte* (p. 93). Fleuve de Syrie qui baigne les murs d'Antioche.

44. *Thermodon* (p. 93). Les Amazones habitaient sur ses bords (Justin, liv. ii, ch. 4; Properce, liv. iii, élég. xii, v. 16, et Sénèque, *Herc. fur.*, v. 246). Il s'appelait d'abord Araxe.

45. *Le Caystre* (p. 93). Il prenait sa source au mont Tmolus: après avoir arrosé la Lydie et les murs d'Éphèse, il se jetait dans la mer (Strabon, liv. xiii, p. 626 ; Pline, *Hist. Nat.*, liv. v, ch. 29). Les cygnes sont appelés *flumineæ volucres*, parce que le Caystre était regardé comme le rendez-vous de ces oiseaux. Cf. Homère, *Iliade*, liv. ii, v. 460; Virgile, *Géorg.*, liv. i, v. 383 et suiv., etc.

46. *Aux confins du monde* (p. 93). Il ne s'agit pas ici de l'Égypte, comme l'a cru Brouck., *ad Prop.*, lib. ii, eleg. 13, v. 40, mais bien de l'Éthiopie. Les Latins désignaient, par *extremum*, ou *ultimum orbem*, toutes les contrées lointaines ou voisines de l'Océan : témoin Ovide, qui emploie cette locution, 1° en par-

lant de l'Inde (*Amours*, liv. II, élég. 6, v. 38), 2° en parlant du Pont (*Trist.*, liv. III, élég. 1, v. 50); et Lucain (liv. VII, v. 541), en parlant de l'Espagne.

47. *Toujours cachée* (p. 93). On sait que les anciens ne connurent point les sources du Nil; les modernes en ont découvert trois dans l'Abyssinie.

48. *L'Ismarus* (p. 93). Montagne de Thrace, fameuse par le vin que produisaient ses vignobles : ici, elle est prise pour la Thrace entière.

49. *Surgissent* (p. 93). Les îles peuvent être regardées comme la cime des montagnes cachées dans la mer. Une image semblable se trouve dans Manilius :

> Emersere fretis montes, orbisque per undas
> Exsiliit......................

50. *Suivant leur coutume* (p. 95). Pline en parle, *Hist. Nat.*, liv. IX, ch. 8. Cf. Linn., *Syst. Nat.*, tom. I, p. 505.

51. *La Terre* (p. 95). Une des plus anciennes divinités; presque tous les peuples de l'antiquité lui rendaient un culte religieux.

52. *Par sa main*, etc. (p. 97). Le texte porte : *et dextra libratum fulmen ab aure*; image que M. Villenave déclare (tome I, note 101, p. 262, éd. in-12) ne pouvoir être rendue, sans tomber dans une exactitude puérile et ridicule. J'ai tâché d'éviter une version trop littérale, en me rapprochant le plus possible de l'original.

53. *Une étoile tombe* (p. 99). Homère emploie une comparaison semblable (*Iliade*, liv. IV, v. 75-79) :

> Οἷον δ' ἀστέρα ἧκε Κρόνου παῖς ἀγκυλομήτεω,
> Ἢ ναύτῃσι τέρας, ἠὲ στρατῷ εὐρέϊ λαῶν,
> Λαμπρόν· τοῦ δέ τι πολλοὶ ἀπὸ σπινθῆρες ἵενται.
> Τῷ εἰκυῖ' ἤϊξεν ἐπὶ χθόνα Παλλὰς Ἀθήνη.

54. *Le vaste Éridan* (p. 99). Les Grecs des temps les plus reculés croyaient que l'Éridan était placé aux confins de l'Europe occidentale, et qu'il se jetait dans l'Océan. Vossius (*ad Virgil. Georg.*, lib. I, v. 482) pense que, par ce nom, ils désignaient le Rhin. Phérécyde fut le premier qui avança que le Pô, alors connu des Grecs, avait été anciennement appelé Éridan. Cf. Hygin, *Fab.* CLIV;

depuis, il conserva ce nom parmi les Grecs et parmi les Romains. Cf. MUNKER. *ad Hygin.*, l. c.

55. *Le reçoit* (p. 99). De même, dans Apollonius de Rhodes (*Argon.*, liv. IV) :

Ἔνθα ποτ' αἰθαλόεντι τυπεὶς πρὸς στέρνα κεραυνῷ,
Ἡμιδαὴς Φαέθων πέσεν ἅρματος Ἡελίοιο.

56. *L'écorce couvre* (p. 101). Ovide ne dit pas ici en quel arbre elles furent changées; ailleurs (*Pont.* 1, 11, 33) il nous apprend, comme Hésiode, Lucien et Hygin, qu'elles furent métamorphosées en peupliers. Virgile, qui, dans l'*Énéide* (liv. X, v. 190), adopte la même tradition, dit, dans une de ses églogues (VI, v. 62), que les Héliades se changèrent en aunes.

57. *Aux femmes du Latium* (p. 103). C'était une opinion fort répandue chez les anciens, que l'ambre coulait des peupliers (Cf. PLINE, *Hist. Nat.*, liv. XXXVII, ch. 11, p. 36; EURIP., *Hippol.*, v. 740; APOLLON. DE RH., liv. IV, v. 596). Il était si commun en Italie, que les femmes en faisaient des colliers de parure et des bracelets ; on l'employait aussi pour la décoration des autels.

A la place du mot *ambre*, j'ai hasardé *électre :* l'Académie ne lui a pas encore donné droit de bourgeoisie ; mais ce mot ne se trouve-t-il pas déjà dans *électricité*, *électrique*, *électromètre*, etc., et ne remplit-il pas la condition voulue par Horace, *Græco fonte cadat ?* Quoi qu'il advienne de cette innovation, je tiens à ce qu'on sache que je l'ai tentée à dessein.

58. *Cycnus* (p. 103). Sur cette métamorphose, Cf. HYGIN., *Fab.* CLIV; VIRGILE, *Én.*, liv. X, v. 189, et les notes de Heyne (*ibid.*).

59. *De la Ligurie* (p. 103). Les anciens Grecs comprenaient sous le nom des peuples de la Ligurie les habitans de toute l'Italie supérieure. De là l'expression d'Apollonius de Rhodes (*Argon.*, liv. IV, v. 646) : ἔθνεα μυρία Κελτῶν καὶ Λιγύων. Suivant Claudien (XL, 11), l'ambre venait aussi de leur pays, et fut appelé, à cause de cette origine, λιγγούριον. Cf. STRABON, liv. IV, p. 310.

60. *Sa chère Arcadie* (p. 105). Ovide suit ici l'opinion de plusieurs mythographes, qui, supposant Jupiter né dans l'Arcadie,

pouvaient en conclure avec raison que cette contrée lui était chère.

61. *Nonacris* (p. 105). Montagne de l'Arcadie (MUNKER., *ad Hygin.*; *Fab.* CLXXVII). Sur cette fable de Calisto, Cf. PAUSAN., liv. VIII, ch. 2; APOLLODORE, liv. III, ch. 8, § 2, et HYGIN, *Fab.* CLXXVII, et *P. A.* liv. II, ch. 1.

62. *De sa course* (p. 107). Planude traduit : Ἥλιος μὲν, ὑψηλότατος γεγονὼς, τὰ μέσα τῆς ἑαυτοῦ πορείας κατεῖχεν, et se trompe sur le sens de *ulterius medio,* comme le remarque M. Boissonade, qui refait ainsi la version de ce passage : Ἐπέκεινα τῆς μέσης ἑαυτοῦ πορείας ἥλιος ὑψηλὸς ἐγεγόνει. C'est d'après le docte helléniste que j'ai traduit : *Avait franchi la limite qui marque la moitié de sa course.*

63. *La sœur de Parrhasius* (p. 109). C'est-à-dire Calisto, appelée *Parrhasis* du nom de son frère, fondateur de la ville de Parrhasis en Arcadie. Il y a (page 109) une faute d'impression : c'est *Parrhasius* qu'il faut lire, et non *Parrhasis*.

64. *Arcas* (p. 111). Il donna son nom à l'Arcadie, qui, avant lui, s'appelait Pélasgie.

65. *Deux constellations* (p. 113). La grande Ourse et la petite Ourse. Cf. ÉRATOSTHÈNE, ch. VIII.

66. *Le Capitole....* (p. 117). Sur ce fait si connu, Cf. liv. v, v. 47. De là, ce que dit Lucrèce, liv. IV, v. 687 :

Romulidarum arcis servator, candidus anser.

67. *Coronis* (p. 117). On peut rapprocher du récit d'Ovide, PINDARE, *Pyth.* III et le SCHOL.; APOLLODORE, liv. III, ch. 10; HYGIN, *Fab.* CCII, et PAUSANIAS, liv. II, ch. 26.

68. *L'oiseau de Phébus* (p. 117). Le corbeau était consacré à Phébus : dans les médailles, on le voit placé sur le diadème de ce dieu.

69. *L'indiscrète corneille* (p. 117). Son bavardage était proverbial chez les anciens. Cf. HÉSIODE, *les Travaux,* etc., v. 747; ARISTOPHANE, *les Oiseaux,* v. 610; ANACRÉON, *Ode* IX, v. 36; PLINE, *Hist. Nat.,* liv. X, ch. 12.

70. *Erichthon* (p. 117). Quatrième roi d'Athènes. Après avoir régné environ cinquante ans, il mourut vers l'an 1501 avant

Jésus-Christ. Placé dans le ciel en mémoire de son règne marqué par une grande réputation de justice, il y forma la constellation du Bouvier, peut-être parce qu'on lui attribua l'invention des chars, comme on le voit dans Virgile, *Géorg.*, liv. III, v. 113 :

> Primus Erichthonius currus et quatuor ausus
> Jungere equos, rapidusque rotis insistere victor.

Quant aux traditions mythologiques qui le concernent, Cf. EURIPIDE, *Ion*, v. 267 et suiv.; PAUSAN., liv. I, ch. 2 et 18; APOLLODORE, liv. III, ch. 14, § 6; HYGIN, *A. P.* II, 13; FULGENCE, *Myth.* II, 14; étymol. M. Ἐρεχθεύς; et HEYNE, *Antiq. Aufsaetze*, P. I, p. 42.

71. *Du double Cécrops* (p. 117). Les meilleures chroniques s'accordent à faire venir Cécrops en Grèce, à la tête d'une colonie d'Égyptiens, vers l'an 400 avant la prise de Troie. L'histoire a consacré le souvenir impérissable des bienfaits qu'il répandit sur la Grèce en lui apportant la civilisation. C'est lui qui donna à la capitale de l'Attique le nom d'Athéné. Il mit ses sujets sous la protection de cette déesse, et lui consacra l'olivier, parce que le sol de l'Attique était très-propice à la culture de cet arbre. Cf. HÉROD., liv. II; APOLLODORE, liv. III; PAUSAN., liv. I, ch. 2; JUSTIN, liv. II.

Les mythologues expliquent diversement les deux natures données à Cécrops. Ils supposent qu'il fut surnommé *Geminus*, parce qu'il parlait deux langues, le grec et le phénicien; ou bien, parce qu'en instituant le mariage, il fit de l'homme et de la femme un même esprit et un même corps; ou enfin, parce qu'il réunissait à la prudence dans le conseil l'audace dans l'exécution.

72. *Nyctimène* (p. 119). Fille d'Épopée, ou, suivant d'autres, de Niclée, roi des Lesbiens. Son père lui ayant fait violence, elle alla cacher sa honte au fond des bois, où elle fut changée en chouette par Minerve. Cf. HYGIN, *Fab.* CCIV et CCLIII.

Les Grecs la consacrèrent à cette déesse comme symbole de prudence, parce qu'ils attribuaient à la chouette la connaissance de l'avenir.

Les monnaies d'Athènes portaient d'un côté la tête de Minerve, et de l'autre une chouette. De là l'usage, chez les Athéniens, de donner quelquefois le nom de chouette aux pièces de monnaie.

73. *Et la clarté du jour* (p. 121). Cette fable est née probablement de ce que la paupière de la chouette ne peut supporter la lumière du jour.

74. *Le visage d'un dieu* (p. 123). Ainsi Euripide (*Hipp.*, v. 1395) dit, en parlant de Diane, qu'il ne lui était pas permis de répandre des larmes. Cf. Ovide, *Fastes*, liv. iv, v. 521, et Brouck., *sur Properce*, liv. ii, élég. 13, v. 54.

75. *Chiron* (p. 123). Les connaissances qu'il possédait en astronomie et en médecine le mirent à même de rendre à ses contemporains de nombreux services. Cf. Clément d'Alexandrie, *Strom.*, liv. i, p. 360. Il habitait au pied du mont Pélion (Callimach., *Hymn. Del.*, v. 104), et compta de nombreux disciples, parmi lesquels figurent Esculape, Jason, Hercule et la plupart des personnages célèbres dans les temps héroïques.

76. *Ocyrhoë* (p. 125). Ce nom grec lui fut donné parce que la Fable la faisait naître sur les bords d'un fleuve rapide.

77. *Jeune enfant* (p. 125). Esculape, célèbre dans les fastes de la médecine. Sur plusieurs médailles, il porte le surnom de Σωτήρ. Cf. Spanheim., *de Usu et præstant. numism.*, p. 416 et 500.

78. *Te devront l'existence* (p. 125). Cf. Pindare, *Pyth.* iii, v. 84, et le Schol. *d'Euripide sur Alceste*.

79. *Une fois* (v. 125). Les mythologues sont divisés sur le fait auquel Ovide fait allusion. Suivant les uns, il s'agit de Glaucus, fils de Minos, et suivant les autres, d'Hippolyte. Cf. Apollodore, liv. iii, ch. 10, § 3, et Munker, *ad Hygin.*, *Fab.* xliv.

80. *Une blessure* (p. 125). Celle qui fut faite à son pied par la flèche qu'Hercule laissa tomber imprudemment. Hygin, *P. A.*, ii, 38.

81. *Sujet à la mort* (p. 125). Les tourmens qu'il endurait le déterminèrent à se départir de son immortalité en faveur de Prométhée, à qui Jupiter avait promis de le rendre immortel, s'il trouvait un dieu qui voulût mourir à sa place. Cf. Lucien, *Dialogues des Morts*, xxvi.

82. *Ce prodigieux changement* (p. 127). Après cette métamorphose elle s'appela *Évippé*, qui signifie en grec *belle cavale*. Sur

cette fable, Cf. Hygin, *P. A.*, 11, 18. Elle naquit sans doute d'*Hippo*, véritable nom de la fille de Chiron.

83. *Le fils de Philyra* (p. 127). Philyra, séduite par Saturne, qui avait pris la forme d'un cheval, accoucha de Chiron. Le poëte donne au centaure Chiron le nom de *héros*, que l'antiquité décernait à tous ceux qui tenaient le jour d'un dieu ou d'une déesse.

84. *Et de la Messénie* (p. 127). Lactance dit (*in Arg.*) qu'à cette époque Apollon gardait en Thessalie les troupeaux du roi Admète : quelques interprètes voudraient en conséquence une autre leçon, mais c'est à tort. Apollon ne fut que plus tard préposé à la garde des troupeaux, lorsqu'il eut fait périr les Cyclopes qui avaient fabriqué la foudre dont Jupiter se servit pour tuer Esculape.

85. *Nélée* (p. 129). Roi de Pylos et père de Nestor. Il possédait de nombreux troupeaux. Cf. Homère, *Odyssée*, liv. IV, v. 288.

86. *Pierre de touche* (p. 129). C'est le sens donné par plusieurs commentateurs au mot *index*. Suivant d'autres, il y avait peut-être sur quelque montagne de la Messénie une pierre représentant grossièrement la forme humaine, et que quelque ancienne tradition faisait regarder comme l'image de Battus, ainsi métamorphosé par suite de sa perfidie.

Le fondement de cette fable est dans Homère (*Hymne sur Mercure*.) Divers auteurs l'ont racontée, entre autres Hésiode, Apollonius de Rhodes et Antonin.

87. *Ce jour-là* (p. 129). Le poëte devance le temps. Il est douteux que ces fêtes fussent déjà instituées à l'époque où il nous transporte.

88. *Assez puissante* (p. 131). J'ai suivi le sens des meilleurs interprètes, qui expliquent *justa* par *pulchra*, et remarquent que *cura* se dit du soin donné à la parure, et surtout aux cheveux. Cf. Phèdre, liv. II, fab. 11, v. 8, et Bentley, sur le v. 94 de l'épitre 1re du livre 1er d'Horace. Ils font d'ailleurs rapporter *quæ* à *forma*.

Le savant M. Boissonade propose une explication neuve et fort ingénieuse, d'après laquelle il explique le passage comme si *quæ* dépendait de *fiducia* : « Nempe, fiducia formæ justa est;

Mercurius tamen illam formam cui, tam juste fidit, adjuvat cura et arte. » (*Not. in Planud. Metam.;* liv. 11, p. 82 du tome v d'*Ovide* dans la Collection Lemaire.)

89. *Et de Pléioné* (p. 133). Épouse d'Atlas : Maïa, sa fille, était la mère de Mercure.

90. *La cime des forêts* (p. 137). M. Boissonade est d'avis qu'il faut sous-entendre après *cacumina* un mot qui corresponde à l'idée de *gazon* ou *de fleurs* (*Ibid.*, p. 86) : j'ai supposé *arborum* ou *silvæ*.

M. Villenave se rapproche du même sens : « Les gazons et les arbres sont flétris; » mais il n'a pas rendu *cacumina*.

91. *Cette contrée..... à notre gauche* (p. 141). Maïa, une des Pléiades, était placée à la tête du Taureau, constellation méridionale, par rapport aux Phéniciens. Il faut supposer qu'en donnant ces ordres à Mercure, Jupiter était tourné vers l'occident; de cette manière *sinistra pars* désigne évidemment l'*hémisphère méridional*. « Λέγει δὲ τοῦτο, dit un scholiaste de Planude (Boiss., *Not. ub. sup.*; p. 89), διὰ τὸ νοτιωτέραν εἶναι τὴν Σιδῶνα. »

92. *Au gré des vents* (p. 143). L'enlèvement d'Europe est célèbre chez les poètes de l'antiquité et parmi les mythographes. Cf. ANACRÉON, *Od.* XXXV; MOSCHUS, *Idyl.* II; APOLLODORE, liv. III, ch. 1, § 1; HYGIN, *Fab.* CLXXVIII; PALÉPHAT, ch. XVI; etc.

Suivant Fulgence (*Myth.* 1), Jupiter, pour enlever Europe, équipa un vaisseau qui portait sur la proue la figure d'un taureau. De là, chez les poètes, la fiction d'après laquelle le maître des dieux oublia sa grandeur et sa majesté pour prendre la forme de cet animal.

On sait que dans les temps anciens les vaisseaux prenaient le nom des animaux représentés sur la proue.

LIVRE TROISIÈME.

1. *Ordonne à Cadmus* (p. 149). Après l'enlèvement d'Europe, Agénor envoya ses trois fils à la recherche de leur sœur, avec ordre de ne point reparaître en sa présence avant de l'avoir trouvée. Cilix se fixa dans la contrée qui, de son nom, s'appela *Cilicie*; Phénix en Afrique, et Cadmus dans la Grèce, où il fonda Thèbes. Cf. EURIPIDE, *Phœn.*, v. 641 et suiv., et le SCHOL.; APOLLODORE, liv. III, ch. 1; PAUSANIAS, *Béotie*, passim; HYGIN, *Fab.* CLXXVIII; SÉNÈQUE, *OEdipe*, v. 709 et suiv.; APOLLONIUS DE RHODES, liv. III, v. 1170 et suiv.

Peut-être cette fable n'a-t-elle d'autre fondement que l'explication étymologique du mot *Béotie*. Cf. PAUSAN., *ub. sup.*

Cadmus passe pour avoir apporté dans la Grèce l'alphabet de la Phénicie, et le culte de la plupart des dieux de ce pays. Cf. DIOD. DE SIC., liv. I.

2. *Le nom de Béotie* (p. 149). Le scholiaste d'Euripide, et Aristophane (*Grenouilles*, v. 1256) rapportent aussi cet oracle.

3. *Castalie* (p. 149). Fontaine voisine de l'antre où se rendit l'oracle. Elle avait sa source au pied du mont Parnasse.

4. *Panope* (p. 151). Ville de la Phocide. Cf. STRABON, liv. IX, p. 416, et PAUSANIAS, liv. X, ch. 4.

5. *Large front* (p. 151). Homère (*Hymne sur Merc.*, v. 355) donne la même épithète aux bœufs, qu'il appelle εὐρυμέτωποι et πλατυμέτωποι. Les bœufs, au large front, étaient les plus estimés. Cf. VARRON, *de Re-rustica*, lib. II, chap. 5; et COLUM., lib. VI, cap. 1.

6. *Un baiser profond* (p. 151). Suivant l'usage religieux de l'antiquité. Cf. CIOFAN., *ad H.*; et HOMÈRE, *Odyss.*, liv. V, v. 354.

7. *Une eau vive* (p. 151). La fontaine où ils allèrent la chercher se nommait Arétias (SCHOL. *Æschyl. Theb.*, v. 106). Par corruption, le scholiaste d'Euripide et Apollodore l'ont appelée Ἀρεία κρήνη.

8. *Fils de Mars* (p. 151). D'après plusieurs traditions, ce serpent passait pour fils de Mars. Euripide l'appelle Δράκων Ἄρεος, et le scholiaste de Sophocle (*Antig.*, v. 130) lui donne pour mère une Furie. Cf. MUNKER., *ad Anton.*, lib. II.

9. *Et son courage* (p. 153). Hésiode (*Théog.*, v. 936) donne à Cadmus l'épithète de ὑπέρθυμος.

10. *Une voix* (p. 157). Probablement celle de Mars, qui aurait tué Cadmus, sans l'intervention de Jupiter. Cf. APOLLODORE, liv. IV, ch. 4, et HEYNE, *ibid.*

Souvent, d'après les traditions anciennes, les dieux, sans se montrer, faisaient entendre leur voix, qui était quelquefois reconnue. Ainsi (SOPH., *Ajax*, v. 14) Ulysse entend et reconnaît celle de Minerve.

11. *La toile du théâtre* (p. 157). Par les *statues* (signa), on peut entendre ici les personnages peints sur les rideaux de théâtre. Chez les anciens, au commencement du spectacle, le rideau ne se levait pas comme chez nous : au contraire, on le faisait rouler de haut en bas, et il restait ainsi abaissé tant que durait la pièce (GESNER, *Horat.*, A. P., v. 154; et SCHÆFER, *ad Phædr.*, lib. v., fab. 7). Ovide tire sa comparaison de ce qui se passait quand on relevait le rideau : d'abord on voyait la tête des personnages qui s'y trouvaient représentés; puis successivement les diverses parties du corps, jusqu'au moment où le rideau étant complètement déroulé, on voyait ces personnages de la tête aux pieds.

Un commentateur est d'avis que, par *signa*, Ovide veut désigner les *statues* placées derrière le rideau. Dans cette hypothèse, la comparaison serait tirée de ce qui arrivait quand on baissait la toile : d'abord on voyait la tête de ces statues; puis les diverses parties du corps; et enfin les pieds, quand le rideau était tout-à-fait tombé.

La comparaison est juste dans les deux cas.

12. *L'oracle d'Apollon* (p. 159). Il est vraisemblable qu'à l'époque où Cadmus arriva dans cette contrée, une guerre éclata au milieu des habitans, qui s'appelaient *Sparti*, du grec σπείρω, semer. De là, sans doute, la fable des dents *semées*.

13. *Les murs de Thèbes* (p. 159). Cadmus, selon Pausanias (liv. IX, ch. 12), ne fonda qu'une citadelle, qui reçut son nom, et à laquelle la ville de Thèbes fut ajoutée plus tard.

14. *Tant de fils* (p. 159). La mythologie cependant n'en fait connaître qu'un, Polydore, successeur de Cadmus.

15. *Tant de filles* (p. 159). On en cite quatre, Antonoë, Ino, Sémélé, Agavé.

16. *Une postérité nombreuse* (p. 159). Ses plus célèbres rejetons furent : Mélicerte, Penthée, Actéon.

17. *Le fatal bûcher* (p. 159). Maxime adressée par Solon à Crésus (Hérodote, liv. I, ch. 32), et depuis souvent répétée. Cf. Euripide, *les Troyennes*, v. 510 ; *Andromaque*, v. 1000; *Iphigénie en Aulide*, v. 161, et Lactance, *Colère de Dieu*, liv. xx, ch. 2.

18. *Une montagne* (p. 161). Le Cithéron. Cf. Euripide, *Bacch.*, v. 1290.

19. *Le jeune Actéon* (p. 161). Le texte porte : *quum juvenis......Hyantius*, synonyme de *Bœotius* ; car les Béotiens s'appelaient d'abord *Hyantes* (Pline, *Hist. Nat.*, liv. III, ch. 7, et Pausan., liv. IX, ch. 5). Cf. Boissonade, *Not. in Planud.*, p. 101 : « Quum Actæon, dit-il, non pervenerit ad Hyantas, *gentem Bœotiam* quæ circa Alalcomeniam habitat; Hyantius hic est simpliciter pro *Bœotius* positum. » Cf. Pined., *ad Stephan. Byz.* Ὕαντες; Oberlin., *ad Vibium*, p. 219; Claver., *ad Apollod.*, p. 363. Le même critique, avec sa finesse et son esprit ordinaires, fait ressortir l'erreur de deux traducteurs qui parlent, l'un de *campagnes arrosées* par l'*Hyanthe*; l'autre de *Stella, qui se désaltère* dans la fontaine d'*Ianthis*.

Au lieu de l'antonomase, *le jeune Béotien*, j'ai cru devoir dire, pour plus de clarté, *le jeune Actéon*; que, jusqu'ici, Ovide n'a pas désigné par son nom.

20. *Gargaphie* (p. 161). Vallon et fontaine de la Béotie. Pausanias, liv. IX, ch. 4 : « Mardonius et la cavalerie des Perses avaient comblé la fontaine Gargaphie, parce que l'armée grecque, campée devant eux, allait y boire. » Cf. Hérodote, liv. IX, ch. 25 et 48.

21. *La pierre-ponce* (p. 161). Voici ce qu'en dit Pline, *Hist. Nat.*, liv. xxxvi, ch. 42 : « Non prætermittenda est et pumicum natura. Apellantur quidem ita et erosa saxa, in ædificiis quæ musea vocant, dependentia, ad imaginem specus arte reddendam. »

22. *A la nymphe* (p. 163). Sur les Nymphes, compagnes de Diane, et sur leurs fonctions respectives, Cf. Callimaque, *Hymne à Diane*, v. 13 et suiv.

23. *Plus adroite* (p. 163). L'art d'arranger les cheveux réclamait une main exercée; aussi la suivante chargée de ce soin, était-elle la première parmi ses compagnes. Ovide (*Amours*, liv. I, v. 11) :

> Colligere incertos et in ordine ponere crines
> Docta, neque ancillas inter habenda Nape.

24. *Du cerf agile* (p. 165). Le texte porte : *vivacis cornua cervi*, que Planude traduit, μακροβίου ἐλάφου κέρα. Peut-être est-ce le sens rigoureux d'Ovide, d'après l'ancienne opinion qui attribuait aux cerfs une vie très-longue, témoin ce passage d'Ausone :

> Hos (sc. *homines*) novies superat vivendo garrula cornix;
> Et quater egreditur cornicis sæcula cervus.

Les observations des modernes prouvent, au contraire, qu'à peine le cerf arrive-t-il à sa quarantième année. J'ai donc mieux aimé donner à *vivax* un sens figuré; celui de *vividus*, par exemple. Le lecteur prononcera.

25. *La crainte le domine* (p. 165). Le cerf, chez les anciens, était le symbole de la peur et de la timidité. Homère (*Iliade*, liv. I, v. 225) :

> Οἰνοβαρές, κυνὸς ὄμματ' ἔχων, κραδίην δ' ἐλάφοιο.

26. *Ses chiens* (p. 165). Les auteurs ne s'accordent pas sur le nombre de chiens qui composaient la meute d'Actéon. Hygin en donne deux catalogues, et il porte leur nombre à trente-neuf dans l'un, et à quarante-six dans l'autre. Pollux (liv. V) en compte quarante-sept; et Ovide trente-six, auxquels il donne des noms grecs tirés de leur beauté, de leur couleur, de leur nature, de leur sexe, de leur origine ou de leur patrie.

Les meilleurs chiens de chasse venaient de la Crète, de l'Arcadie ou de la Laconie.

27. *Son frère Cyprius* (p. 165). Dans Planude : Καὶ ταχὺς Κυπρίων ἅμα μητρὶ Λυκίσκῃ; version fautive. « Planudes (Boiss. p. 106) Cyprio habuit pro nominativo (*Cyprio, onis*), et pro fratre legisse videtur matre.... Ad Latinorum mentem verte : καὶ Κυπρίῳ ἅμα ἀδελφῷ Λυκίσκῃ. » C'est ce que j'ai fait.

28. *Quand ils se plaignent* (p. 167). Les manuscrits de la Bi-

bliothèque du roi portent : *et abesse queruntur*. Cette variante, approuvée par M. Boissonade (d. l., p. 107), donne plus de vivacité au style.

29. *Le mettent en lambeaux* (p. 167). Divers auteurs racontent la métamorphose d'Actéon. Cf. Euripide, *Bacch.*, v. 337 et suiv.; Callim., *Lav. Pall.*, v. 108; Pausan., liv. x, ch. 30; Apollodore, liv. iii, ch. 4; Hygin, *Fab.* clxxx, clxxxi; Fulgence, *Mythol.*, liv. iii, ch. 3; Sénèque, *OEdipe*, v. 751; Théon., *Progymn.*, vi, et Paléphat, liv. iii. Peut-être Actéon mourut-il à la chasse, par suite des morsures de ses chiens, ou par quelque autre accident; ce qui donna lieu d'imaginer qu'il périt victime du courroux de Diane.

30. *C'est Béroé* (p. 171). Dans Virgile (*Énéide*, liv. v, v. 620), Iris, par ordre de Junon, se rend en Sicile sous les traits de Béroé, qui n'est point celle dont parle Ovide, mais bien la femme de Doryclus, roi de Thrace :

Fit Beroë, Tmarii conjux longæva Dorycli.

31. *Il ne suffit pas qu'il soit Jupiter* (p. 171). Sur la locution *nec tamen esse Jovis, satis est*, Cf. Heins., *ad Vell.*, lib. ii, cap. 88. Si elle paraît trop insolite, on pourra lire *Jovem*, qui se trouve dans tous les manuscrits, excepté deux.

32. *Les conseils* (p. 171). Dans le texte, *formarat* est le synonyme de *instruxerat*. Cf. Græv., *ad Justin.*, lib. xx, cap. 4.

33. *La main des Cyclopes* (p. 173). Virgile (*Énéide*, liv. viii, v. 424 et suiv.) décrit ainsi la foudre fabriquée par la main des Cyclopes :

Ferrum exercebant vasto Cyclopes in antro,
Brontesque, Steropesque et nudus membra Pyracmon.
His informatum manibus jam parte polita
Fulmen erat; toto genitor quæ plurima cœlo
Dejicit in terras : pars imperfecta manebat.
Tres imbris torti radios, tres nubis aquosæ
Addiderant; rutili tres ignis et alitis austri.
Fulgores nunc terrificos, sonitumque metumque
Miscebant operi, flammisque sequacibus iras.

Sur les différentes espèces de foudres, Cf. Pline, *Hist. Nat.*, liv. ii, ch. 51.

Sénèque (*Quest. Nat.*, liv. 11, ch. 44) cite le passage d'Ovide, et il en explique ainsi le sens allégorique : « Illos vero altissimos viros error iste non tenuit, ut existimarent, Jovem modo levioribus fulminibus et lusoriis telis uti : sed voluerunt admonere eos quibus adversus peccata hominum fulminandum est, non eodem modo omnia esse percutienda : quædam frangi debere, quædam allidi et destringi, quædam admoveri. »

34. *Qui ébranle les cieux* (p. 173). Il y a dans le texte :

................Corpus mortale tumultus
   Non tulit ætherios....................

Horace emploie une expression semblable (liv. 1, *Od.* 16) :

..........Quas neque Noricus
   Deterret ensis, nec mare naufragum,
     Nec sævus ignis, nec tremendo
    Jupiter ipse ruens tumultu.

35. *De Jupiter* (p. 173). Cette fiction repose sur le nom grec (Μηρός) de la montagne où Bacchus avait été élevé, et qui correspondait au *femur* des latins. Quinte-Curce (liv. VIII, ch. 10) : « Inde, domita ignobili gente, ad Nysam urbem pervenit... A Libero Patre conditos se esse dicebant; et vera hæc origo erat. Sita est sub radicibus montis, quem *Meron* incolæ appellant; inde Græci mentiendi traxere licentiam, Jovis femine Liberum Patrem esse cœlatum. » Cf. PLINE, *Hist. Nat.*, liv. VI, ch. 21, et EUSTATHE, fol. 310.

36. *Aux Nymphes de Nysa* (p. 175). Voici leurs noms : Cisséis, Nysa, Érato, Ériphie, Bromie et Polyhymnie. Sur les nourrices de Bacchus, Cf. HOMÈRE, *Hymn. Bacch.*, p. 99; SERVIUS, *sur Virgile, Égl.* VI, v. 15, et HYGIN, *Fab.* CLXXXII.

37. *Le sexe* (p. 175). Dans le texte, *sortem* a le même sens que *sexum*, comme dans ce passage (liv. VI, v. 679 et 680) :

   Quatuor ille quidem juvenes totidemque crearat
   Femineæ sortis........................

38. *La science de l'avenir* (p. 175). Plusieurs mythologues rapportent que Tirésias éprouva cette métamorphose pour avoir tué un serpent sur le mont Cyllène ou sur le mont Cithéron. Cf. APOLLOD.,

liv. III, ch. 6; ANT. LIB., *Métam.*, liv. XVI; HYGIN, *Fab.* LXXV; le SCHOLIASTE d'Homère sur l'*Odyssée*, chant 1, v. 493. Il devint aveugle pour avoir vu Minerve nue, suivant Callimaque, *Bain de Pallas*, v. 75-103, et Properce, liv. IV, élég. 9; mais Apollodore, Hygin, Ant. Libéralis et Phlégon (liv. IV) adoptent la tradition dans laquelle Ovide avait eu Hésiode pour précurseur.

Lucien (*Astrolog.*) attribue la métamorphose de Tirésias à ce qu'il avait enseigné que les planètes étaient de l'un et de l'autre sexe. C'est ainsi qu'Atlas et Prométhée donnèrent lieu à des fictions poétiques par leurs connaissances astronomiques. Cf. CICÉRON, *Tuscul.*, liv. V, ch. 3.

39. *Narcisse* (p. 177). Pausanias (liv. IX, ch. 1) rapporte deux versions sur cette métamorphose de Narcisse. La première est conforme à celle d'Ovide; d'après la seconde, beaucoup moins vulgaire, Narcisse avait une sœur qui lui ressemblait beaucoup, et qu'il aimait tendrement. Après l'avoir perdue, il n'eut point de plus grand allègement à sa douleur que d'aller contempler ses traits dans une fontaine.

Le même auteur croit la fleur appelée narcisse bien plus ancienne que cette aventure : il fonde cette opinion sur les vers de Pamphus, qui florissait avant Narcisse de Thespie, et dans lesquels il dit que Proserpine fut enlevée tandis qu'elle s'amusait à cueillir, non des violettes, mais des narcisses.

Cette fable ne viendrait-elle pas de ce que la fleur appelée narcisse croissait peut-être sur les bords du Céphise ?

40. *Rhamnusie* (p. 181). Nom de Némésis, tiré du temple de Rhamnuse, bourg de l'Attique, où elle était représentée par une célèbre statue, ouvrage de Phidias. Sur le culte de Némésis à Rhamnuse, Cf. PAUSANIAS, liv. VII, ch. 5; MEURSIUS, *de P. Att. in* Ῥαμνούς; JACOBS, *ad Mesomed.*, et BOISSONADE, *Not. ad Eunap.*, p. 252, et *ad Aristænet.*, p. 241.

41. *Une fontaine* (p. 181). Elle portait le nom de Narcisse même du temps de Pausanias. « Dans le pays des Thespiens, dit-il, est un endroit nommé Hédonacon, où l'on voit la fontaine de Narcisse. » (Liv. VII, ch. 5.)

42. *Digne de Bacchus* (p. 183). La beauté des cheveux de Bacchus est célèbre chez les poètes grecs, qui l'appellent tantôt Εὐκόμης ou Χρυσοκόμης, et tantôt Ἀκερσεκόμης ou Ἁβροκόμης.

43. *Sur sa tombe* (p. 189). Toute l'antiquité témoigne de cet usage, de couper des touffes de cheveux pour les déposer sur la tombe d'un être chéri.

44. *Penthée* (p. 191). Outre Eschyle, qui avait traité ce sujet dans une tragédie intitulée *Penthée*, qui ne nous est point parvenue, divers auteurs ont écrit sur cette fable. Cf. EURIPIDE, *Bacch.*; APOLLODORE, liv. III, ch. 5; HYGIN, *Fab.* CLXXXIV; PHILOSTRATE, *Icon.*, ch. 1; THÉOCRITE, idylle XXVI, etc.

45. *Sa tête blanchie* (p. 191). Secouer la tête, était, chez les anciens, un signe d'indignation. Ovide donne un grand âge à Tirésias d'après Euripide (*Bacch.*, v. 258), qui lui attribue γῆρας πολιόν. Cf. BARNÈS, *ibid.*, v. 178.

46. *Les fêtes de Bacchus* (p. 191). Il est question des anciennes orgies ou fêtes de Bacchus, différentes de celles qui furent plus tard célébrées chez les Athéniens. Cf. BARNÈS, d. l., v. 133 et PERIZON., *ad. Æliani Var. Hist.*, lib. XIII, cap. 2.

47. *S'accomplissent* (p. 191). Le texte porte *aguntur*, c'est-à-dire : *eventum habent*. (LEMAIRE, sur Ovide, liv. III, v. 527.)

48. *Retentissent* (p. 191). Le poète dit *fremunt*, en grec θρέμουσι, expression consacrée pour les cris des bacchantes. De là le surnom de Βρόμιος donné à Bacchus. Ces cris étaient : Εὐοῖ Βάκχε, ὦ Ἴακχε, ἰὼ Βάκχε, Εὐοῖ σαβοῖ. D'où εὐάζειν τὰ ὄργια; et dans Virgile (*Én.*, liv. VI, v. 512) : *evare Orgia*, i. e., *evando celebrare Orgia*. Cf. DRAKENB., *sur Sil.*, liv. II, v. 101.

49. *Des trompettes recourbées* (p. 191). Virgile, *Énéide*, liv. XI, v. 737 :

. . . . .Ubi curva choros indixit tibia Bacchi.

50. *Thyrse* (p. 193). Pique ou lance entourée de pampres de vigne ou de feuilles de lierre, insigne de Bacchus et des Bacchantes.

51. *De feuillage* (p. 193). Suivant l'usage adopté par les Bacchantes.

52. *De couronnes* (p. 193). Bacchus est souvent représenté par les poètes le front couronné de lierre. Tibulle, liv. III, élég. 6 :

Candide Liber ades; sic sit tibi mystica vitis
Semper; sic hedera tempora vincta feras.

53. *De pourpre* (p. 193). Homère (*Hymn. Bacch.*) attribue aussi à Bacchus un manteau de pourpre. Cf. SAUMAISE, *ad Tertullian. de Pallio*, p. 329.

54. *Les portes d'Argos* (p. 193). Cf. liv. IV, v. 606 et suiv.

55. *Cadmus, son aïeul* (p. 195). De même dans Euripide, *in Bacch.*, v. 330.

56. *Un de ses ministres* (p. 195). Dans Euripide (*l. c.*), ils amènent Bacchus lui-même.

Πενθεῦ, πάρεσμεν τὴν δ' ἄγραν ἠγρευκότες
Ἐφ' ἣν ἔπεμψας, κ. τ. λ.

57. *Acœtes* (p. 195). En grec Ἀκοίτης, signifiant, d'après l'étymologie, *qui ne dort pas*; épithète convenable à un pilote dont la vigilance ne doit jamais connaître le repos.

Bacchus raconte également sa vie sous un personnage emprunté dans Homère (*Hymn. Bacch.*), Hygin (*Fab.* CXXXIV) et Apollodore (liv. III, 5).

58. *La Méonie* (p. 195). C'est-à-dire la Lydie, appelée *Méonie* du nom des Méoniens. Aussi, dans Euripide (*ub. sup.*, v. 464), Bacchus, interrogé sur sa patrie, ὅστις εἶ γένος, répond : Λυδία μοι πατρίς.

Cependant Ovide (v. 576) vient de dire, en parlant d'Acœtes :

Sacra Dei quondam Thyrrhena gente sequutum;

et plus bas (liv. V, v. 696) :

.........................Thyrrhenus Acœtes.

Il suffit, pour tout concilier, de se rappeler que les *Tyrrhéniens*, sortis de l'antique tige des *Pélasges*, habitèrent autrefois la Lydie. Cf. HEYNE, *in Comment. de Castoris Epoch.*, et Excurs. III, *ad Æneid.*, lib. VIII. L'Étrurie fut appelée *Mœonia*, d'après une ancienne tradition qui supposait qu'une colonie de *Mœoniens* était venue s'y établir (HEYNE, *ibid*). De là le nom de *Mœonius lacus* donné au Trasimène dans Silius Italicus (liv. XV, v. 35). Plusieurs monumens antiques attestent la ferveur des Étruriens pour le culte de Bacchus.

59. *La Chèvre Amalthée* (p. 197). Dans le texte : « *Oleniœ* sidus pluviale *Capellœ*. » Une glose du manuscrit *B*, citée par M. Bois-

sonade (*Not. in Planud.*, p. 126) explique l'origine du nom de cette constellation : Ἀπὸ πόλεως Οὐλένης· ἀστὴρ δ' ἔστι λαμπρὸς ἐν τῷ τοῦ Ἡνιόχου ὤμῳ. — Melius, ajoute le docte helléniste, scripsisset, Ὠλένου. Cf. Hygin., *Astronom.*, liv. I, ch. 13 ; liv. II, ch. 12.

60. *La constellation de Taygète* (p. 197). Une des Pléiades.

61. *Les Hyades* (p. 197). Placées à la tête du Taureau, et accompagnées, à leur lever et à leur coucher, de pluies abondantes (Aulu-Gelle, *Nuits Attiques*, liv. XIII, ch. 9). De là leur nom : ἀπὸ τοῦ ὕειν.

62. *De Naxos* (p. 197). J'ai suivi la leçon substituée dans les meilleures éditions à l'ancienne *Chiæ* ; mais c'est faute de mieux. *Dia*, en effet, est la même que *Naxos* (Pline, *Hist. Nat.*, liv. IV, ch. 12) : or, c'est précisément à *Naxos* que Bacchus voulait être transporté (v. 636 et 690). Il n'en peut donc être ici question. Aussi un commentateur (*Voyez* not. de Lemaire, liv. III, v. 597) propose-t-il de lire *Ciæ*, persuadé qu'il s'agit de l'île de *Céos* appelée Κία par Ptolémée, et surnommée par les Grecs ὑδρόεσσα (*Hydrussa*, h. e., *aquis abundans*. Plin., l. c.). Homère et Hygin ne disent rien qui puisse faire trouver la main de l'auteur.

63. *Ils décèlent un dieu* (p. 197). Homère :

Ἡ γὰρ Ζεὺς ὅδε γ' ἐστιν, ἢ ἀργυρότοξος Ἀπόλλων,
Ἠὲ Ποσειδάων, ἐπεὶ οὐ θνητοῖσι βροτοῖσιν Εἴκελος.

64. *Des bacchantes* (p. 205). Virgile, *Én.*, liv. IV, v. 302 :

Thyas, ubi audito stimulant trieterica Baccho
Orgia, nocturnusque vocat clamore Cithæron.

Cf. Sénèque, *OEdipe*, v. 487.

65. *Une plaine* (p. 205). Cf. Euripide, *Bacch.*, v. 1050. Il paraît que la forêt dont parle Ovide était consacrée à Diane. Cf. Pseudo-Virgil., *Culex*, v. 108.

66. *Autonoé* (p. 207). Dans Euripide (*ibid.*, v. 1118), il implore d'abord le secours de sa mère :

Οἴκτειρε δ', ὦ μῆτερ, με μηδὲ ταῖς ἐμαῖς
Ἁμαρτίαισι παῖδα σὸν κατακτάνῃς.

67. *Cette victoire est mon ouvrage* (p. 207). Euripide, *ib.*, v. 1177 :

. . . . Ἐμὸν, ἐμὸν τὸ γέρας.

68. *Effleurées* (p. 207). Ausone imite ce passage (*Idyl.* VIII, v. 10):

Mordeat autumnas frigus subtile pruinas.

69. *Les Thébaines* (p. 207). Le texte porte *Ismenides*, surnom des Thébaines, tiré de l'Ismenus, fleuve de la Béotie.

LIVRE QUATRIÈME.

1. *Minyas* (p. 213). Il fut fils de Chrysès, et les peuples qu'il gouvernait prirent de lui le nom de Minyens; il surpassa en richesses tous ceux qui l'avaient précédé.

Minyas fut père d'Orchoménus, sous le règne duquel la ville de Tirynthe prit le nom d'Orchomène, et les habitans du pays celui d'Orchoméniens : ils continuèrent néanmoins à s'appeler aussi Minyens, pour se distinguer des Orchoméniens d'Arcadie. Cf. Pausan., *Béotie*, ch. XXVI.

2. *Le prêtre* (p. 213). Tirésias.

3. *Les mystères* (p. 213). C'est-à-dire les Orgies.

4. *Leur corbeille* (p. 213). La corbeille destinée à ce genre d'occupations était en osier, très-étroite dans le bas et s'élargissant peu à peu jusqu'au haut, en forme d'entonnoir. Cf. Spanheim, sur *Callimaque*, p. 652.

5. *Bromius* (p. 213). Sur ce surnom de Bacchus et sur la plupart des suivans, Cf. liv. III, note 48.

6. *Deux mères* (p. 213). Le surnom de *Bimater* fut donné à Bacchus, parce qu'il fut d'abord porté dans le sein de Sémélé, et puis dans la cuisse de Jupiter. Cf. Muret, liv. XIX, ch. I.

7. *Nyséen* (p. 213). Surnom tiré de Nysa, ville et montagne de l'Inde, où Bacchus avait été élevé.

8. *Thyonée* (p. 213). Surnom tiré de Thyoné, mère de Sémélé et aïeule de Bacchus. Cf. Horace, liv. I, *Od.* 15. L'épithète *indetonsus, intonsus*, etc., est fréquemment donnée par les poètes à

Bacchus et à Apollon. Cf. Martial, liv. iv, épigr. 45. Tibulle, liv. 1, élég. 4, v. 37-38 :

> Solis æterna est Phœbo Bacchoque juventa :
> Nam decet *intonsus* crinis utrumque Deum.

9. *Lenéus* (p. 213). Surnom grec, ἀπὸ τοῦ ληνοῦ ; c'est-à-dire, tiré du *pressoir*. On célébrait dans l'Attique, vers la fin de l'automne, une fête en l'honneur de Bacchus Lénéen : elle donna son nom au mois ionien appelé *Lénéon*.

10. *Nyctelius* (p. 213). C'est-à-dire *nocturne*, surnom donné par les poètes à Bacchus (Virgile, *Géorg.*, liv. iv, v. 521) ; parce que les Orgies ou Nyctélies se célébraient de nuit, en l'honneur de ce dieu, sur le mont Cithéron.

11. *Elélée....., Évan* (p. 213). Surnoms tirés des cris que les Bacchantes faisaient souvent entendre pendant la célébration des Orgies.

12. *Au céleste séjour* (p. 215). Bacchus, après ses victoires, fut mis au rang des dieux. Ovide nous l'apprend, v. 613 :

> .... Impositus jam cœlo est alter ; at alter, etc.

Suivant Burmann, le poète adopte ici l'opinion de ceux qui regardaient comme une seule et même divinité le Soleil et Bacchus ; témoin Virgile (*Géorg.*, liv. 1, v. 5) :

> .... Vos, o clarissima mundi
> Lumina, labentem cœlo quæ ducitis annum,
> Liber et alma Ceres.

13. *Quand il n'est plus armé de cornes* (p. 215). Elles n'étaient pas inhérentes à la tête de ce dieu, qui pouvait, par conséquent, les déposer quand il voulait.

Les cornes, chez les anciens, étaient le symbole de la majesté et de la puissance. Cf. Th. Bartholin., *de Unicorn.*, cap. ii et iii.

14. *Où l'Inde* (p. 215). Sur l'expédition de Bacchus dans l'Inde, voyez Nonnus, *Dionysiaques* ; et Diodore de Sicile, liv. iv.

15. *Ses noirs habitans* (p. 215). Dans le texte, *decolor*, qui a ici le même sens que *fuscus* ; c'est presque une expression consacrée pour l'Inde et ses peuples : ainsi, *decolor Indus* (*Trist.*, liv. iii), et *decolor India* (Sénèque., *Hipp.*, v. 344).

16. *Lycurgue* (p. 215). Fils et successeur de Dryas, roi des Édons, peuple de la Thrace. Son impiété et son supplice sont diversement racontés. Cf. HOMÈRE, *Iliade*, liv. VI, v. 130 et suiv.; SCHOL. d'Horace, liv. II, *Od.* 19; HYGIN, *Fab.* CXXXII; DIOD. DE SICILE, liv. III, ch. 64; APOLLODORE, liv. III, ch. 5, et PLUTARQUE, *de Aud. poet.*, p. 6, éd. Krebs.

Suivant Homère, il fut privé de la vue par Jupiter, pour avoir poursuivi, la hache à la main, les nourrices de Bacchus. Suivant Hygin, il fut exposé à la fureur des panthères, par le même dieu, pour avoir détrôné Bacchus et tué, dans un accès de folie, son épouse et son fils. D'autres mythologues ajoutent qu'ayant commis tous ces excès dans un moment d'ivresse, il conçut une telle horreur pour le vin, qu'il fit arracher les vignes de tous ses états. De là les fables sur l'impiété de ce prince envers Bacchus.

17. *Tyrrhénéens* (p. 215). Cf. *Fast.*, liv. III, v. 723.

18. *Le vieillard... sur le dos de son âne* (p. 215). Il est ici question de Silène, représenté dans les monumens antiques, comme Ovide le peint ici (PERIZON., *ad Ælian. V. H.* lib. III, cap. 18). Sur le bâton (νάρθηξ), insigne de Bacchus et de ses ministres, Cf. BARNÈS, *ad Euripid. Bacch.*, liv. V, v. 147.

S'il faut s'en rapporter aux traditions anciennes, Silène fut un sage, qui contribua avec Bacchus, son élève, à la civilisation du monde. Dans Virgile (*Égl.* VI), il développe les principes d'Épicure sur la formation de l'univers; et dans Élien (*ub. sup.*), nous trouvons une savante discussion philosophique qu'il soutint à la cour de Midas, sur le monde inconnu dont parle Platon.

19. *Nous que Pallas.....* (p. 215). Minerve présidait à tous les travaux concernant la laine. Tibulle (liv. II, élég. 1, v. 59 et suiv.):

> Hinc et femineus labor est; hinc pensa colusque;
> Fusus et apposito pollice versat opus:
> Atque aliqua assiduæ textris operata Minervæ
> Cantat, et applauso tela sonat latere.

20. *O Dercète* (p. 217). Déesse de Syrie. Vénus, irritée, lui inspira de l'amour pour un jeune homme qui la rendit mère d'une fille qu'elle nomma Sémiramis. Pour cacher son déshonneur, elle se précipita dans un lac, près d'Ascalon, et y fut changée en un monstre qui était femme de la ceinture en haut, et dont la partie

inférieure se terminait en queue de poisson Cf. Diodore de Sic., liv. III, et Pline, *Hist. Nat.*, liv. v, ch. 32.

21. *Sur des tours* (p. 217). Sémiramis agrandit Babylone, fit construire ses murs, ses palais, ses jardins suspendus et le temple de Bélus, célèbre par ses huit tours élevées l'une sur l'autre.

Après un règne mémorable, elle abdiqua en faveur de Ninias, son fils : celui-ci la fit mourir, et publia, pour cacher son crime, qu'elle s'était envolée sous la figure d'une colombe.

L'histoire de Sémiramis est un tissu de fables : il est bon de consulter, à ce sujet, les Recherches de Sévin (*Mém. de l'acad. des Inscrip.*, tome III, sur l'histoire des Assyriens).

22. *De remparts* (p. 217). Ils avaient, dit-on, cent coudées de hauteur. Quinte-Curce (liv. v, ch. 1) : « Murus instructus laterculo coctili, bitumine interlitus, spatium xxx et duorum pedum latitudinem amplectitur : quadrigæ inter se occurrentes sine periculo commeare dicuntur. Altitudo muri c cubitorum eminet spatio : turres denis pedibus quam murus altiores sunt, etc. »

23. *A votre voix* (p. 219). De même dans Properce :

Nunc licet in triviis sicca requiescere luna,
Aut per rimosas mittere verba fores.

24. *De Vénus et de Mars* (p. 227). Heyne (*Antiq. Aufsaetze*, P. 1, p. 161) voit dans cette fiction une allégorie de l'union des élémens, et de l'origine de l'harmonie qui les unit.

Cette fable, du reste, est racontée par Homère (*Odyss.*, liv. VIII, v. 266 et suiv.), Lucien (*Dialog. Deor.*, XVII) et Hygin (*Fab.* CXLVIII).

25. *D'Hypérion* (p. 229). Fils du Ciel et de la Terre : il épousa Théa et en eut l'Aurore, le Soleil, la Lune et tous les Astres.

26. *Trop tard* (p. 229). Dans le texte, *temperius* est une expression antique; plus tard, on dit *temporius*. Cf. Manuce, sur *Cic., Lett. fam.*, liv. IX, épît. 16.

27. *Tu prolonges les heures de la saison des frimas* (p. 229). Les Romains comptaient douze heures depuis le lever du soleil jusqu'à son coucher, pendant l'année entière. Elles étaient plus courtes en hiver; mais le soleil, en restant plus long-temps sur l'horizon, les allongeait, comme le dit Ovide.

28. *Rhode* (p. 229). Fille de Neptune et de Vénus. Le Soleil la rendit mère de sept enfans.

29. *Circé* (p. 229). Elle fut surnommée *Æœa*, du nom d'Æa, île qu'elle habitait. La capitale de la Colchide portait le même nom. La mère de Circé s'appelait Persa. Cf. LEMAIRE, *sur Ovide*, liv. IV, v. 205.

30. *Eurynome* (p. 229). Fille de l'Océan et de Téthis. Cf. HÉSIODE, *Théog.*, v. 358.

31. *Achéméniens* (p. 229). Nom donné souvent aux Perses par les poètes, et tiré d'Achémène, le premier de leurs rois. Cf. HÉRODOTE, liv. VII, ch. 11.

32. *De l'antique Bélus* (p. 229). Il était regardé comme le fondateur de Babylone, et particulièrement en honneur dans cette ville. On le surnommait ὁ Ἀρχαῖος. Sur les divers rois de ce nom, Cf. PERIZON., *Origg. Babyl.*

33. *Je suis l'œil du monde* (p. 231). Macrobe (*Saturn.*, liv. I, ch. 21) : « Solem Jovis oculum appellat antiquitas. »

34. *Daphnis* (p. 235). Sur sa métamorphose, Cf. DIOD. DE SIC., liv. IV, ch. 87; ÉLIEN, *Hist. div.*, liv. X, ch. 18; THÉOCRITE, liv. I, idylle 7; VIRGILE, *Égl.* V, et SERVIUS, *sur cette Églogue*.

35. *Scython* (p. 235). Personnage mythologique peu connu.

36. *Celmis* (p. 235). Ou bien Celme, l'un des Curètes, et père nourricier de Jupiter, qui l'aima tendrement : plus tard, pour le punir de son indiscrétion, il le changea en diamant.

37. *Curètes* (p. 235). L'histoire des Curètes, dont l'origine est fort ancienne, présente une obscurité fabuleuse et beaucoup de confusion. Cf. HYGIN, *Fab.* CXXXIX, et les notes de Munker; APOLLODORE, PAUSANIAS et DENYS D'HALICARNASSE.

38. *Salmacis* (p. 235). Fontaine de Carie, à laquelle on attribuait la propriété de rendre mous et efféminés ceux qui s'y baignaient ou qui buvaient de ses eaux. Ovide (liv. XV, v. 317-319) :

> ....Sunt, qui non corpora tantum
> Verum animos etiam valeant mutare, liquores.
> Cui non audita est obscenæ Salmacis unda?

39. *La cause* (p. 235). Vitruve (liv. II, ch. 8) suppose que les Cariens, encore barbares, furent attirés sur les bords de cette fontaine par la beauté de ses eaux, et que là, réunis en société,

ils prirent peu à peu des mœurs plus douces. Suivant Strabon (liv. XVII), les poètes ont appliqué à la fontaine la mollesse des habitans du pays.

40. *D'Hermès et d'Aphrodite* (p. 235). Probablement cette fable est née de ce que Mercure et Vénus avaient un temple auprès de cette fontaine.

41. *Cytorus* (p. 237). Montagne de la Paphlagonie, très-abondante en buis. Virgile (*Géorg.*, liv. II, v. 437) :

> Et juvat undantem buxo spectare Cytorum.

42. *Des secours* (p. 239). On croyait que des magiciennes de Thessalie pouvaient, par leurs enchantemens, attirer la lune sur terre, et qu'il fallait, pour la secourir et la faire remonter à sa place, un grand bruit de divers instrumens d'airain. Tibulle (liv. I, élég. 8, v. 22) :

> Cantus et e curru Lunam deducere tentat;
> Et faceret, si non æra repulsa sonent.

Cf. TITE-LIVE, liv. XXVI, ch. 5; SÉNÈQUE, *Hipp.*, v. 785 et suiv.; LA CERDA, *sur Virgile*, Egl. VIII, v. 69.

43. *Autour de ses ailes* (p. 241). Pline (*Hist. Nat.*, liv. X, ch. 5) décrit le combat de l'aigle et du serpent : « Acrior est (sc. aquilæ) cum dracone pugna..... Eum rapit ubicunque visum. Ille multiplici nexu alas ligat, ita se implicans, ut simul decidat. »

44. *Le polype* (p. 241). Cf. ÉLIEN, *Hist. div.*, liv. I, ch. I, et PLINE, *Hist. Nat.*, liv. IX, ch. 29.

45. *Une obscurité douteuse* (p. 245). Varron (*de Ling. lat.*, ch. V, p. 44) : « Crepusculum significat dubium : ab eo res dubiæ *Creperæ* dictæ, quod crepusculum dies etiamnum sit, an jam nox, multis dubium. »

Le passage d'Ovide rappelle ces vers gracieux de La Fontaine :

> A l'heure de l'affût, soit lorsque la lumière
> Précipite ses traits dans l'humide séjour ;
> Soit lorsque le soleil rentre dans sa carrière,
> Et que, n'étant plus nuit, il n'est pas encor jour.

46. *De Vesper* (p. 245). Cette fable est racontée aussi par Élien (*Hist. div.*, liv. III, ch. 42) et Antonin Libéralis (*Métam.*, liv. X).

47. *La tante* (p. 247). Ino, sœur de Sémélé et épouse d'Athamas.

48. *Et des portes* (p. 247). Virgile (*Énéide*, liv. VI, v. 127):

Noctes atque dies patet atri janua Ditis.

49. *Au forum* (p. 249). Ainsi Homère (*Odyss.*, chant XI, v. 567 et suiv.) représente les Ombres plaidant au tribunal de Minos :

Ἔνθ' ἤτοι Μίνωα ἴδον, Διὸς ἀγλαὸν υἱὸν,
Χρύσεον σκῆπτρον ἔχοντα, θεμιστεύοντα νεκύεσσιν,
Ἥμενον· οἱ δέ μιν ἀμφὶ δίκας εἴροντο ἄνακτα,
Ἥμενοι ἑσταότες τε, κατ' εὐρυπυλὲς Ἄϊδος δῶ.

50. *Pendant leur vie* (p. 249). De même dans Platon (*de la Rép.*, liv. X, p. 620). Cf. Virgile, *Énéide*, liv. VI, v. 651 et suiv.

51. *De diamant* (p. 249). Plus exactement : *de fer*. Cf. Boissonade (*Not. in Planud.*, p. 163). Ἀδάμας, se disait au figuré de tout ce qui est dur. Grævius, *sur le Bouclier d'Hercule*, v. 136.

52. *Là, Tityus* (p. 249). La source de toutes ces fictions est dans Homère (*Odyss.*, chant XI, v. 575 et suiv.). Lucrèce (liv. III, v. 995 et suiv.) voit des allégories dans le supplice de Tantale, de Tityus, de Sisyphe, etc. Écoutons son éloquent traducteur :

Sous son fatal rocher, ce Tantale enchaîné,
Aux superstitions c'est l'homme abandonné,
Qui, dans les maux cruels dont le destin l'accable,
Croit ressentir des dieux la vengeance implacable.
Des vautours dévorans ce Tityé entouré,
Aux gouffres infernaux n'est donc pas dévoré.
. . . .
. . . .
Tityé est ce mortel que le crime déchire,
Qui par des goûts honteux sans cesse captivé,
Couve d'affreux remords dans son cœur dépravé.
Ce Sisyphe imprudent, qu'un fol espoir anime,
De ce mont escarpé veut atteindre la cime ;
Vers elle il pousse, élève un énorme rocher ;
Le fardeau monte, monte ; et, prêt à le toucher,
Retombe, et, sous sa masse entraînant la victime,
La replonge à grand bruit dans l'infernal abîme.
De l'orgueil téméraire, emblème ingénieux,

> Sisyphe est cet avide et sombre ambitieux
> Qui mendie en rampant la faveur populaire,
> Brigue de vains faisceaux ou l'honneur consulaire;
> Et toujours repoussé, la honte sur le front,
> Va dans un antre obscur dévorer son affront.
>
> (DE PONGERVILLE.)

53. *Par un vautour* (p. 249). A la place de cette fiction mythologique, Heyne (*Antiq. Aufs.*, liv. 1, p. 59) substitue une conjecture d'après laquelle Tityus serait un héros dont la tombe est une vaste enceinte, et près de laquelle séjournaient fréquemment des vautours.

54. *Sisyphe* (p. 249). Roi de Corinthe, célèbre par sa fourberie. S'il faut en croire Phérécyde, il fut précipité dans les enfers pour avoir enchaîné la Mort dans son palais. Les tragédies composées sur Sisyphe par Eschyle et Sophocle ne nous sont point parvenues.

55. *Ixion* (p. 249). Roi de Thessalie. On sait que Jupiter, indigné de ce qu'il avait cherché à séduire Junon, le précipita d'un coup de foudre dans les enfers, où il fut attaché à une roue entourée de serpens et qui tourne sans cesse.

56. *Les filles de Bélus* (p. 249). Littéralement : « les petites-filles de Bélus, » ou les *Danaïdes*, filles de Danaüs.

57. *Autour de son front* (p. 251). Le texte porte *obstantes*, c'est-à-dire, *superos dependentes*. Claudien imite ce passage (*in Rufin.*, lib. 1, v. 42) :

> Alecto.... *obstantes* in tergum reppulit angues.

58. *D'érable* (p. 251). Burmann propose de lire *eburnas*, parce que l'érable ne lui paraît pas digne de figurer dans le palais du roi. Cependant, chez les anciens, l'érable ne le cédait qu'au citronnier; et Horace parle d'une table d'érable comme d'un meuble précieux (liv. II, *Sat.* 8, v. 10) :

> His ubi sublatis puer alte cinctus *acernam*
> Gausape purpureo mensam pertersit.....

Cf. PLINE, *Hist. Nat.*, liv. XVI, ch. 15, et Ovide, liv. XII, v. 254.

59. *Du milieu de ses cheveux* (p. 253). Cf. VIRGILE, *Énéide*, liv. VII, v. 346-356.

60. *De flamme continue* (p. 253). Les commentateurs expliquent diversement ce passage. L'un propose : *Motis velociter ignibus ignes*, h. e. *rotata face et commotis ejus ignibus ignes consequitur*; l'autre veut donner à *ignis* un sens propre et un sens figuré, de sorte que par *motos ignes* on entende le feu intérieur, allumé par l'action du poison. Je dirai, avec un troisième : « Me non pœnitet amplecti interpretationem ex qua orbis ille continuus, quem ignes celeriter moti in aere faciebant, oculis subjicitur. » L'image ne me paraît pas exactement reproduite par M. Villenave : « Elle secoue en cercles redoublés sa torche dont la flamme en tournoyant s'agite. » Planude s'est complètement trompé. « Latina, dit M. Boissonade (*Not. in Planud.*, p. 166), fuisse à Planude non præstiterim; nec ipsum quidem græca sua plane intellexisse. »

61. *Une lionne avec deux lionceaux* (p. 253). Dans Hygin (*Fab.* iv), Athamas tue son fils à la chasse; dans Apollodore, il le prend pour un cerf.

62. *Mélicerte* (p. 255). Ovide (*Fast.*, liv. vi, v. 493-550) raconte plus longuement la partie de cette fable concernant Ino et Mélicerte, dont il fait *Matuta* et *Portumnus*, divinités des Romains. Cf. Munker. ad. Hygin., Fab. ii.

63. *Un nom grec* (p. 255). Ἀφροδίτη. Cf. Hésiode, *Théog.*, v. 188.

64. *Leucothée* (p. 255). Homère (*Odyss.*, chant v, v. 333 et suiv.):

> Τὸν δὲ ἴδεν Κάδμου θυγάτηρ, καλλίσφυρος Ἰνὼ,
> Λευκοθέη, ἣ πρὶν μὲν ἔην βροτὸς αὐδήεσσα,
> Νῦν δ' ἁλὸς ἐν πελάγεσσι θεῶν ἐξέμμορε τιμῆς.

Sur la métamorphose d'Athamas, d'Ino et de leurs enfans, Cf. Euripide, *in Ino Fragm.*; Hygin, *Fab.* i, ii, iv; Apollod., liv. i, ch. 9, liv. iii, ch. 4, et Pausanias, liv. i, ch. 43, et liv. iv, ch. 34.

65. *O mon épouse* (p. 259). Cadmus avait épousé Hermione (ou mieux, Harmonie), fille de Mars et de Vénus. Tous les dieux assistèrent à leurs noces, et les Muses y firent entendre leurs chants. Cf. Euripide, *Phéniss.*, v. 7; Théognis, v. 15; le Schol. d'Hésiode, *Théog.*, v. 936 et 974, etc.

66. *L'Inde vaincue* (p. 261). Cf. Diodore de Sicile, liv. iv, ch. 3, et Quinte-Curce, liv. ix, ch. 10.

67. *D'Abas* (p. 261). Roi d'Argos, fils de Lyncée et d'Hypermnestre : ses successeurs portèrent le nom d'*Abantiades*.

68. *Danaé* (p. 261). Elle était fille d'Acrisius et d'Eurydice ou Aganippe (MUNKER., *ad Hygin.*, Fab. LXIII). Sur la métamorphose de Jupiter changé en pluie d'or pour séduire Danaé, Cf. HORACE, liv. III, *Od.* 6.

69. *Les célestes demeures* (p. 261). Cf. DIODORE DE SIC., liv. III, ch. 62, liv. IV, ch. 25 ; APOLLODORE, liv. III, ch. 5.

70. *Sur ses ailes* (p. 261). Cf. APOLLONIUS DE RHODES, liv. IV, v. 1513. Hésiode (*Boucl. d'Herc.*, v. 216 et suiv.) représente aussi Persée porté sur des ailes.

Persée, un des héros de l'antiquité, fonda Mycènes et se rendit célèbre, vers l'an 1346 avant J.-C., par ses longs et pénibles voyages ; mais son histoire a été défigurée par tant de fables, qu'on ne peut espérer d'y trouver quelques traces de la vérité. Cf. HÉRODOTE, liv. II, ch. 91, liv. VII, ch. 61, p. 150; PAUSANIAS, liv. II, *passim*.

71. *Et infestent* (p. 263). Dans le texte, *infesta* est employé passivement; de même, dans Pomponius Méla (liv. III, ch. 10) : « Prima ejus Æthiopes tenent, media nulli; nam aut exusta sunt, aut arenis obducta, aut *infesta* serpentibus. »

72. *Atlas* (p. 263). Ses connaissances astronomiques auxquelles il dut l'invention de la sphère, firent supposer qu'il portait le ciel sur ses épaules. Cf. CICÉRON, *Tuscul.*, liv. V, ch. 3 ; ISIDORE, liv. XIV, ch. 8.

73. *Là, les arbres* (p. 263). Il est question ici du jardin des Hespérides, filles d'Atlas. Pline (*Hist. Nat.*, liv. V, ch. 5) le place dans la Mauritanie, et Hésiode (*Théog.*, v. 215) dans une île de l'Océan Occidental. Cf. SAUMAISE, *Exercit. Plin.*, p. 207 et 671.

Vossius trouve dans la fable des Hespérides un tableau des phénomènes célestes : les Hespérides sont les heures du soir; le jardin représente le firmament ; les pommes d'or, les étoiles; le dragon, le zodiaque ou l'horizon qui coupe l'équateur à angles obliques ; enfin, Hercule ou le Soleil enlève les pommes d'or, c'est-à-dire qu'il semble faire disparaître du ciel tous les autres astres.

74. *Atlas gardait le souvenir d'un ancien oracle de Thémis* (p. 263). Sur l'oracle de Thémis, Cf. liv. I, v. 321, et not. *ibid.*

75. *D'un fils de Jupiter* (p. 263). C'est-à-dire d'Hercule. Cf. liv. IX, v. 190 :

> Pomaque ab insomni male custodita dracone.

76. *Un énorme serpent* (p. 263). Apollonius de Rhodes (liv. IV, v. 1397) lui donne le nom de Ladon.

77. *Ne pourraient te sauver* (p. 265). Littéralement : « ne pourraient t'être d'aucun secours. » Tel est le sens que j'adopte, d'après un commentateur. (Cf. notes de Lemaire, *sur Ovide*, liv. V, v. 648 et 649) qui cite, à l'appui de son opinion, un passage analogue de Tibulle (liv. I, élég. 5, v. 1) :

> Asper eram, et bene discidium me ferre loquebar;
> At mihi *nunc longe gloria fortis abest.*

Je n'ai pas cru pouvoir me ranger de l'avis de M. Villenave, qui traduit : « *Crains de perdre l'honneur* de tes exploits supposés, ou *la gloire* d'une naissance que tu ne dois pas à Jupiter. »

78. *Le ciel repose sur lui* (p. 265). Heyne (*sur Apollodore*, liv. III, ch. 10.) croit que cette fiction est née du mont Atlas, dont les racines se prolongent au fond de la mer et dont la tête s'élève jusqu'aux nuages. Probablement, les poètes ont confondu le fils d'Iapet avec la montagne qui porte son nom. Dans Homère, c'est un homme qui connaît tous les abîmes de la mer et dont le front supporte la terre et les cieux (*Odyss.*, liv. I, v. 51 et suiv.) :

> .... Θεὰ δ' ἐν δώμασι ναίει
> Ἄτλαντος θυγάτηρ ὀλοόφρονος, ὅστε θαλάσσης
> Πάσης βένθεα οἶδεν, ἔχει δέ τε κίονας αὐτὸς
> Μακρὰς, αἳ γαῖάν τε καὶ οὐρανὸν ἀμφὶς ἔχουσι.

Cf. VIRGILE, *Énéide*, liv. IV, v. 246, liv. VIII, v. 136 et suiv.; SIL. ITAL., liv. I, v. 201 :

> Canet barba gelu, frontemque immanibus umbris
> Pinea silva premit.

79. *Le petit-fils d'Hippotas* (p. 265). C'est-à-dire Éole.

80. *Céphée* (p. 267). Il était fils de Phénix. Suivant Apol-

lodore et Euripide (*apud Eratosth.*, 15), il fut roi d'Éthiopie; ou, suivant d'autres, roi de Phénicie, connu alors sous le nom de Joppie. Cf. Strabon, liv. xvi.

81. *De sa mère* (p. 267). Cassiope. Elle eut la vanité de se croire plus belle que les Néréides. Celles-ci, indignées, conjurèrent Neptune de ravager par une horrible inondation les états de Céphée, qui, suivant l'oracle d'Ammon, ne put obtenir la fin de ce désastre qu'en exposant sa fille à un monstre marin.

82. *De sa paupière tremblante* (p. 267). Planude traduit θερμὰ δάκρυα. Il lisait donc *tepido fletu*; leçon rejetée par Gierig, parce que, dit-il, *tepor cerni non potest*. La leçon et la version de Planude sont spirituellement défendues par M. Boissonade : « Non vidit Perseus *teporem*; sed vidit lacrymas; et poeta, qui rem narrat, epitheto fletum ornavit e natura rei desumto. » (*Not. in Planud.*, p. 175.)

83. *Parler à un homme* (p. 267). J'adopte la leçon *adpellare*, dans le sens de *alloqui* ou *colloqui*. M. Villenave traduit : *elle n'ose regarder un homme*; et il y est autorisé par la leçon *adspectare* que propose Heinsius. C'est par oubli, sans doute, qu'il a laissé *appellare* dans son texte.

84. *Un monstre* (p. 267). C'était une baleine, suivant Ératosthène : παρατεθεῖσαν τῷ κήτει βοράν; et Hygin, *ceto propositam*. Pline le désigne sous le simple nom de *Bellua* (liv. v, ch. 31, et ix, 5). Pomponius Méla raconte qu'on en avait conservé les os à Joppé (liv. 1, ch. 2).

85. *Surtout sa mère* (p. 267). Planude se trompe, en traduisant : ἀληθέστερον δ'ἡ παρθένος. — « *Illa* (Boissonade, *l. c.*, p. 176), de matre; non de Andromeda, non de Virgine est intelligendum. » M. Villenave ne résout pas la difficulté : « Tous deux malheureux, *ils ne sont pas également coupables*. »

86. *Lave dans l'onde* (p. 271). Il puisa cette eau dans une fontaine voisine de *Joppé*, et dont Pausanias parle en ces termes (liv. iv, ch. 35) : « Il y a dans le pays des Hébreux, près de Joppé, de l'eau rouge comme du sang; elle est tout auprès de la mer. Les habitans de la contrée disent que Persée, après avoir tué le monstre marin auquel la fille de Céphée avait été exposée, se lava dans cette fontaine, pour faire disparaître le sang dont il était souillé. »

87. *La tête de la fille de Phorcys* (p. 271). De même dans les *Orphiques* (Λιθ. xv, v. 552-555, éd. Hermann.) :

Ἀλλὰ τότ' αἰγιαλόνδε φόνῳ πεπαλαγμένος ἥρως
Ἐλθὼν, εἰσόκε λύθρον ἀποπλύνεις θαλάσσῃ,
Θερμὴν ἐξ ὁμάδου κεφαλὴν ἔτι καὶ τροχέουσαν
Γοργείην κατέθηκεν ἐπὶ χλοεραῖς βοτάνῃσιν.

88. *Les nymphes de la mer* (p. 271). Elles sont mises également en scène dans les *Orphiques* (*l. c.*, v. 560 et suiv.) ; mais là, avec les branches saturées de sang et attachées l'une à l'autre, elles forment une pierre :

Ἀμφὶ δ' ἄρα σφίσιν θοαὶ ποντοῖο θύγατρες
Λύθρον ἐπεσσυμέναι θάμνοις περὶ πήγνυον Αὖραι,
Πήγνυον, ὥστέ σε πάγχυ λίθον σερεὴν οἴσασθαι.

Dans cette citation, je lis avec Hermann : Αὖραι au lieu de Ὧραι. Cf. ORPHÉE, *Hymne* LXXX (ou LXXXI, éd. Hermann, v. 1) :

Αὖραι ποντογενεῖς Ζεφυρίτιδες, ἠεραφοῖτοι

89. *Il devient une pierre* (p. 273). Pline (*Hist. Nat.*, liv. XXXII, ch. 2) : « Baccæ candidæ sub aqua et molles : exemptæ confestim durantur et rubescunt. Aiunt tactu protinus lapidescere. » Et Claudien (x, v. 169 et suiv.) :

Vimen erat, dum stagna subit. Processerat undis
Gemma fuit.

Le corail fut regardé comme un arbrisseau par les anciens ; on reconnaît généralement aujourd'hui qu'il appartient au règne animal. Cependant Muller n'adopte pas cette opinion. Cf. LINN., *Syst. Nat.*, tom. VI, p. 643 et suiv.

90. *L'autre à droite* (p. 273). Minerve, objet de la prédilection de Jupiter, jouissait de la prérogative de s'asseoir à sa droite : de là ce que disent les poètes sur le rang qu'elle occupait parmi les Immortels. Horace (liv. 1, *Od.* 12) :

Unde nil majus generatur ipso (sc. Jove),
Nec viget quidquam simile aut secundum :
Proximos illi tamen occupavit
Pallas honores.

DU LIVRE QUATRIÈME.

Cf. Spanheim, *sur Callimaque*, *Hymne à Apollon*, v. 29, et *Bain de Pallas*, v. 132.

91. *Le luth* (p. 273). Le texte porte *loti*, c'est-à-dire, d'après Gierig, *tibiæ*, *ex loti*, libycæ in primis, *arundinibus*. Cf. Gronov., *Obs.* iv, 15. Je n'ai pas cru devoir être littéral au point de tomber dans la répétition du mot *flûte*, qui m'a paru peu importante pour le sens.

92. *Est un lieu* (p. 275). Hésiode (*Th.*, v. 270-285, et *Bouclier d'Herc.*, v. 216) le place dans une île de l'Océan Atlantique. Pomponius Méla (liv. iii, ch. 9) : « Contra (sc. Æthiopas Hesperios) sunt insulæ Gorgades, domus, ut aiunt, aliquando Gorgonum. »

93. *Deux sœurs* (p. 275). D'autres écrivains en ajoutent une troisième, Dino.

94. *Qu'un œil* (p. 275). Suivant Paléphate, par cet œil il faut entendre un homme sage, conseiller des Gorgones, et qui se laissa gagner par Persée.

95. *Qu'elle fit naître* (p. 277). Sur cette fable, Cf. Hygin, *P. A.* ii, 12; Apollon., liv. ii, v. 4, et *son Schol.*, liv. iv, v. 1515; *Orphiques*, Λιθ. xv. Pausanias s'exprime ainsi sur Méduse (liv. ii, ch. 21) : « Elle était fille de Phorcus; après la mort de son père, elle devint reine des peuples qui habitent les environs du lac Tritonis. Elle commandait les Libyens, lorsqu'ils allaient à la chasse ou à la guerre, et marcha à leur tête contre Persée, qui avait avec lui quelques troupes d'élite du Péloponnèse. Elle fut tuée par trahison durant la nuit; et Persée fut tellement frappé de sa beauté, même après sa mort, qu'il emporta sa tête pour la montrer aux Grecs. »

LIVRE CINQUIÈME.

1. *Phinée* (p. 283). Il était frère de Céphée. Sur la fable qui le concerne, Cf. APOLLODORE, liv. II, ch. 4, et HYGIN, *Fab.* LXIV.

2. *Au fils de son frère* (p. 287). Le texte porte seulement *fratrem*. Dans les *Orphiques* (Λιθ. xv, v. 544-545, éd. Herm.), Persée, avec plus de justesse, est appelé κασίγνητος par rapport à Minerve :

Οὔτε κασιγνήτῳ κέλετο, κρατερόφρονι φωτί,
Χρυσοπάτρῳ Περσῆϊ φονευομένην περ ἰδέσθαι.

3. *Placé sur l'autel* (p. 287). D'après l'ancienne leçon, *in ara* : je l'ai suivie, dans la traduction, pour la rendre conforme à ce que le poète dit plus haut. Phinée s'étant réfugié derrière un autel, il est probable que ses compagnons s'y réfugièrent également. La leçon nouvelle *in aula* donne aussi un sens fort plausible.

4. *Tombèrent en désordre* (p. 287). Un commentateur explique ainsi ce passage : « Eo *confundebantur lineamenta* oris, *ne dignoscerentur.* » Il est impossible de retrouver là *fractis in ossibus.* L'image a disparu dans M. Villenave : *et le renverse expirant.* Cette fois, Planude me semble le meilleur interprète : καὶ τοὺς ὀδόντας συντρίψας, τὸ στόμα συνέχεε. (P. 186, édit. Boisson.)

5. *Syène* (p. 289). Ville d'Égypte, voisine de l'Éthiopie, près du tropique du Cancer. Cf. PLINE, *Hist. Nat.*, liv. II, ch. 70 ; PTOLÉMÉE, liv. IV, ch. 5.

6. *Le ceste* (p. 291). C'était un gantelet ou brassard fait de cuir de bœuf et garni de plomb, de fer ou d'airain. On s'en couvrait les mains et les bras jusqu'au coude par le moyen de plusieurs courroies.

7. *Ampycus* (p. 291). Le texte porte *Ampucus*. J'ai traduit d'après la correction proposée par M. Boissonade : « *Ampucus* nescio quam recte ; saltem *Ampycus*, ab ἄμπυξ. » (*Not. in Planud.*, p. 189.)

8. *La Marmarique* (p. 293). Contrée de l'Afrique. Elle était

bornée au nord par la Méditerranée, à l'est par l'Égypte, et à l'ouest par la Cyrénaïque. Cf. Pline, *Hist. Nat.*, liv. v, ch. 6.

9. *Nasamones* (p. 293). Ancien peuple de l'Afrique, dans la Cyrénaïque.

10. *Halcyonée* (p. 293). Planude traduit : Βαρκεύς Ἀλκυονεύς. « Ovidio dicitur *Bactrius*. Planudes invenisse videtur *Barceus*, nec id male. » (Boiss., *l. c.*, p. 190.)

11. *Mendes* (p. 293). Métropole de la Mendésie, contrée de l'Égypte. Cf. Pline, *Hist. Nat.*, liv. v, ch. 9 et 11; Strab., liv. xvii.

12. *Qu'il n'y en a de versé* (p. 295). J'ai hasardé ici une interprétation nouvelle. Le texte porte *exhausto*, et un commentateur veut sous-entendre *numero virorum*. M. Boissonade (*l. c.*, p. 191) sous-entend *labore* : « Plus labore exhausto laboris super est. Si legas e codice *exhaustis*, et *laboribus* intelligas. » Un autre commentateur aime mieux *exhaustis* qu'il rapporte a *viris* sousentendu. Je propose à mon tour de sous-entendre *sanguine*. Le sens que j'adopte me paraît implicitement renfermé dans l'explication qui suppose l'ellipse de *numero virorum* ou de *viris*.

13. *D'un ennemi* (p. 297). C'est-à-dire de la Gorgone contre laquelle il avait eu d'abord à combattre.

14. *D'un illustre ennemi* (p. 297). Les anciens tenaient à honneur de recevoir la mort de la main d'un homme distingué. Ovide (liv. ix, v. 7):

Magnaque dat nobis tantus solatia victor.

15. *Malgré les torts de son aïeul* (p. 301). Acrisius, qui renferma dans un coffre Danaé et Persée, et les fit exposer sur la mer. Lactance, *in Argum*.

16. *S'empara d'Acrisium* (p. 301). Ovide est moins explicite que Pausanias. « C'est là, dit-il (liv. ii, ch. 25), que se livra le combat entre Prétus et Acrisius, au sujet de l'empire. La victoire fut incertaine, et les deux prétendans n'ayant pu obtenir un avantage decisif firent la paix. Ils étaient armés de boucliers eux et leurs troupes, et c'est, dit-on, la première fois qu'on s'en soit servi. Comme ceux qui avaient succombé de part et d'autre étaient du même pays et unis par les liens du sang, on leur érigea un tombeau commun sur le champ de bataille. »

17. *Polydecte* (p. 303). Roi de Sériphos, l'une des Sporades,

dans la mer Égée. Il recueillit Danaé et Persée qu'il fit élever par Dictys, son frère. Lorsque Persée fut devenu grand, Polydecte l'éloigna de son île et conçut une flamme criminelle pour Danaé, qui, par le secours de Dictys, se sauva dans le temple de Minerve. A son retour, Persée changea en rocher Polydecte et ses compagnons, et plaça Dictys sur le trône de son père. Cf. APOLLODORE, liv. II, ch. 4; les SCHOLIASTES d'Apollonius de Rhodes, liv. IV, v. 1091, et de Pindare, *Pyth.* x, v. 72; et HYGIN, *Fab.* LXIII et LXIV.

Eschyle composa sur ce sujet une tragédie qui ne nous est point parvenue. Polygnote avait peint Persée rentrant à Sériphos, et portant à Polydecte la tête de Méduse. PAUSAN., liv. I, ch. 22. Cf.

18. *Cythnus et Gyarus* (p. 303). Deux des Cyclades, dans la mer Égée.

19. *Qu'un coursier ailé* (p. 303). Pégase. Dans le texte : « *Medusæi præpetis*, h. e. e sanguine Medusæ orti. » Cf. liv. IV, v. 784.

20. *Les sons distincts* (p. 307). Martial (liv. XIV, épigr. 76) dit, en parlant des pies :

> Pica loquax certa dominum te voce saluto,
> Si me non videas, esse negabis avem.

21. *Thespie* (p. 307). Ville de la Béotie. On y célébrait des fêtes et des jeux en l'honneur des Muses. Cf. PAUSAN., liv. IX, ch. 31.

22. *L'Aganippe* (p. 307). Sur l'épithète *Hyantea* qui se trouve dans le texte, Cf. liv. III, note du vers 146.

23. *Typhée* (p. 309). Sur Typhée ou Typhon (en grec Τυφωεύς ou Τυφών), Cf. HÉSIODE, *Théog.*, v. 820 et suiv.; APOLLODORE, liv. I, ch. 6; ANT. LIBÉRALIS, *Métam.*, XVIII et XIX; HYGIN, *Fab.* CLII et CXCVI.

24. *Des formes d'emprunt* (p. 309). Eusèbe (*Préparat. évang.*, p. 31) voit dans cette métamorphose des dieux l'origine de leur culte chez les Égyptiens.

25. *D'un poisson* (p. 309). Cf. SCALIGER, sur *Manil.*, v. 584.

26. *Cérès* (p. 311). Sur cette fable, Cf. HOMÈRE, *Hymne sur Cérès*; CLAUDIEN, *Enlèvement de Proserp.*; CALLIMAQUE, *Hymne sur Cérès*, v. 5-17; APOLLODORE, liv. I, ch. 5; HYGIN, *Fab.* CXLVI.

27. *Nous apprit les lois* (p. 311). Les anciens donnaient à Cérès le surnom de Θεσμοφόρος, c'est-à-dire, *fondatrice des lois*, parce que l'agriculture dont elle était la mère avait jeté le fondement des lois, en fixant les propriétés.

28. *Les Ombres épouvantées* (p. 311). Homère (*Iliade*, liv. xx, v. 61-65):

Ἔδδεισεν δ' ὑπένερθεν ἄναξ ἐνέρων, Ἀϊδωνεὺς·
Δείσας δ' ἐκ θρόνου ἆλτο, καὶ ἴαχε, μὴ οἱ ὕπερθε
Γαῖαν ἀναρρήξειε Ποσειδάων ἐνοσίχθων,
Οἰκία δὲ θνητοῖσι καὶ ἀθανάτοισι φανείη,
Σμερδαλέ' εὐρώεντα, τά τε στυγέουσι θεοί περ.

29. *De notre patience* (p. 313). J'ai traduit d'après la leçon de Lemaire, bien plus satisfaisante que l'ancienne :

Et tamen in cœlo quoque tanta potentia nostro
Spernitur.

30. *Si l'empire..... à son oncle* (p. 313). Planude est plus littéral qu'intelligible : Ἀλλὰ σύ γε ὑπὲρ συγγενοῦς ἀρχῆς, εἴ τίς ἐστιν ἤδε ἡ χάρις κ. τ. λ. M. Villenave traduit : « Ah! *si je te suis chère,* fais que Pluton épouse sa nièce, *et partage avec elle le trône des enfers.* » Je n'ai pas su trouver ce sens dans le texte.

31. *Enna* (p. 313). Ville de la Sicile, située vers le milieu de cette île, ce qui la fit surnommer *Siciliæ umbilicus*. Le culte de Cérès y était en grand honneur. Cf. Cicéron, *contre Verrès*, iv, et Tite-Live, liv. xxiv, ch. 39.

Ces deux auteurs placent, comme Ovide, auprès d'Enna le théâtre de l'enlèvement de Proserpine. Claudien (*ubi sup.*) et Hygin (*Fab.* cxlvi) le placent sur le mont Etna ; Homère (*Hymne sur Cérès*), dans les champs de Nysa. Cf. le Scholiaste d'Hésiode (p. 303), et Spanheim, *sur Callimaque, Hymne sur Cérès*, v. 9. Cicéron le décrit avec soin (*l. c.*): « Raptam esse Liberam quam eamdem Proserpinam vocant ex Ennensium nemore...., Enna autem.... Syracusani festos dies anniversarios agunt. »

32. *De Palice* (p. 315). Les Palices étaient deux frères jumeaux, fils de Jupiter et de la nymphe Thalie (Diod. de Sic., liv. x, ch. 59; et Macrobe, liv. v, ch. 19); ils donnèrent leur nom à la ville de Palice et au lac placé dans les environs et dont

l'eau, toujours bouillante et souffrée, exhalait une odeur désagréable.

33. *Les Bacchiades* (p. 315). Famille corinthienne, qui tirait son origine de Bacchis, souverain de Corinthe ou de Bacchia, fille de Bacchus.

Les Bacchiades régnèrent aussi à Corinthe; mais ils en furent chassés par Cypsèle, et allèrent s'établir en Sicile, où ils fondèrent la ville de Syracuse. Cf. Pausanias, liv. ii, ch. 4; le Scholiaste d'Apollonius de Rhodes, liv. iv, v. 1212, et Strabon, liv. vi.

34. *Corinthe baignée par une double mer* (p. 315). La mer Ionienne et la mer Égée. Horace (liv. 1, *Od.* 7):

> Laudabunt alii claram Rhodon, aut Mitylenen,
> Aut Ephesum, *bimarisve Corinthi*
> Mœnia, etc.

35. *Aréthuse* (p. 315). Cicéron (*contre Verrès*, iv, ch. 53): « Ea tanta est urbs, ut ex quatuor urbibus maximis constare dicatur; quarum una est ea, quam dixi, *Insula*.... In hac insula extrema est fons aquæ dulcis, cui nomen Arethusa est, incredibili magnitudine, plenissimus piscium; qui fluctu totus operiretur, nisi munitione ac mole lapidum a mari disjunctus esset. »

36. *Anapis* (p. 317). Ou bien *Anapus*. Il reçoit les eaux de Cyane, et se jette au même endroit dans le port le plus grand de Syracuse. Ovide (*Pontiques*, liv. 1, épît. 10, v. 26):

> Quaque suis Cyanen miscet Anapus aquis.

C'est sur l'union de leurs eaux qu'est fondée la fiction de leur mariage imaginé par les poètes.

37 *Dans l'abîme* (p. 317). Les auteurs ne s'accordent point sur l'endroit par lequel Proserpine descendit aux enfers. Plusieurs le placent sur le mont Etna, et supposent que ce fut par le trou appelé même aujourd'hui *la Caverne de Proserpine*. (Brydon., *Itinerar.*, tom. 1, p. 189.)

38. *Les parties les plus délicates.... est rapide* (p. 317). Planude est ici d'une fidélité que je me suis efforcé de reproduire : Καὶ πρῶτα τὰ ἐξ ὅλου τοῦ σώματος λεπτότερα ἐξυδαροῦνται, ξανθοί τε πλόκαμοι καὶ δάκτυλοι, καὶ κνῆμαι, καὶ πόδες ταχεῖα γὰρ ἡ μετάβασις εἰς τὸ ψυχρὸν ὕδωρ τοῖς λεπτοῖς μέλεσι γέγονε. (Pages 206 et 207, éd. Boiss.) J'aurais

voulu retrouver la même exactitude dans M. Villenave : « Alors on eût vu.... ses blonds cheveux, ses doigts légers, ses jambes et ses pieds délicats se changer en limpides canaux. »

Claudien (*Enlèv. de Pros.*, liv. III, v. 250) emploie les mêmes images :

> .... Læsa veneno
> Solvitur in laticem ; subrepit crinibus humor;
> Liquitur, in roremque pedes et brachia manant.

39. *De l'Etna* (p. 319). Cicéron (*contre Verrès*, IV, ch. 48) : « Quam (sc. Proserpinam) quum investigare et conquirere Ceres vellet, dicitur inflammasse tædas iis ignibus, qui ex Ætnæ vertice erumpunt; quas sibi quum ipsa præferret, orbem omnium peragrasse terrarum.» Cf. CLAUDIEN, *Enlèv. de Pros.*, liv. III, v. 376-392.

40. *La soif* (p. 319). Dans Homère, c'est Métanira, épouse de Céleus d'Éleusis, qui lui donne à boire. D'autres l'appellent Banbo, et Nicandre, Misma (*Thér.*, v. 484 et suiv.).

41. *Qu'elle venait de faire bouillir* (p. 319). Je ne sais si j'aurai traduit la pensée de mon auteur avec toute l'exactitude désirable. Le texte porte :

> Dulce dedit, tosta quod coxerat ante polenta.

Ægid. Forcellin (*Lex.*, t. III, p. 456) explique ainsi le sens de ce passage : « H. e., mel, vel mulsum, quo tostam polentam consperserat, coxeratque. Unde mox (v. 454) :

> Cum liquido mixto perfudit Diva polenta.

Videtur Ovidius hic describere *cyceonem*, cujus meminit Arnobius (lib. V, p. 174) : « Oggerit potionem cinnum, cyceonem quam nuncupat Græcia. »

42. *Un enfant* (p. 319). Nicandre dit que c'était le fils de Misma.

43. *Ont arrosé l'Élide* (p. 321). Les anciens croyaient que l'Alphée, après avoir baigné l'Élide, traversait la mer, dont les eaux ne se mêlaient pas avec les siennes, et qu'il allait se confondre avec la fontaine Aréthuse, auprès de Syracuse, dans l'île d'Ortygie (SÉNÈQUE, *Quest. Nat.*, liv. III, ch. 25; STRABON, liv. V). Pausa-

nias (liv. v, ch. 7) a foi pleine et entière dans ce prodige, d'après les paroles de l'oracle de Delphes à Archius de Corinthe, en l'envoyant fonder Syracuse :

Ὀρτυγίη τις κεῖται ἐν ἠεροειδέϊ πόντῳ,
Τρινακίης καθύπερθεν, ἵν᾽ Ἀλφείου στόμα ἑλίζει,
Μισγόμενον πηγαῖς εὐριπείης Ἀρεθούσης.

44. *Fatigues* (p. 323). Je donne à *labores* la signification qu'il a le plus souvent en prose comme en vers. Cf. Ægid. Forcellin., *Lex.*, t. ii, p. 651, in voc. *labor*. Planude adopte le même sens : στῆσον τοὺς ἀμέτρους καμάτους (p. 210, éd. Boiss.). Je ne vois pas comment j'aurais pu dire : « Suspendez vos vengeances cruelles, » comme l'a traduit M. Villenave.

45. *Ici je suis étrangère..... toute autre contrée* (p. 323). Ovide pouvait rendre sa pensée plus brièvement; un commentateur lui reproche avec raison d'employer ici trop de mots : « Loquacior paulo est in verbis. »

46. *Jusqu'à Ortygie* (p. 323). Virgile (*Énéide*, liv. iii, v. 692) :

> Sicanio prætenta sinu jacet insula, contra
> Plemmyrium undosum ; nomen dixere priores
> Ortygiam. Alpheum fama est huc, Elidis amnem,
> Occultas egisse vias subter mare ; qui nunc
> Ore, Arethusa, tuo Siculis confunditur undis.

47. *La souveraine* (p. 323). Dans le texte, *maxima*. Substantivement, dit un commentateur : *domina*.

48. *Quelque droit* (p. 325). Planude traduit : ἣν ἤδη θυγάτηρ ἡμετέρα μὴ ᾖ (p. 211); et M. Villenave, après lui, mais avec élégance : « Ta fille (car, hélas ! elle n'est plus à moi), etc. » Je me permettrai de soumettre au traducteur moderne la réflexion que l'interprète grec a inspirée à notre meilleur helléniste : « Vellem invenisset editam lectionem et vertisset : ἣν γε ἤδη θυγάτηρ ἡ ἐμὴ ἀξία ᾖ. Legebat : si jam mea filia non est. » (Boisson., *Not. in Planud.*, p. 211.) Soutenu par l'opinion de ce maître habile, je n'ai pas hésité à adopter le sens qu'il propose, d'après la nouvelle leçon, à laquelle, du reste, M. Villenave a rendu hommage en l'insérant dans son texte.

DU LIVRE CINQUIÈME.   395

49. *D'un tel gendre* (p. 325). Dans Homère (*Hymne sur Cérès*, v. 83 et suiv.), le Soleil tient le même langage à Cérès :

>..................... Οὐ τοι ἀεικὴς
> Γαμβρὸς ἐν Ἀθανάτοις πολυσήμαντωρ Ἀιδωνεύς.

50. *En un oiseau profane* (p. 327). Planude, qui d'ailleurs a mal rendu *profanam*, rapporte cet adjectif à *testem* : τὸν ἀλάστορα μηνυτήν. M. Villenave dit : « et change en un vil oiseau son profane délateur. » Malgré ces deux autorités, je rapporte *profanam* au nom *avem*. C'est l'épithète donnée souvent au hibou. Ovide (liv. VI, v. 431) :

>..................... Tectoque *profanus*
> Incubuit bubo, thalamique in culmine sedit.

51. *De funestes présages* (p. 327). Pline (*Hist. Nat.*, liv. X, ch. 16) : « Bubo funebris et maxime abominatus, publicis præcipue auspiciis, deserta incolit : nec tantum desolata, sed dira etiam et inaccessa : noctis monstrum, nec cantu aliquo vocalis, sed gemitu. Itaque in urbibus aut omnino in luce visus, dirum ostentum est.... Volat numquam quo libuit, sed transversus aufertur. »

Peut-être cette fable n'a-t-elle d'autre origine que le nom grec Ἀσκάλαφος, qui désigne une espèce de chouette. Cf. ARISTOTE, *Hist. des Anim.*, liv. II, ch. 17.

52. *O Sirènes* (p. 327). Sur les Sirènes, Cf. ORPHÉE, *Argon.*, v. 1268 et suiv., et APOLLON. DE RHOD., liv. IV, v. 892 et suiv. Homère les caractérise ainsi (*Odyss.*, liv. XII, v. 32) :

> Σειρῆνας μὲν πρῶτον ἀφίξεαι, αἵ ῥά τε πάντας
> Ἀνθρώπους θέλγουσιν, ὅ τις σφέας εἰσαφίκηται.

Ce qui a fait croire que chez ce poète les Sirènes sont l'image allégorique d'une volupté dangereuse (BOCAT., *Geneal. Deor.*, lib. VII, v. 20). Hygin (*Fab.* CXLI) place également les Sirènes dans le cortège de Proserpine.

53. *De son époux* (p. 329). Cette fiction est probablement née de ce que la Lune, qui était la même que Diane ou Proserpine, distribue sa lumière, pendant six mois, à chacun des deux hémisphères.

54. *Chasser dans les bois* (p. 329). Pausanias (liv. v, ch. 7) nous a conservé la tradition du goût d'Aréthuse et d'Alphée pour la chasse : « Entre autres choses racontées sur Alphée, on rapporte qu'il était un simple mortel, passionné pour la chasse, et qu'il devint amoureux d'Aréthuse, qui aimait aussi beaucoup la chasse. Mais Aréthuse ne voulut pas se marier, et traversa, dit-on, la mer pour se rendre dans l'île appelée Ortygie : là, elle fut changée en fontaine. Alphée fut changé en fleuve, par l'excès de son amour. »

55. *Stymphale* (p. 329). Ville, fleuve, lac et forêt d'Arcadie qui reçurent leur nom de Stymphale, fils de Laodicé et roi d'Arcadie. « Il y a dans le pays des Stymphaliens, une fontaine d'où l'empereur Adrien a fait venir l'eau qu'il a amenée dans la ville de Corinthe ; cette fontaine forme pendant l'hiver un petit lac d'où sort le fleuve Stymphale ; en été elle ne déborde pas, et le fleuve sort immédiatement de la fontaine. Ce fleuve se perd ensuite dans un gouffre, et reparaît de nouveau dans l'Argolide, où il change de nom et prend celui d'Erasinus. » (PAUSAN., liv. VIII, ch. 22.) Une ancienne tradition plaçait sur les bords de ce fleuve des oiseaux monstrueux appelés *stymphalides*, qui furent détruits, dit-on, par Hercule, mais que Pline (*Hist. Nat.*, liv. XI, ch. 37) regarde comme fabuleux. Pausanias (*ubi sup.*) en fait une description scrupuleuse, et pense qu'ils venaient des déserts de l'Arabie. Suivant lui, il en était peut-être parvenu une bande jusqu'au lac Stymphale. Il est permis de croire que les Arabes leur donnaient un autre nom ; mais la grande renommée d'Hercule et la supériorité des Grecs sur les Barbares les firent appeler ensuite Stymphalides.

56. *La colombe tremblante* (p. 331). Cette comparaison rappelle un passage d'Homère, d'où elle semble tirée (*Iliade*, liv. XXI, v. 493) :

Δακρυόεσσα δ' ἔπειτα θεὰ φύγεν, ὥστε πέλεια,
Ἥ ῥά ὑπ' ἴρηκος κοίλην εἰσέπτατο πέτρην.

57. *En mille sinuosités* (p. 331). Pline (*Hist. Nat.*, liv. v, ch. 31) est d'accord avec Ovide : *Sinuosus flexibus Mœander*.

58. *O Dictynne* (p. 333)! Planude traduit Ἄρτεμι, et certains manuscrits portent *Diana*. « Hoc nomen, dit Lemaire (*Not. in Ovid.*, lib. v, v. 619), fuit subjectum ab iis qui Dictynna non callebant. »

M. Villenave dit : « O toi que Dictynne adore! » Dictynne paraît être un surnom donné à Diane à l'occasion d'une de ses compagnes qu'elle sauva des filets d'un pêcheur : « *Dictynna*, Diana; sic dicta a δικτύοις, e quibus unam comitum suarum servaverat. » (LEMAIRE, *in Ovid.*, lib. II, v. 441.) Pausanias raconte le fait (liv. II, ch. 30) : « De Jupiter et de Carmé, fille d'Eubulus, naquit Britomartis. Elle se plaisait à la course et à la chasse, et fut chérie de Diane. Voulant se soustraire aux poursuites de Minos, à qui elle avait inspiré de l'amour, elle se précipita dans des filets qu'on avait tendus pour prendre du poisson : Diane la fit déesse.... Les Éginètes lui donnent le nom d'*Alphœa*, et les Crétois celui de *Dictynne*. » Sur le temple de Dictynne, Cf. PAUSAN., liv. III, ch. 12.

59. *Ses regards se fixent* (p. 333). Planude rend bien ce passage : ἀλλὰ τήν τε νεφέλην καὶ τὸν τόπον φυλάσσει. — « *Servare*, dit un commentateur, *cupide spectare locum, ne quis inde elabatur.* »

60. *Sous mes pieds* (p. 333). Dans l'interprète grec : καὶ ὁ χῶρος κατερρεῖτο — « Habuit Planudes *locus* et non *lacus*; et illa lectio, bona et facilis, editæ præstare videtur. » (BOISSON., *l. c.*)

61. *Deux serpens* (p. 335). Goguet (*Origine des Lois*, liv. II, p. 157) voit dans ces deux serpens l'image allégorique des sages conseils par lesquels Cérès prémunit Triptolème contre tous les dangers.

62. *Triptolème* (p. 335). Triptolème, fils de Céleus, roi d'Éleusis, est regardé comme l'inventeur de l'agriculture, sous le règne d'Érechthée, vers 1420 avant J.-C. On croyait que Cérès elle-même lui avait appris cet art. Cf. HOMÈRE, *Hymne sur Cérès*; DION. DE SIC., liv. v, ch. 4; HYGIN, *Fab.* CCLXXVII.

Goguet (*ub. sup.*) fait remonter l'existence de l'agriculture au temps des Titans. Suivant lui, elle périt avec eux, et lorsque plus tard la famine désolait la Grèce, Érechthée s'y rendit avec une grande quantité de blé, remit en honneur la culture de la terre, surtout à Éleusis, et institua les fêtes de Cérès.

63. *Cérès le change en lynx* (p. 335). Cf. HYGIN, *Fab.* CCLIX, et *P. A.* II, 14.

64. *Au jeune Athénien* (p. 335). Dans le texte, *Mopsopium*; surnom des Athéniens tiré d'un de leurs anciens rois.

65. *Elles veulent frapper leur sein* (p. 337). La traduction de Planude : καὶ δὴ παίειν ἡμᾶς θέλουσιν, est évidemment fautive.

M. Boissonade la refait ainsi : καὶ δὴ κόπτειν τὸ ἑαυτῶν στέρνα θέλουσαι (*Not. in Planud.*, p. 220). M. Villenave ne s'y est pas trompé : « Elles voulaient meurtrir leur sein. »

Planude ajoute : καὶ τὰς ἀνθρωπείους ἐν πᾶσι φωνὰς μιμοῦντας, traduction d'un vers rejeté par tous les éditeurs.

Semper et humanas imitantur in omnia voces.

Cf. Boisson., *l. c.*

FIN DU TOME QUATRIÈME.

TABLE

DES MATIÈRES DU TOME QUATRIÈME.

	Pages.
Coup d'oeil sur les Métamorphoses.	v
Livre Ier.	1
Livre II.	69
Livre III.	145
Livre IV.	209
Livre V.	279
Notes du livre Ier.	338
du livre II.	351
du livre III.	364
du livre IV.	374
du livre V.	388

ERRATA.

Page 109, ligne 72 : au lieu de *Parrhasis*, lisez *Parrhasius*.
    159, ligne 14 : au lieu de *Diane*, lisez *Minerve*.
    173, ligne 30 : au lieu de *au fémur*, lisez *à la cuisse*.
    194, ligne 13 : au lieu de *Thyrrena sequutum*, lisez *Thyrrhena gente sequutum*.
    203, ligne 7 : au lieu de *mes compagnons*, lisez *les nautonniers*.
    249, ligne 15 : au lieu de *de diamant*, lisez *de fer*.
    255, ligne 29 : au lieu de *Leucothoé*, lisez *Leucothée*.
    263, ligne 12 : au lieu de *le petit-fils*, lisez *le fils*.
    288, ligne 21 : au lieu de *Sporchionidenque*, lisez *Sperchionidenque*.
    292, ligne 13 : au lieu de *Menaleus*, lisez *Melaneus*.
    293, ligne 13 : au lieu de *Menalée*, lisez *Melanée*.
    294, ligne 23 : au lieu de *Nabatæus*, lisez *Nabathæus*.
    298, ligne 21 : au lieu de *sed qui agat ?* lisez *sed quid agat ?*
    304, *guillemettez les vers* 281, 282 *et* 283.
    315, ligne 12 : au lieu de *touchante est l'ingénuité*, lisez *touchante ingénuité*.
    —— ligne 18 : au lieu de *de Palices*, lisez *de Palice*.

www.ingramcontent.com/pod-product-compliance
Lightning Source LLC
Chambersburg PA
CBHW052127230426
43671CB00009B/1146